Fenli Puxie Zhongguoshi Xiandaihua
Yunnan Xin Pianzhang

奋力谱写中国式现代化

云南新篇章

中共云南省委宣传部
云南省社会科学院　编著

人民出版社

目　录

前　言

习近平总书记高度重视云南工作，心系边疆各族人民。党的十八大以来，两次亲临云南考察指导、四次给云南干部群众回信、两次致贺信，多次对云南工作作出重要指示批示，要求云南"主动服务和融入国家重大发展战略"，"努力在建设我国民族团结进步示范区、生态文明建设排头兵、面向南亚东南亚辐射中心上不断取得新进展"。习近平总书记的重要指示要求，深刻阐明了事关云南发展的根本性、方向性、全局性问题，为云南发展擘画了宏伟蓝图，是推进中国式现代化云南实践的根本遵循和战略指引。云南省委带领全省4700万各族人民，坚持以习近平新时代中国特色社会主义思想为指导，始终把坚定拥护"两个确立"、坚决做到"两个维护"作为最高政治原则和根本政治责任，深入贯彻落实习近平总书记考察云南重要讲话和重要指示批示精神，坚决贯彻党中央决策部署，扎实做好改革发展稳定各项工作，如期打赢脱贫攻坚战，与全国一道全面建成小康社会，推动"三个定位"不断取得新成效，经济社会发展实现历史性突破。

云南自觉把新发展理念贯穿经济社会发展全过程，推动经济实现量级跨越，经济总量在2012年跨上1万亿元台阶基础上，2018年跨上2万亿元台阶，2023年突破3万亿元。坚持以人民为中心的发展思想，933万农村贫困人口全部脱贫，11个"直过民族"和人口较少民族实现第二次"一步跨千年",每年把 70%以上的财政支出用于民生,就业、教育、卫生健康、养老托育、社会保障水平持续提高。坚定不移走中国特色解决民族问题的正确道路,坚持把铸牢中华民族共同体意识作为民族工作和各项工作的主线,高质量建设 374 个现代化边境幸福村,14 个州(市)创建全国民族团结进步示范州(市),累计创建 137 个全国民族团结进步示范区示范单位,边疆民族地区治理能力显著增强。牢固树立绿水青山就是金山银山的理念,坚决打好蓝天、碧水、净土三大保卫战,大力实施绿美云南建设,九大高原湖泊水质稳步向好,六大水系出境跨界断面水质 100%达标,城市空气质量、森林覆盖率等稳居全国前列,生态绿色成为云南最具魅力的标识。坚持以辐射中心建设统揽对外开放工作,积极承接产业转移,启动建设沿边产业园区,一体推进口岸功能提升、口岸经济发展、口岸城市建设,谋划推进面向印度洋国际陆海大通道建设,中老铁路"黄金线路"作用日益凸显,开行"沪滇·澜湄线"、"澜湄蓉渝欧快线"等国际货运班列,成功举办中国共产党同东南亚、南亚国家政党对话会,中国—南亚博览会等展会和活动,有力服务国家总体外交大局。扎实开展党内集中教育,广泛开展"党的光辉照边疆、边疆人民心向党"等主题实践活动,深入实施"清廉云南"建设,大力推进作风革命效能革命,深入践行"三法三化",着力整治干部身上"十种典型问题",倡导和树立"十种鲜明导向",政治生态持续向上向好,干事创业氛围愈加浓厚。

回望新时代以来的奋斗路,习近平总书记为云南擘画的美好蓝图正一步步变为幸福实景,云岭大地的每一步前进都离不开习近平总书记的悉心指导,每一点变化都离不开习近平总书记的亲切关怀,全省各族人民衷心拥护党中央、衷心爱戴习近平总书记,坚定不移听党话、感党恩、跟党走。展望新征程上的奋进路,云南将坚持把习近平总书记考察云南重要讲话和重要指示批示精神作为总遵循总指引，把坚定拥护"两个确立"转化为坚决做到"两个维护"的政治自觉、思想自觉和行动自觉，全面贯彻落实党的二十大和二十届二中、三中全会精神，锚定三年上台阶、八年大发展、十五年大跨越的"3815"战略发展目标，以一体推进资源经济、园区经济、口岸经济"三大经济"为重要路径，以大抓产业发展、大抓营商环境、大抓改革开放、大抓经营主体、大抓绿色发展、大抓创新发展等"六个大抓"为具体抓手，以系列三年行动为工作载体，以深化"两场革命"为作风保障，以为民造福为出发点和落脚点，一项一项抓落实，一年接着一年干，不断开创云南现代化建设新局面，为强国建设、民族复兴贡献云南力量。

一、思想引领行动，学习贯彻习近平新时代中国特色社会主义思想结出新硕果

伟大的思想引领伟大的实践。习近平总书记指出："回顾党的奋斗历程可以发现，我们党之所以能够不断历经艰难困苦创造新的辉煌，很重要的一条就是我们党始终重视思想建党、理论强党，坚持用科学理论武装广大党员、干部的头脑，使全党始终保持统一的思想、坚定的意志、强大的战斗力。"[①] 习近平新时代中国特色社会主义思想是当代中国马克思主义、21 世纪马克思主义，是中华文化和中国精神的时代精华，实现了马克思主义中国化时代化新的飞跃。理论学习只有越深刻，才越能感悟党的创新理论中蕴含的思想魅力和真理伟力。在美丽的七彩云南，4700 万云岭儿女深入学习贯彻习近平新时代中国特色社会主义思想和党的二十大精神以及习近平总书记考察云南重要讲话和重要指示批示精神，牢记领袖嘱托、担当时代使命，历史性地解决了绝对贫困问题，全面建成小康社会，实现了云南历史上亘古未有的伟大跨越，为谱写好中国式现代化的云南篇章奠定了坚实基础。

---

① 习近平：《坚持用马克思主义及其中国化创新理论武装全党》，《求是》2021 年第 22 期。

（一）深入学习贯彻习近平新时代中国特色社会主义思想和党的二十大精神

党的二十大描绘了全面建设社会主义现代化国家、全面推进中华民族伟大复兴的宏伟蓝图，开辟了马克思主义发展的新境界。学习贯彻习近平新时代中国特色社会主义思想和党的二十大精神是当前和今后一个时期的首要政治任务，事关党和国家事业继往开来，事关中国特色社会主义前途命运，事关中华民族伟大复兴。云南广大党员干部充分认识学习贯彻习近平新时代中国特色社会主义思想和党的二十大精神的重大意义，坚持不懈用习近平新时代中国特色社会主义思想坚定理想、锤炼党性和指导实践、推动工作，坚定不移用党的二十大精神统一思想、凝聚力量、鼓舞斗志，齐心协力、全力以赴为实现党的二十大确定的目标任务而团结奋斗。

1. 全面学习全面把握全面落实党的二十大精神

围绕深入学习党的二十大精神，认真贯彻《中共中央关于认真学习宣传贯彻党的二十大精神的决定》，制定《中共云南省委关于认真学习宣传贯彻党的二十大精神的实施意见》，紧紧围绕"五个牢牢把握"、"三个全面"的重要要求，聚焦"九个深刻领会"，认真组织学习党的二十大报告和党章以及习近平总书记重要讲话和重要指示批示精神，引导全省党员干部群众把思想统一到党的二十大精神上来，把力量凝聚到实现党的二十大确定的目标任务上来。

在全面学习上下功夫，认真做好党的二十大精神学习宣传。全省各级党组织周密部署，精心组织，突出针对性、务求实效性，既整体把握、全面系统，又突出重点、抓住关键，紧紧围绕"七个聚焦"，分类统筹、形式多样地开展学习培训、宣传解读、专题宣讲、研究阐释、对外宣介，推动党的二十大精神进机关、进企事业单位、进城乡社区、进校园、进军营、进各类新经济组织和新社会组织、进网站，在云岭大地落地生根、结出丰硕成果。

精心组织培训。省委理论学习中心组带头开展集体学习研讨，省委常委和其他省级领导先学一步、学深一层。各级党委（党组）理论学习中心组通过组织专题学习、邀请专家授课等形式，及时跟进学习。省委主要领导在《学习时报》上发表《用党的二十大精神统一思想指引行动　团结奋斗谱写好中国梦的云南篇章》署名文章，为全省党员干部学习贯彻党的二十大精神作出示范表率。举办云南省主要领导干部学习贯彻党的二十大精神研讨班，安排6期厅级干部轮训班、43期专题示范培训班，市县分级分类举办培训班、学习班，对全省县处级以上党员干部进行集中轮训。各级党组织将学习党的二十大精神纳入"三会一课"和主题党日学习的重点内容，通过专题大学习、党员大培训、党课大讲授等方式，分期分批对全省280余万名党员干部进行全覆盖系统培训。把党的二十大精神作为各大中小学思想政治教育和课程教学的重要内容，举办全省青年学习贯彻党的二十大精神座谈会，持续在青少年中掀起学习热潮。

精心组织宣讲。以党中央批准的《党的二十大精神宣讲提纲》为基本依据，全面准确宣传、阐述、解读党的二十大精神。省委主要领导带头宣讲，先后深入曲靖市会泽县、西双版纳州、昆明市、大理州、楚雄州、临沧市、丽江市宁蒗县等地城市社区、企业车间、民族村寨、项目一线，宣讲党的二十大精神，交流学习体会，以实际行动掀起全省学习宣传热潮。中央宣讲团成员到云南宣讲党的二十大精神，全省共2.8万余人同步收听收看。成立省委宣讲团，开展集中宣讲 70 场次，覆盖党员干部和群众近 10 万人。"人民楷模"高德荣、"时代楷模"张桂梅等党的二十大代表带头面向基层群众、师生等开展宣讲。省里组织的 5 支"云岭百姓宣讲团"和各州（市）分别组建的多支基层宣讲队伍联动宣讲，注重结合人民群众身边实实在在的变化，注重面向乡村振兴重点地区、边境地区和少数民族聚居区开展宣讲，推动学习贯彻党的二十大精神走深走实。

精心组织宣传。组织省级、州（市）级主要媒体及所属新闻网站、新媒体平台，县级融媒体中心在重要版面、重点时段开设"深入学习贯彻党的二十大精神"、"二十大代表在基层"等专题专栏。组织开展"新时代、新征程、新伟业"调研采访，在《人民日报》等中央媒体头版头条报道云南。制作推出文字海报、系统短视频、互动 H5 等新媒体产品，与中央媒体及重要政务新媒体积极互动，形成网上网下正面舆论强势。在《云南日报》理论版、《云岭之窗》杂志、《云岭先锋》杂志、《社会主义论坛》杂志、"学习强国"云南学习平台、云南理论网等开设相关专栏，组织领导干部、专家学者撰写一批学习体会和理论文章。制作推出《自信中国说之二十说》、《用实践回答》、《云视理论》、《三分钟讲理论》、《学思践悟在云南》等理论宣传栏目和产品，多种形式宣传党的二十大精神。充分利用新时代文明实践中心（所、站）、广场、车站、机场、地铁、公园、景区等公共场所宣传栏、户外广告大屏、农村大喇叭等各级各类宣传阵地资源，开展内容丰富的宣传教育活动，持续开展"强国复兴有我"群众性主题宣传教育活动。策划推出音乐剧《绽放》、滇剧《一壶春水》等剧目，用文艺精品反映新时代、展现新面貌。

精心组织研究。组织召开云南省社科理论界深入学习宣传贯彻党的二十大精神座谈会和党校系统、高校马克思主义学院、社会科研机构等分领域、分层次的系列理论研讨会。以云南省马克思主义理论研究与建设工程、中国特色社会主义思想理论体系研究中心、马克思主义学院、云南新型智库、省社科规划项目等为载体，设立党的二十大精神研究专项，确定一批重大研究选题，组织专家学者开展研究攻关，推出了一批高质量研究成果。

精心组织宣介。充分发挥云南省南亚东南亚区域国际传播中心作用，在《湄公河》、《吉祥》、《高棉》、《占芭》等外宣杂志、新闻专刊、吉祥网和社交媒体平台开设专题专栏，广泛宣介党的二十大精神。策划推出《总领事解读二十大报告》、"山海追梦人"等系列专题片和短视频报道，以外国受众视角解读党的二十大精神。引入新技术丰富传播手段，用缅语 AI 虚拟主播对党的二十大报告进行播报，系列推文在缅甸受众中引发强烈反响。利用重大外交活动积极发声，以举办第 6 届中国—南亚博览会为契机，制作推出"东盟华商看云南"系列节目，生动展现开放发展的中国形象。

在全面把握上下功夫，深刻领会党的二十大的精髓要义。广大党员干部深刻领会大会主题蕴含的丰富内涵，牢记"三个务必"，心往一处想、劲往一处使。深刻领会过去 5 年的工作和新时代 10 年的伟大变革，更加自觉地维护习近平总书记党中央的核心、全党的核心地位，更加自觉地维护党中央权威和集中统一领导。深刻领会习近平新时代中国特色社会主义思想"十个明确"、"十四个坚持"、"十三个方面成就"、"六个必须坚持"的科学内涵，学好马克思主义的看家本领。深刻领会新时代新征程中国共产党的使命任务，切实把思想和行动统一到党的二十大确定的中心任务上来。深刻领会中国式现代化的中国特色和本质要求，不断增强以中国式现代化全面推进中华民族伟大复兴的自觉性和坚定性。深刻领会"五位一体"总体布局的重大部署，把党的二十大作出的战略部署转化为具体工作任务。深刻领会教育、科技、人才、法治建设、国家安全等方面的重大部署，把教育、科技、人才、法治建设、国家安全摆在更加重要的位置，加快建设教育强省，大力推进创新型云南建设，着力把云南建成人才集聚之地，努力建设更高水平的法治云南、平安云南。深刻领会国防和军队建设、港澳台工作、外交工作等方面的重大部署，在全力服务国防和军队现代化建设、健全完善新时代港澳台海外统战工作机制、全面提升服务国家总体外交大局水平等方面不断努力。深刻领会坚持党的全面领导和全面从严治党的重大部署，坚决落实新时代党的建设总要求和新时代党的组织路线，坚持和加强党的全面领导，坚持以严的基调强化正风肃纪，持之以恒推进全面从严治党，持之以恒推进党的自我革命，不断巩固党在边疆民族地区的执政地位。

在全面落实上下功夫，扎实推动党的二十大作出的重大决策部署落地见效。党的二十大精神内涵丰富，作出的重大决策部署涉及改革发展稳定、内政外交国防、治党治国治军等方方面面。省委召开十一届三次全会对全面贯彻落实党的二十大作出的重大决策部署进行安排，通过《中共云南省委关于深入学习贯彻党的二十大精神　奋力开创新时代云南社会主义现代化建设新局面的决定》，提出实施"3815"战略发展目标，即从 2023 年到 2025 年，实施系列三年行动计划，在补短板强弱项扬优势上取得新突破，在惠民生保安全促团结强党建上取得新成效，在增强边疆民族地区治理能力上取得新进展，到"十四五"末，高质量跨越式发展迈上新台阶；从 2023 年到 2030 年，现代化产业体系建设取得重大进展，经济高质量发展取得显著成效，社会事业发展取得明显进步，边疆民族地区治理能力持续增强，人民生活品质大幅提升，人民精神文化生活更加丰富，到"十五五"末，与全国发展差距明显缩小；从 2021 年到 2035 年，在全面建成小康社会基础上，经过三个五年规划的接续奋斗，闯出云南高质量跨越式发展新路子，各族人民共同富裕取得更为明显的实质性进展，基本建成我国民族团结进步示范区、生态文明建设排头兵、面向南亚东南亚辐射中心，到 2035 年与全国同步基本实现社会主义现代化，建成富强民主文明和谐美丽的社会主义现代化新云南。① 坚定不移推动党的二十大作出的重大决策部署在云岭大地落地见效，向党中央和全省各族人民交出新的优异答卷。

2. 坚定不移以习近平新时代中国特色社会主义思想为科学指引和行动指南

身处民族复兴的关键时刻，时代和人民更呼唤思想领航。习近平新时代中国特色社会主义思想实现了马克思主义中国化时代化新的飞跃，具有马克思主义与时俱进的理论品质，传承中华优秀传统文化的精神基因，推进马克思主义牢牢扎根于当代中国、扎根于中华文化沃土，展现出强大的真理力量和持久的生命力，是坚持"两个结合"的典范。党的十八大以来，边疆民族地区发生的巨大变化深刻昭示，习近平新时代中国特色社会主义思想学习得越深入、领会得越透彻、落实得越坚决，云南发展就越好，对云南后来居上就越充满信心、越有底气、更有力量。云南坚持用习近平新时代中国特色社会主义思想凝心铸魂，统一思想、统一意志、统一行动，自觉做习近平新时代中国特色社会主义思想的坚定信仰者和忠实实践者。

---

① 《中共云南省委关于深入学习贯彻党的二十大精神　奋力开创新时代云南社会主义现代化建设新局面的决定（2022 年 11 月 23 日中国共产党云南省第十一届委员会第三次全体会议通过）》，《云南日报》2022 年 11 月 28 日。

　　锚定"三个抓住"，让党的创新理论学深悟透。抓住关键少数，省委常委班子坚持把省委常委会"第一议题"学习和省委理论学习中心组学习作为重要方式，带头学习习近平新时代中国特色社会主义思想。坚持读原著、学原文、悟原理，引导各级党员干部深入学习《习近平谈治国理政》、《习近平著作选读》，用好《习近平新时代中国特色社会主义思想学习纲要》等权威教材。抓住教育培训，以各级党校（行政学院）、干部培训基地为阵地，把习近平新时代中国特色社会主义思想作为干部教育培训的重点内容，对全省县处级以上党员领导干部进行集中研讨轮训。党的十八大以来，围绕学习贯彻习近平新时代中国特色社会主义思想，省级层面累计开设专题培训 1500 个班次，累计培训党员干部 30 余万人次。抓住青年群体，推进大中小学思政课一体化建设，组织开展"共筑中国梦·同绘彩云南"高校百场形势政策报告会，设立"张桂梅思政大讲堂"，组建"大学生宣讲团"等，打造学习宣传习近平新时代中国特色社会主义思想的云岭青年"轻骑兵"。

　　创新主题学习，让党的创新理论可亲可信。加强爱国主义、集体主义、社会主义教育，扎实开展党史、新中国史、改革开放史、社会主义发展史宣传教育，深化拓展"牢记嘱托　感恩奋进"、"党的光辉照边疆、边疆人民心向党"、"心向北京、拥护核心"等主题实践活动，用好红色资源，赓续红色血脉，从党的历史中感悟党的初心使命、性质宗旨、理想信念。围绕庆祝改革开放 40 周年、新中国成立 70 周年、中国共产党成立 100 周年，围绕贯彻落实党中央重大决策部署，围绕决战脱贫攻坚、决胜全面小康、推动云南高质量跨越式发展，开展系列主题宣传、成就宣传、形势宣传、典型宣传、政策解读，教育引导边疆党员干部坚定对马克思主义的信仰、对中国特色社会主义的信念、对实现中华民族伟大复兴的信心。

◎ 2021 年 6 月 29 日，云南省庆祝中国共产党成立 100 周年成就展在云南省博物馆开展（黄兴能 / 摄）

推动网上传播，让党的创新理论入网乘云。建好"学习强国"云南学习平台，开设"习近平新时代中国特色社会主义思想在云南"、"奋进新征程、建功新时代"、"云上课堂"等栏目，组织全省党员干部和各族群众开展网上学习。加强习近平新时代中国特色社会主义思想传播体系建设，着重构建一报一台二刊一网，融微博微信微视频、移动新闻客户端为一体的主流媒体传播矩阵。《云南日报》理论版、云南广播电视台等省级主要媒体开设了"云视理论"、"理上网来"等栏目，推出《中国24 小时·云南篇》、《看新时代·云南一分钟》、《和总书记一起为独龙江鼓掌》等"现象级"网络产品，通过全媒体、全方位、多渠道、多角度大力宣传阐释，努力使习近平新时代中国特色社会主义思想在边疆民族地区"天天见"、"天天新"、"天天深"。

推动大众传播，让党的创新理论深入基层。习近平总书记考察云南时指出："新时代坚持和发展中国特色社会主义，需要大批能把马克思主义中国化讲好的人才，讲人民群众听得懂、听得进的话语，让党的创新理论'飞入寻常百姓家'。"①遵循习近平总书记指明的方向，组建省、州（市）、县（市、区）三级党委宣讲团，培育打造了以"梅葛宣讲团"、"艾思奇百姓宣讲团"、"乡土能人宣讲团"、"农民宣讲团"、"红色小蜜蜂志愿宣讲队"等为代表的一批大众化理论宣讲品牌。发挥新时代文明实践中心（站、所）、云岭大讲堂等作用，组织开展"走基层"、"面对面"宣讲活动，打造"火塘会"、"院坝会"等群众身边的"高级理论课"，开展分众化、对象化宣讲，把"汉语"译成"少数民族语"、使"普通话"变成"本土方言"，有效传递好党的声音，让群众听得懂、能领会、可落实。

推动国际传播，让党的创新理论走出国门。积极宣介习近平新时代中国特色社会主义思想及其在云南的生动实践，展示美丽中国、七彩云南良好形象，为周边国家读懂中国打开思想之窗。做好《习近平谈治国理政》缅甸语、印地语、尼泊尔语、孟加拉语、老挝语等语种的翻译出版工作。设置"跟着大象看生态"、"象往的地方"等议题，展现真实透明的"大象之旅"，呈现人与自然和谐共生的美好画面，向全球彰显习近平生态文明思想的世界意义及其在云南的生动实践，塑造了可信、可爱、可敬的中国形象。

开展主题教育，让党的创新理论细照笃行。2023年，在全党深入开展学习贯彻习近平新时代中国特色社会主义思想主题教育是党中央作出的重大部署，是贯彻落实党的二十大精神的重大举措。主题教育开展

---

① 《习近平春节前夕赴云南看望慰问各族干部群众　向全国各族人民致以美好的新春祝福　祝各族人民生活越来越好祝祖国欣欣向荣》，《人民日报》2020年1月22日。

过程中，云南始终把理论学习放在首位，先后举办 2 次省领导干部读书班、7 次省委理论学习中心组集中学习，原原本本研读习近平总书记的著作。实施党的创新理论学习教育计划，全覆盖培训县处级以上领导干部 3.76 万名，省级轮训 2088 名厅级领导干部和县（市、区）委书记，培训普通党员 172 万人次，把"学思想"贯穿始终，通过"五学五课"、"三检视三克服"、答好"五道思考题"等，① 推动全省党员干部学深悟透力行习近平新时代中国特色社会主义思想，不断提升服务和融入国家重大发展战略、建设"三个定位"、推动高质量发展的能力本领。大兴调查研究，认真践行"深、实、细、准、效"五字诀，总结运用"五步法"改进调研方式，学习践行浙江"千万工程"经验、"浦江经验"，聚焦重点领域办好民生实事，让群众切身感受到主题教育带来的实际变化和成效。坚持把悟思想与深刻领悟习近平总书记考察云南重要讲话和重要指示批示精神结合起来，认真抓好"习近平新时代中国特色社会主义思想百县千乡万村行"宣讲活动，引导全省党员干部不断增进政治认同、思想认同、理论认同、情感认同，真正把学习成效转化为改造主客观世界的内在主动，转化为推动云南社会主义现代化建设的实际行动。

3. 坚决维护以习近平同志为核心的党中央权威和集中统一领导

坚决维护党中央权威、保证全党令行禁止，是党和国家前途命运所系。党的十八大以来，以习近平同志为核心的党中央针对一度出现的管党不力、治党不严问题，把保证全党服从中央、维护党中央权威和集中统一领导作为党的政治建设的首要任务，建立健全坚持党的全面领导、

---

① 王宁:《深入学习领会习近平文化思想　为中国式现代化云南实践凝心聚力》,《瞭望》2023 年第 52 期。

党中央集中统一领导的各方面重要制度、具体制度，确保全党思想上更加统一、政治上更加团结、行动上更加一致，为党和国家事业发展提供了根本政治保证。在坚决维护党中央权威和集中统一领导这个重大原则问题上，省委常委班子及省"两委"委员带头倡树"在旗帜鲜明讲政治上作表率"等"五个作表率"的要求，及时修订出台《中共云南省委常委会关于坚定维护以习近平同志为核心的党中央集中统一领导的若干具体规定》，进一步严明政治纪律和政治规矩，以实际行动坚决维护以习近平同志为核心的党中央权威和集中统一领导。

坚决维护党中央权威和集中统一领导，最关键的是坚决维护习近平总书记党中央的核心、全党的核心地位。习近平总书记是从人民中成长起来、深受人民爱戴的人民领袖，不愧为中华民族伟大复兴号巨轮的掌舵者、领航人。中国特色社会主义进入新时代，面对世所罕见、史所罕见的风险挑战，习近平总书记运筹帷幄、指挥若定，带领人民反贫困、建小康、斗洪峰、战疫情、化危机、应变局，取得一个又一个伟大成就，赢得全党全军全国各族人民的衷心爱戴和高度信赖。对此，云南各族人民感受十分深刻。正是在党中央的坚强领导和习近平总书记的亲切关怀下，边疆各族人民群众的日子越来越好。云南各族人民发自内心拥护党的领导、拥护党中央、拥护习近平总书记。广大党员干部深刻领悟"两个确立"的决定性意义，自觉增强"四个意识"、坚定"四个自信"、做到"两个维护"，任何时候任何情况下都坚持同以习近平同志为核心的党中央保持高度一致，始终在党中央统一领导下开展工作，做到党中央提倡的坚决响应、党中央决定的坚决照办、党中央禁止的坚决不做；任何时候任何情况下都坚持对党绝对忠诚，与以习近平同志为核心的党中央同心同德，真心爱党、时刻忧党、坚定护党、全力兴党，更加自觉地做"两个确立"的忠诚拥护者、坚定践行者。

坚决维护党中央权威和集中统一领导，就要把党中央决策部署、习近平总书记考察云南重要讲话和重要指示批示精神不折不扣落到实处。省委坚持任何工作部署都以贯彻落实党中央决策部署为前提，确保党中央政令畅通、令行禁止。针对中央巡视、审计、中央生态环境保护督察等指出的问题及时开展专项整治，坚决纠正做选择、搞变通、不作为、乱作为等行为。习近平总书记对滇池沿岸违规违建问题作出重要指示后，云南立即从立场、品质、能力、意志上进行反思和整改，推动各级领导干部对习近平生态文明思想认识更加深刻，对完整、准确、全面贯彻新发展理念认识更加深刻。不断健全跟踪问效、督查督办、考核问责等制度机制，把贯彻落实党中央决策部署作为监督检查的首要内容，纳入全省各级党政领导班子及成员的述职评议范围，每年对贯彻落实习近平总书记考察云南重要讲话和重要指示批示精神情况进行"回头看"，确保件件落实、事事见效。

（二）全面贯彻落实习近平总书记考察云南重要讲话和重要指示批示精神

习近平总书记高度重视云南发展，对云南工作作出一系列重要指示批示，为云南发展擘画蓝图、指引方向。提出"一个跨越"、"三个定位"、"五个着力"重要要求，概括云南在全国发展大局中的"四个突出特点"，强调四个方面重点工作，要求云南"主动服务和融入国家重大发展战略"，"努力在建设我国民族团结进步示范区、生态文明建设排头兵、面向南亚东南亚辐射中心上不断取得新进展，谱写好中国梦的云南篇章"。这些重要指示要求，系统构成云南发展的总遵循、总纲领、总指针。云南各族干部群众倍感温暖、倍感振奋、倍受鼓舞、倍受教育，完整理解把握，系统谋划推进，把学习贯彻习近平总书记重要讲话和重要指示批示精神转化为推动经济社会高质量跨越式发展的生动实践，书写出蓬勃向上、催人奋进的云南答卷。

1. 深入学习领会习近平总书记考察云南重要讲话和重要指示批示精神，进一步统一广大党员干部群众的思想和行动

习近平总书记的重要讲话和重要指示批示精神，充分肯定了党的十八大以来云南的发展思路和工作成绩，深刻阐述了事关全局和长远发展的一系列重大问题，科学指明了云南在全国发展大局中的战略定位，明确提出了当前和今后一个时期的发展路径和工作重点，是指导云南改革开放和社会主义现代化建设的基本遵循和行动纲领，在云南发展史上具有里程碑意义。全省各级党组织和广大党员干部把学习贯彻习近平总书记考察云南重要讲话和重要指示批示精神作为当前和今后一个时期的重大政治任务，自觉用以坚定理想、锤炼党性和指导实践、推动工作。

习近平总书记考察云南重要讲话精神饱含着对云南各族人民群众的关心厚爱。习近平总书记先后两次到云南考察调研。2015 年 1 月，到了昭通、大理、昆明等地；2020 年 1 月，到了腾冲、昆明等地。在考察过程中，先后深入农村、社区、企业、学校等地，特别是深入民族贫困地区、地震灾区，走进困难群众中间，看望慰问各族干部群众，给困难群众送去了温暖、祝福和大爱。习近平总书记在两次考察期间，都听取了云南省委和省政府工作汇报，对云南各项工作取得的成绩给予肯定。他一路不辞辛苦，边走边看边听取介绍，细心细致地交代、语重心长地叮嘱，亲切真挚，催人奋进。这些都充分体现了习近平总书记对云南发展的深情牵挂，对边疆各族人民群众的关怀厚爱。

习近平总书记考察云南重要讲话精神饱含着对云南高质量跨越式发展的殷切期待。2015 年 1 月,习近平总书记考察云南时作出了"一个跨越"、"三个定位"、"五个着力"的重要指示,这是习近平总书记着眼于新的时代背景和全国战略布局,为云南确定的新坐标、明确的新定位、赋予的新使命。2020 年 1 月,习近平总书记考察云南,再次对云南的地位和作用、当前工作重点、今后工作目标提出了明确要求。习近平总书记希望云南正确认识和把握在全国发展大局中的地位和作用,坚决贯彻党中央重大决策部署,统筹推进稳增长、促改革、调结构、惠民生、防风险、保稳定工作,努力在建设我国民族团结进步示范区、生态文明建设排头兵、面向南亚东南亚辐射中心上不断取得新进展,谱写好中国梦的云南篇章。① 习近平总书记的重要讲话,深刻阐明事关云南发展的方向性、根本性、原则性问题,进一步为新时代云南发展指明前进方向、明确发展目标、赋予重大使命。

习近平总书记作出的重要指示批示精神饱含着对云南决战脱贫攻坚、决胜全面小康、维护民族团结和边疆稳定、加强生态文明建设、提高边疆治理能力、传承红色文化基因、净化政治生态、促进高等教育发展等工作的高度关切。习近平总书记分别于 2014 年元旦前夕、2019 年 4 月两次给贡山县干部群众回信,2015 年 1 月在昆明亲切会见独龙族群众代表,2020 年的新年贺词中专门提及云南贡山独龙族群众与他的书信来往。2021 年 8 月,习近平总书记又给沧源佤族自治县边境村的老支书们回信,勉励他们"继续发挥模范带头作用,引领乡亲们永远听党话、跟党走,建设好美丽家园,维护好民族团结,

---

① 《习近平春节前夕赴云南看望慰问各族干部群众 向全国各族人民致以美好的新春祝福 祝各族人民生活越来越好祝祖国欣欣向荣》,《人民日报》2020 年 1 月 22 日。

◎ 2021 年 8 月，习近平总书记给沧源佤族自治县边境村的老支书们回信（周灿、雷桐苏／摄）

守护好神圣国土，唱响新时代阿佤人民的幸福之歌"①。2022 年 11 月 19 日，习近平总书记向第 6 届中国—南亚博览会致贺信指出："中国和南亚国家互为友好邻邦和发展伙伴，是休戚与共的命运共同体。近年来，双方深化各领域务实合作，经贸往来保持良好发展势头，成果惠及各国人民。中国愿同各国一道，以中国—南亚博览会为平台，凝聚团结协作、共谋发展的共识，不断打造新的合作增长点，推动共建'一带一路'高质量发展，助力全球发展倡议落地落实，共同开创更加繁荣美好的未来。"②2023 年 4 月 20 日，时逢云南大学百年校

---

① 《习近平回信勉励云南省沧源县边境村的老支书们　引领乡亲们永远听党话跟党走　唱响新时代阿佤人民的幸福之歌》，《人民日报》2021 年 8 月 21 日。
② 《习近平向第 6 届中国—南亚博览会致贺信》，《人民日报》2022 年 11 月 20 日。

庆，习近平总书记致信祝贺指出："100 年来，云南大学秉承'会泽百家、至公天下'的办学精神，扎根祖国西南边疆民族地区，培养了大批优秀人才，为促进民族团结进步、服务区域经济社会发展作出了积极贡献。""在强国建设、民族复兴的新征程上，希望云南大学以新时代中国特色社会主义思想为指引，全面贯彻党的二十大精神和党的教育方针，全面提升办学水平，为党育人、为国育才，推动铸牢中华民族共同体意识，为建设教育强国作出新的更大贡献。"[1] 习近平总书记对云南的关心关怀，让云南各族党员干部群众热血沸腾、倍感振奋、深受教育，边疆各族儿女发自内心地感恩共产党、感恩党中央、感恩总书记。

理论创新每前进一步，理论武装就要跟进一步。云南深入学习贯彻习近平总书记考察云南重要讲话和重要指示批示精神，坚持"第一议题"制度，省委常委会第一时间传达学习贯彻习近平总书记重要讲话和重要指示批示精神，深刻理解习近平总书记重要讲话提出的新思想新观点新论断，科学掌握其蕴含的思想方法、工作方法和领导方法，进一步认识和把握云南在全国发展大局中的地位和作用，进一步认清习近平总书记和党中央交给云南的使命和责任，进一步明确奋斗目标和努力方向。充分发挥组织优势，迅速掀起学习贯彻热潮，充分利用广播、电视、报刊、网络、新媒体、讲习所等形式和载体，推动习近平总书记考察云南重要讲话和重要指示批示精神进农村、进社区、进机关、进企业、进校园、进网络、进边寨、进千家万户。深入开展大学习、大宣讲、大调研活动，举办专题研讨班和读书班，对全省领导干部进行系统培训，推动学习贯彻工作往深里走、往心里走、往实里走。

---

① 《习近平致信祝贺云南大学建校 100 周年》，《人民日报》2023 年 4 月 21 日。

2. 以习近平总书记考察云南重要讲话和重要指示批示精神为指引，在更高起点上谋划和推动云南高质量跨越式发展

习近平总书记考察云南重要讲话精神精准抓住了云南省情和发展中最重要、最核心的特质，具有鲜明的战略性、前瞻性、指导性。云南制定"一个跨越"、"三个定位"的实施意见和系列规划，一项项落实，一步步推进。省第十一次党代会以来，省委对习近平总书记考察云南重要讲话精神进行再学习再认识，部署开展产业强省、数字经济、农业现代化、农民增收、营商环境、农村供水保障、城乡绿化美化、中老铁路沿线开发等一系列三年行动，推动习近平总书记考察云南重要讲话精神落地生根、开花结果。

落实主动服务和融入国家发展战略，闯出一条跨越式发展的路子来的重要指示，出台《中共云南省委关于深入贯彻落实习近平总书记考察云南重要讲话精神闯出跨越式发展路子的决定》，立足欠发达和后发展的省情，把高质量发展和跨越式发展有机统一起来，坚持发展第一要务不动摇，完整、准确、全面贯彻新发展理念，在保证发展质量和效益的前提下，努力加快发展速度。坚持把做强产业作为推进高质量跨越式发展的重要支撑，扎实推进产业强省建设，出台《云南省产业强省三年行动（2022—2024 年）》，锚定现代农业、绿色铝、光伏、生物医药、新材料、现代物流等产业，明确以绿色化、数字化和智能化为方向，突出绿色低碳转型，将产业发展与培育经营主体、改善营商环境一体推进，云南高原特色现代农业品牌影响力不断扩大，绿色能源与绿色先进制造业深度融合发展，绿色铝谷、光伏之都建设迈出坚实步伐，烟草、绿色能源、文旅康养、现代物流等产业加快转型升级，先进制造、新材料、生物医药、数字经济、出口导向型产业等发展取得积极进展，发展基础不断夯实。

落实成为我国民族团结进步示范区的重大定位，深入开展民族团结进步创建，动员和组织各方面力量共创共建，把民族团结进步创建全面深入持久开展起来，创新方式载体，推动进机关、进企业、进社区、进乡镇、进学校、进部队、进宗教活动场所等。成立省委主要领导任组长的示范区建设领导小组，成立示范区建设专家咨询委员会，实行领导小组成员单位年度任务承诺制度，督促各州（市）结合当地实际细化实施方案，把示范区建设列为全省"十三五"期间五大奋斗目标之一，形成了常态化的检查考核机制。同时，始终抓规划引领、抓督查落实、抓顶层设计，制定出台《云南省民族团结进步示范区建设条例》及其实施细则、《关于加快建设民族团结进步示范区的实施意见》、《云南省建设我国民族团结进步示范区规划（2016—2020 年）》、《云南省建设我国民族团结进步示范区规划（2021—2025 年）》等，明确规定创建民族团结进步示范区的总体要求、指导思想、建设原则、建设目标、主要任务、实施保障等，确保示范区建设实体化、工程化、项目化，为民族团结进步示范区建设提供制度和政策保障。

落实成为我国生态文明建设排头兵的重大定位，切实把生态文明建设摆在全局工作的突出位置，全面加强生态文明建设，开启绿美云南建设新征程。《云南省国民经济和社会发展第十四个五年规划和二〇三五年远景目标纲要》对生态文明建设作出了具体安排。制定《云南省生态文明建设排头兵规划（2021—2025 年）》，围绕构建生态文明体系，明确争当全国生态文明建设排头兵目标、主要任务和重大举措。制定《云南省创建生态文明建设排头兵促进条例》，把创建生态文明建设排头兵纳入规范化、法治化轨道。出台生物多样性保护条例，作出关于全面贯彻实施长江保护法、促进高质量发展的决定，再次启动九大高原湖泊保护条例修改，坚持以最严格法治保护生态，将党中央、国务院关于生态文明建设的重大决策部署和省委、省政府工作要求体现为法规规定，切实推动云南创建生态文明建设排头兵，加快构建生态文明领域治理体系和治理能力现代化新格局。

落实成为我国面向南亚东南亚辐射中心的重大定位，充分发挥区位、资源、人文优势，主动服务和融入"一带一路"建设，全方位、多领域、深层次抓好对外开放，面向南亚东南亚辐射中心建设不断取得新进展。先后制定出台《中共云南省委　云南省人民政府关于加快建设我国面向南亚东南亚辐射中心的实施意见》、《云南省建设我国面向南亚东南亚辐射中心规划（2016—2020年）》、《贯彻落实习近平总书记重要讲话精神维护好运营好中老铁路开发好建设好中老铁路沿线三年行动计划》、《云南省推进对外贸易高质量发展三年行动（2022—2024年）》等系列规划和政策文件，有效构建高位推动、上下协同的政策体系。批准《昆明市建设区域性国际中心城市促进条例》等州（市）地方性法规和单行条例，稳步推进相关法规"立改废释"，助推对外开放新高地建设。随着"一带一路"建设深入推进、中老铁路开通运营和RCEP全面生效，地处祖国西南边陲的云南正在成为朝气蓬勃、充满活力的对外开放前沿。

3.学习贯彻习近平总书记考察云南重要讲话和重要指示批示精神成效显著

在七彩云南这片美丽的土地上，从生活冷暖到安居乐业，从教育医疗到公共服务，从脱贫攻坚到生态环保，都有习近平总书记的深深牵挂和谆谆教导，习近平总书记考察云南的足迹，不仅是民生足迹，也是发展足迹，更是实现中华民族伟大复兴中国梦的光辉足迹。云南各族干部群众牢记习近平总书记对云南的殷殷嘱托，树立新气象、展现新作为，激发奋进新时代的磅礴力量，在建设我国民族团结进步示范区、生态文明建设排头兵、面向南亚东南亚辐射中心上不断取得新进展，习近平总书记为云南擘画的蓝图正在一步步变为美好现实。

在高质量跨越式发展上交出新答卷。党的十八大以来，通过脱贫攻坚这场伟大战役，云南历史性地解决了绝对贫困问题，全省 933 万农村贫困人口全部脱贫，11 个"直过民族"和人口较少民族实现第二次"一步跨千年"，民族地区整体面貌发生了翻天覆地的变化。打赢脱贫攻坚战以后，全力巩固拓展脱贫攻坚成果同乡村振兴有效衔接，全面推进社会主义现代化建设。2023 年，经济总量突破 3 万亿元，中国式现代化云南实践迈出坚实步伐。坚持大抓产业，主攻工业，绿色能源成为第一大产业，绿色铝、绿色硅、新材料等产业链条更加完备，全省电力总装机突破 1.3 亿千瓦，绿色能源占比近 90%。茶叶、鲜切花、咖啡、核桃、中药材种植面积和产量均居全国第 1 位，旅游业位居全国前列，智慧旅游成为全国标杆，接待游客 10.42 亿人次，旅游总收入达 1.44 万亿元。高速公路里程突破 1 万公里、居全国第 2 位，铁路里程突破 5000 公里，高铁从无到有、总里程突破 1200 公里，民用机场达 16 个，乌东德、白鹤滩等一批世界级大型水电站建成投产，渝昆高铁、滇中引水、昆明长水机场改扩建等重大项目扎实推进，滇藏铁路丽香段、叙毕铁路云南段开通运营，124 个县（市、区）通高速公路，形成了有效支撑云南发展、更好服务国家战略的综合基础设施体系。省、州（市）、县（市、区）国土空间总体规划和村庄规划全部编制完成。昆明区域性国际中心城市和曲靖副中心城市建设加快推进，昆玉、昆楚协同发展取得实效，滇西一体化和滇东北开发持续提速，沿边城镇带产业和人口集聚能力不断增强。建成 10 个健康美丽文明智慧幸福县城，全省常住人口城镇化率从 2012 年的 38.47% 提升至 2023 年的 52.92%。重点领域改革

◎ 独龙江乡孔当村晨景（陈飞／摄）

加快落实，推动市场、创新、政务、法治、人文"五大环境"全面提质，市场准入效能评估试点经验向全国推广，政务服务事项网上可办率达98.02%、全程网办率达81.97%。创新建设中小企业融资综合信用服务平台，受到国家充分肯定并在全国推广。信用建设荣获全国进步单位、特色单位称号。启动国企改革深化提升行动，国有企业利润总额增长15.4%。制定实施加快民营经济高质量发展的意见，建立政企常态化沟通交流机制，新增减税降费及退税缓费超450亿元，民营经济增加值占GDP比重达52.3%。实有经营主体632.26万户、为2020年底的1.7倍，每千人拥有经营主体数首次超过全国平均水平，企业增长37.2%，"四上"企业增长17.7%。①

---

① 《云南省人民政府工作报告（2024年）》，云南省人民政府网站，2024年1月24日。

在建设民族团结进步示范区上获得新进展。把铸牢中华民族共同体意识作为云南各项工作的主线，将云南的各项工作都赋予铸牢中华民族共同体意识的内涵和意义。坚持党对民族宗教工作的领导，大力弘扬"民族团结誓词碑"光荣传统，讲好各民族团结立碑盟誓的故事。大力推广普及国家通用语言文字，把铸牢中华民族共同体意识教育纳入办学治校育人全过程。持续开展"党的光辉照边疆、边疆人民心向党"、"心向北京、拥护核心"主题实践活动，引领边疆各族群众坚定不移感党恩、听党话、跟党走。打造新时代民族团结进步创建工作升级版，深入实施"枝繁干壮"、"幸福花开"、"石榴红"、"十县百乡千村万户"示范引领等工程，扎实推进各民族交往交流交融"三项计划"和边境民族团结进步模范长廊建设，14 个州（市）创建全国民族团结进步示范州（市），累计创建 137 个全国民族团结进步示范区示范单位，数量位居全国前列。制定出台关于坚持我国宗教中国化方向的实施意见，创新开展"润土培根"工程，加强思想引领、文化浸润等综合治理，深入开展践行"四条标准"、"爱党爱国爱社会主义"等教育活动，打造 35 个宗教界爱国主义教育示范点，保持宗教和顺的良好局面。[1]

在争当生态文明建设排头兵上绘就新画卷。牢固树立和践行绿水青山就是金山银山理念，坚持"保护为先、治污为重、扩绿为基、转型为要、发展为本"的总体思路，坚定不移走生态绿色高质量发展之路，坚持带污染的钱再多也不赚，带污染的项目再大也不要。制定修订《云南省创建生态文明建设排头兵促进条例》等 24 部地方性法规，成功创建 20 个国家生态文明建设示范区、9 个国家"绿水青山就是金山银山"实

---

[1]　王宁：《坚定践行总体国家安全观　为维护国家安全大局作出云南贡献》，《云岭之窗》2024 年 4 月 15 日。

践创新基地，划定生态保护红线 11.35 万平方公里、占全省国土面积的
29.6%。大力开展城乡绿化美化，全省森林面积达 3.18 亿亩、居全国第
2 位，活立木蓄积量达 24.1 亿立方米、居全国第 1 位。坚决打好蓝天、
碧水、净土保卫战，抓实九大高原湖泊保护治理、补齐"两污"治理短
板、生态产品价值转化、发展现代林业、生物资源保护与利用、壮大绿
色产业、倡导绿色生活方式、防范化解重大生态安全风险等 8 件大事，
七彩云南的天更蓝、山更绿、水更清、景更美。全面加强生物多样性保
护，出台加强高黎贡山生物生态安全风险防范及保护的总体规划和专项
政策措施，建成全国唯一、亚洲第一、世界第二的中国西南野生生物
种质资源库，COP15 后续效应不断拓展，外来物种入侵得到有效防治，
高黎贡山野生动植物栖息地范围明显扩大，联合国《生物多样性公约》
秘书处称赞，中国已经成为生物多样性方面的全球领导者，云南已经成
为全球生态文明的一个象征。①

在建设面向南亚东南亚辐射中心上垒筑新高地。紧抓 RCEP 全面生
效重大机遇，主动参与中国—东盟自由贸易区和中国—中南半岛经济走
廊、孟中印缅经济走廊建设，构建多层次开放平台体系，推动省、市、
州协同打造磨憨国际口岸城市，昆明成为全国唯一拥有"边境线"的
省会城市。务实推进面向印度洋国际陆海大通道建设，创新开行"沪
滇·澜湄线"、"澜湄蓉渝欧快线"、"中欧＋澜湄线"国际货运班列，中
老铁路发展远超预期，截至 2023 年 12 月 27 日，累计发送旅客超 2500
万人次、运输货物超 3000 万吨，运输范围覆盖全国 31 个省（区、市）、
12 个共建"一带一路"国家，成为我国联通中南半岛及环印度洋地区

---

① 王宁：《坚定践行总体国家安全观　为维护国家安全大局作出云南贡献》，《云岭之窗》
2024 年 4 月 15 日。

的铁路大动脉。智慧口岸建设走在全国前列，全省口岸进出口货运量增长32.2%，磨憨铁路口岸成为我国对东盟的第一大铁路口岸。云南投资建设运营的暹粒吴哥国际机场如期通航，在周边国家实施92个"小而美"民生项目。加快推进昆明、曲靖承接产业转移园区和磨憨、河口、瑞丽沿边产业园区建设，沪滇临港昆明科技城建成开园。成功举办南博会、旅交会、产业转移系列活动等，省外产业招商到位资金增长16%，实际利用外资增长20.7%。[①] 中国—南亚博览会等合作平台影响力日益扩大，与越南、老挝、缅甸等周边邻国关系更加牢固。

在保障和改善民生上实现新突破。坚持发展为民、发展惠民，扎实做好普惠性、基础性、兜底性民生建设，加快补齐教育、就业、卫生、社会保障等民生短板。2023年，消除"三类"监测对象风险65.19万人，脱贫劳动力转移就业327.97万人，人均纯收入8500元以下且有劳动能力的脱贫户和监测户实现动态清零。农村劳动力转移就业1573.76万人，农村居民人均可支配收入增长8%。城镇新增就业53.98万人，城镇调查失业率为5.3%。新增退役军人就业1.54万人、残疾人就业1.37万人。新建、改扩建214所幼儿园，教师"省管校用"向初中延伸，普通高中帮扶实现县域全覆盖，职业教育"提质效"、高等教育"121"工程扎实推进。基本医保参保率连续稳定在95%以上。兜底保障361.7万困难群众基本生活。373个小区、19.67万户实现交房即交证。"双提升"工程建设任务全部完成，1368家基层医疗卫生机构服务能力提质达标，16个州（市）达到新版国家卫生城市标准，血吸虫病历史性实现传播阻断。[②] 各族群众的获得感、幸福感、安全感不断提升。

---

① 《云南省人民政府工作报告（2024年）》，云南省人民政府网站，2024年1月24日。
② 《云南省人民政府工作报告（2024年）》，云南省人民政府网站，2024年1月24日。

在增强边疆民族地区治理能力上取得新收获。坚定践行总体国家安全观，全面落实习近平总书记考察云南重要讲话精神和对云南国家安全工作的重要指示精神，切实扛起为国守边的政治责任，推动全省国家安全工作形成全方位统筹、全系统联动、全领域防控的工作格局，确保党中央关于国家安全工作的决策部署在云南落地见效。坚决筑牢政治安全防线，严格落实意识形态工作责任制，建立完善意识形态风险防控机制。深入贯彻新时代党的治藏方略，健全涉藏维稳工作体系，严防达赖集团渗透破坏，确保涉藏州县长治久安。[①] 深入实施兴边富民行动、守边固边工程，高质量建设 374 个现代化边境幸福村，积极推动 25 个边境县（市）新型城镇化建设，努力打造富边的样板、睦边的示范、守边的屏障。坚持抓党建促强边固防，建立以"五级书记抓边防"、"五级段长制"为牵引的领导体制、责任体系和工作机制，构建人防、物防、技防相融合的边境立体化防控体系，建设物联、数联、智联"三位一体"的智慧边境防控网络，形成党政军警民合力强边固防的工作格局，坚决打击电信诈骗，跨境违法犯罪得到有效遏制。[②] 全面建成覆盖省市县乡村的应急广播体系。坚持和发展新时代"枫桥经验"，深入践行"四下基层"，开展普法强基补短板专项行动，群众安全感满意度创历史新高，各民族手足相亲、守望相助的情感纽带更加坚实，合力守边固边兴边的内生动力持续增强。

在推进全面从严治党向纵深发展上展示新气象。坚持以党的政治建设为统领，持续深化理论武装。坚持新时代好干部标准，鲜明树立重一

---

① 王宁：《坚定践行总体国家安全观　为维护国家安全大局作出云南贡献》，《云岭之窗》2024 年 4 月 15 日。

② 王宁：《坚定践行总体国家安全观　为维护国家安全大局作出云南贡献》，《云岭之窗》2024 年 4 月 15 日。

线、重实干、重实绩、重公认的用人导向，建设敢于担当、干事创业、攻坚克难的干部队伍。接续实施基层党建推进年、提升年、巩固年、创新提质年和"智慧党建"三年行动，基层党组织的战斗堡垒作用、党员先锋模范作用充分彰显。持续开展作风革命、效能革命，大力推行项目工作法、一线工作法、典型引路法，坚持任务项目化、项目清单化、清单具体化，引导各级干部把办公室搬到项目建设、招商引资、乡村振兴一线，推动全省上下工作作风持续改进、工作效能不断提升、干事创业氛围更加浓厚。坚定不移打好反腐败斗争攻坚战、持久战，紧盯烟、茶、玉、矿等云南有特点的资源领域，开展专项整治，深化以案促改，坚决肃清余毒流毒影响，坚持标本兼治，一体推进不敢腐、不能腐、不想腐，为推动全省高质量跨越式发展提供了坚强的政治和组织保证。

（三）奋力开创云南社会主义现代化建设新局面

梦想照亮未来，奋进正当其时。党的二十大绘就了全面建设社会主义现代化国家、以中国式现代化全面推进中华民族伟大复兴的壮阔图景，习近平新时代中国特色社会主义思想和习近平总书记考察云南重要讲话精神为谱写好中国式现代化的云南篇章提供了科学指引和根本遵循，云南各族干部群众将更加紧密地团结在以习近平同志为核心的党中央周围，不忘初心、牢记使命，埋头苦干、勇毅前行，一任接着一任干，一张蓝图绘到底，一以贯之抓落实，奋力开创云南社会主义现代化建设新局面。

1. 努力把习近平总书记为云南擘画的美好蓝图变为现实

面对新使命新任务，必须进一步深刻把握习近平新时代中国特色社会主义思想和习近平总书记考察云南重要讲话精神蕴含的思想魅力和实践伟力，把落实习近平总书记对云南的重要指示要求与学习贯彻党的二十大和二十届二中、三中全会精神融为一体，正确认识云南现代化建设的现实条件和实践要求，自觉把云南发展更好融入中华民族伟大复兴战略全局。

努力闯出一条高质量跨越式发展路子，这是推进云南现代化建设的必由之路。要立足省情实际，把高质量发展和跨越式发展有机统一起来，坚持发展第一要务不动摇，完整、准确、全面贯彻新发展理念，推动经济实现质的有效提升和量的合理增长，不断厚植现代化的物质基础，让各族人民生活更富裕、更幸福。

努力建成民族团结进步示范区，这是推进云南现代化建设的重大任务。我们要实现的现代化，是各族人民共同团结奋斗、共同繁荣发展的现代化，是各族人民都要过上好日子、实现共同富裕的现代化。要以铸牢中华民族共同体意识为主线，一手抓民族团结巩固，一手抓民族地区发展，推动各族人民共同富裕取得更为明显的实质性进展，确保现代化建设新征程上一个民族都不掉队，打造我国民族团结边疆稳定的样板，为坚定不移走中国特色解决民族问题的正确道路作出示范引领，为不断推进中华民族共同体建设创造云南经验。

努力建成生态文明建设排头兵，这是推进云南现代化建设的政治担当。要把生态文明建设摆在全局工作的突出地位，坚持保护优先、绿色发展，统筹产业结构调整、污染治理、生态建设和生物多样性保护利用，推动经济社会发展绿色化、低碳化，绘好七彩云南生态画卷，筑牢我国西南生态安全屏障，当好全国生态文明建设排头兵，成为生态文明建设的国际典范。

努力建成面向南亚东南亚辐射中心，这是推进云南现代化建设的时代使命。要切实担负起时代使命，主动服务和融入国家重大发展战略，更好实现高水平对外开放，深化周边命运共同体实践，促进文明互鉴、民心相通，为推动构建人类命运共同体、实现共赢共享发挥建设性作用。

2. 推动云南高质量跨越式发展迈上新台阶

蓄势迸发后发赶超，砥砺前行奋勇争先。在现代化的接力赛上，实现高质量跨越式发展是云南最鲜明的主题、最大的任务，要以时不我待、只争朝夕的紧迫感，牢牢坚持发展这个第一要务，按照"3815"战略发展目标，始终坚持以人民为中心的发展理念，进一步巩固拓展脱贫攻坚成果，有效接续推动农村地区全面振兴，更有实力、更有能力和精力解决好人民群众的各种急难愁盼，让云南各族人民过上更加幸福的美好生活。

◎ 通海县蔬菜产业基地（陈飞／摄）

进一步补短板，提升发展水平。加快补齐产业发展、基础设施、乡村振兴、新型城镇化、基本公共服务等短板，切实解决发展不平衡不充分问题，夯实高质量跨越式发展的基础。扎实做好工业拓展转型升级、高原特色农业提质增效、旅游业创新发展、数字经济赋能产业发展四篇文章，聚焦高原特色现代农业、绿色铝、绿色硅、先进制造、绿色能源等 12 个重点产业延链补链强链，全面提升产业能级和产业竞争力。实施基础设施建设三年行动，大力推进交通物流大通道、能源大通道、数字信息大通道和"兴水润滇"工程建设，全面提升基础设施水平，加快构建现代化基础设施体系。培育发展滇中城市群，实施"强省会"行动，加快推进曲靖市建设云南副中心城市。推动区域中心城市和县城提质发展，加快沿边城镇建设，提升产业人口集聚能力和县城综合承载能力。深入实施城市更新居住品质提升三年行动，打造宜居、韧性、创新、智慧、绿美、人文城市。制定实施基本公共服务提升三年行动，健全城乡基本公共服务体系，全力抓好就业、收入分配、医疗卫生、"一老一小"保障等工作，让发展成果更多惠及各族人民。

进一步强弱项，增强发展动力。坚定不移深化改革开放，大抓科技创新，强化人才支撑，向改革要红利，向开放要活力，向创新要动力，在构建新发展格局、融入全国统一大市场中培育经济发展新动能。实施新一轮国企改革发展三年行动，加快国有经济布局优化、结构调整和战略重组。破除制约民营企业参与市场竞争的各类隐性壁垒，深入实施经营主体倍增计划，支持中小微企业和个体工商户发展。持续优化市场营商环境，加快推进政务服务事项集成化办理，确保惠企政策红利更快更好直达经营主体。全面落实《国务院关于支持云南加快建设我国面向南亚东南亚辐射中心的意见》，不断提升与国内先进省（区、市）、周边国家地区交流合作水平，加快承接国内外产业转移，积极对接粤港澳大湾区建设，强化与长江经济带、长三角地区对接合作，加强与成渝地区双城经济圈、广西北部湾经济区等产业衔接，推进共建产业园，探索利益分享机制，吸引境内外产业链关键环节、关键企业来云南发展。大力培育技术创新主体，实施全社会研发投入提升三年行动，聚焦重点领域加强核心技术攻关，建设国家级重大创新平台。深化科技入滇，办好腾冲科学家论坛，带动更多高水平科研平台、科技企业、科技成果、科技人才、专家团队服务云南。深入实施人才强省战略，打好政策、待遇、考核、激励等"组合拳"，培养集聚各方面优秀人才，加快建成我国面向南亚东南亚人才新高地和区域性人才中心。实施教育事业提升三年行动计划，总结推广"组团式"帮扶做法，推进普通高中托管县域帮扶全覆盖，办好中职、高职教育，培养更多高素质技能人才，提升高等教育质量，为云南现代化建设增强智力支撑。

进一步扬优势，挖掘发展潜能。充分发挥资源禀赋优势，充分释放内需潜力，大抓投资、大抓项目、大抓消费、大抓外贸，大力发展资源经济、园区经济、口岸经济，把区位优势、资源优势转化为实实在在的经济优势、发展优势。坚持全省资源管理"一盘棋"，加强与周边国家资源合作，做好资源高效利用，以资源换产业、以资源换市场、以资源换技术，推动工业高端化、绿色化、智能化发展，走现代化、设施化、高端、高品质农业发展路子，推动旅游业从"门票经济"、"观光经济"向"综合消费经济"转变。找准口岸定位，做强口岸产业，提升交通物流水平，大力发展服务经济，大力改革创新，使口岸真正成为全省产业转型升级的重要突破口和新的增长点。把宝贵的资源要素聚集起来，深入开展园区规模和质量提升行动，促进产业集聚，强化政策支持，加强服务保障，理顺体制机制，把园区经济增长"发动机"作用真正发挥出来。

进一步保安全，守牢发展底线。坚定不移贯彻总体国家安全观，积极防范化解各类风险挑战，维护社会和谐稳定，更好地统筹发展和安全。健全完善强边固防机制，不断优化边境管控防控体系，依法严厉打击跨境违法犯罪，维护边疆稳固，守好祖国西南大门。大力推进城乡绿化美化三年行动，深入推进九大高原湖泊、河流、水系、黑臭水体系统治理，加快国家公园创建，加强生物生态安全风险防范，积极稳妥推进碳达峰碳中和，健全现代环境治理体系。加快建设更高水平的平安云南和法治云南，突出抓好基层社会治理、矛盾纠纷排查化解，以农村地区为重点，深入开展基层普法专项行动，让法治深入人心，以良法保障善治。

进一步促团结，凝聚发展合力。坚持"各民族都是一家人，一家人都要过上好日子"的信念，推进全域民族团结进步创建，健全铸牢中华民族共同体意识宣传教育常态化机制，引导各族人民牢固树立休戚与共、荣辱与共、生死与共、命运与共的共同体理念，建设边境民族团结进步模范长廊。大力弘扬民族团结誓词碑优良传统，实施"枝繁干壮"、"幸福花开"、"石榴红"等重点工程和各民族交往交流交融"三项计划"，促进各族人民像石榴籽一样紧紧抱在一起。加大对民族地区发展的支持力度，加快兴边富民行动中心城镇建设，打造现代化边境幸福村升级版，让各族人民过上更好的日子。

3. 坚持以高质量党建引领高质量跨越式发展

办好中国的事情，关键在党，关键在人。推动云南高质量跨越式发展，必须靠高质量党建引领。习近平总书记考察云南时指出，各级党组织要在从严治党上进一步做起来、实起来。要发扬彻底的自我革命精神，认真贯彻落实新时代全面从严治党战略方针，深入推进党风廉政建设和反腐败斗争,把各级党组织建设得更加坚强有力,为谱写好中国式现代化的云南篇章提供坚强保证。

把对党忠诚落实在见行动上。教育引导广大党员干部把坚定拥护"两个确立"、坚决做到"两个维护"贯彻到履职尽责各方面全过程,变成思想自觉、党性观念、纪律要求和实际行动,坚定不移忠诚核心、拥戴核心、维护核心、捍卫核心,让坚决维护以习近平同志为核心的党中央权威和集中统一领导成为云南广大党员干部最鲜明的政治品格。完善落实党中央决策部署和习近平总书记重要指示批示精神的制度机制,工作部署及时贯彻,存在问题及时纠偏,工作落实强化督查,坚决做到习近平总书记有号令、党中央有部署、云南见行动。

把狠抓落实体现在转作风上。牢固树立"今天再晚也是早、明天再早也是晚"的效率意识,大力推行项目工作法、一线工作法、典型引路法,坚持任务项目化、项目清单化、清单具体化,雷厉风行、迅速高效抓落实。把转作风、提效能作为建设高素质干部队伍的关键,督促各级领导干部既当好指挥员,更当好施工队长,重要工作一竿子插到底,形成谁干事就支持谁、谁干成事就重用谁的鲜明用人导向。深入实施干部专业化能力提升计划,推动干部在项目建设、招商引资、乡村振兴、强边固防等重大任务中接受锻炼、增长才干,不断增强推动高质量发展本领、服务群众本领、防范化解风险本领。

把全面从严贯穿在抓党建上。把严的基调、严的措施、严的氛围长期坚持下去,以零容忍的态度反腐惩恶,一体推进不敢腐、不能腐、不想腐,坚决打赢反腐败斗争攻坚战持久战。持续推进权力集中、资金密集、资源富集领域腐败治理,坚决查处政治问题和经济问题交织的腐败,坚决治理政商勾连破坏政治生态和经济发展环境问题,坚决惩治群众身边的"蝇贪"。深化拓展"清廉云南"行动,以小见严纠"四风"，深入推进清廉机关建设，教育引导广大党员干部筑牢拒腐防变思想堤坝。坚决肃清白恩培、秦光荣等余毒影响，以案促改、建章立制，建设像自然生态一样山清水秀的政治生态，营造有利于干事创业的良好环境，引导广大党员干部以更加坚定的政治自觉、更加饱满的精神状态、更加务实的工作举措，奋力谱写好中国式现代化云南新篇章。

奋斗创造历史，实干成就未来。站在新的历史起点上，云南将坚持以习近平新时代中国特色社会主义思想为指引，全面贯彻落实党的二十大和二十届二中、三中全会精神，深入贯彻落实习近平总书记考察云南重要讲话和重要指示批示精神，牢牢把握高质量发展这个首要任务和构建新发展格局这个战略任务，全面推进"3815"战略发展目标实施，以中国式现代化的云南实践为强国建设、民族复兴伟业添砖加瓦、增光添彩。

二、坚定不移贯彻新发展理念，经济高质量发展取得新成就

　　发展是党执政兴国的第一要务，是解决中国所有问题的关键。党的二十届三中全会着眼于实现高质量发展，强调发挥经济体制改革牵引作用，处理好政府和市场这个核心问题，塑造发展新动能新优势。2015年1月，习近平总书记考察云南时指出，一定要牢牢抓住发展这个党执政兴国的第一要务不动摇，在推动产业优化升级上下功夫，在提高创新能力上下功夫，在加快基础设施建设上下功夫，在深化改革开放上下功夫，扎扎实实走出一条创新驱动发展的路子来。2020年1月，习近平总书记再次考察云南时指出，新时代抓发展，必须坚定不移贯彻创新、协调、绿色、开放、共享的新发展理念，推动经济高质量发展。云南牢记习近平总书记的嘱托，立足欠发达和后发展的省情实际，把高质量发展和跨越式发展有机统一起来，完整、准确、全面贯彻新发展理念，牢牢把握高质量发展这一首要任务，紧紧抓住发展新质生产力这一重要着力点，坚持稳中求进、以进促稳、先立后破，持续壮大资源经济、园区经济、口岸经济，着力推进市场化、产业化、法治化、国际化、生态化、数字化进程，努力加快发展速度，不断提升发展的位势和能级，不断厚植现代化的物质基础，闯出一条高质量跨越式发展的路子。

（一）历史性解决绝对贫困问题

扶贫开发是我们第一个百年奋斗目标的重点工作，是最艰巨的任务。2015 年 1 月，习近平总书记考察云南时指出，扶贫开发要增强紧迫感，真抓实干，不能光喊口号，决不能让困难地区和困难群众掉队。2020 年 1 月，习近平总书记再次到云南考察，强调要坚持"富脑袋"和"富口袋"并重，加强扶贫同扶志扶智相结合，加强开发式扶贫同保障性扶贫相衔接。云南坚决贯彻落实习近平总书记关于扶贫工作的重要论述和党中央决策部署，强化脱贫攻坚顶层设计，构建精准扶贫精准脱贫领导机制、工作机制和政策体系，攻克了一个又一个贫中之贫、坚中之坚，经过艰苦卓绝的顽强奋战，取得了脱贫攻坚的全面胜利，兑现了"全面建成小康社会，一个民族都不能少"的庄严承诺，书写了中国减贫奇迹的云南篇章，为全国减贫、全球减贫贡献了"云南样本"。

1. 脱贫攻坚取得伟大胜利

构建完善制度体系。坚持"五级书记"抓扶贫、党政同责促攻坚，实行省、市、县、乡扶贫开发领导小组由党政主要领导任"双组长"负责制，层层签订"军令状"，以上率下推动脱贫攻坚责任落实、政策落实、工作落实。全面对标对表中央政策，不断完善脱贫攻坚政策举措。实行"领导挂县、部门包村、干部帮户"的挂包帮责任体系，各级领导既挂帅、又出征，带头挂县包村帮户。加大脱贫攻坚专项巡视和各类监督力度，加强考核评估，紧扣脱贫攻坚目标任务，建立倒逼工作机制，确保扶贫工作务实、脱贫过程扎实、脱贫结果真实，为脱贫攻坚提供坚实的制度保障。

实施精准攻坚策略。坚定不移把"精准扶贫"、"精准脱贫"贯穿脱贫攻坚全过程，探索建立了一套行之有效的制度机制，如"五查五看三评四定"和"七步法"精准识贫，"账账相符、账实相符"成效查验，财政涉农资金省级源头整合，贫困县退出省级前置评估等机制，真正做到扶持对象精准、项目安排精准、资金使用精准、措施到户精准。聚焦深度贫困地区，创新攻坚战法，实施"五个一批"工程，打好"十大攻坚战"，逐一攻克迪庆、怒江、昭通等深度贫困堡垒。强化一线扶贫力量，锻造敢打硬仗的"尖刀班"、"爆破手"，锻炼有情怀、有担当、善作为的"三农"工作队伍。①

实现脱贫攻坚目标。2020 年，云南与全国同步全面建成小康社会，兑现了"全面建成小康社会，一个民族都不能少"的庄严承诺，"两不愁三保障"的目标全面实现，农村地区基础设施条件显著改善，贫困地区生产生活方式发生深刻巨变，边境民族贫困治理体系不断健全，广大人民群众的思想观念发生历史性转变。

2. 脱贫群众过上了更好的日子

千方百计保障和改善民生。连续实施两轮兴边富民工程改善沿边群众生产生活条件三年行动计划，大力推动现代化边境幸福村建设。② 补齐基础设施短板，加快实施农村公路建设和村内外道路硬化工程，实施农村人口饮水安全巩固提升全覆盖工程。组织实施建档立卡人口近 100万人，总人口近 150 万人的易地扶贫搬迁工程。困扰群众的出行难、喝

---

① 中共云南省委宣传部、云南省社会科学院编著：《云南脱贫攻坚战纪实》，人民出版社2021 年版。

② 中共云南省委宣传部、云南省社会科学院编著：《脱贫攻坚的云南实践》，云南人民出版社 2021 年版。

水难、用电难、通信难、上学难、就医难、住房难等突出问题得到历史性解决。许多乡亲告别溜索桥、天堑变成了通途，告别苦咸水、喝上了清洁水，告别四面漏风的泥草屋、住上了宽敞明亮的砖瓦房。千百万贫困家庭的孩子享受到更公平的教育机会，孩子们告别了天天跋山涉水、劈柴烧火、做饭上学，实现了住学校、吃食堂。全省 8502 个贫困村实现 100%通硬化路、通动力电、光纤网络全覆盖。

千方百计"富口袋"和"富脑袋"。建立完善利益联结机制、股份合作机制、志智双扶长效机制、产业带贫"双绑"机制，增加脱贫群众收入，现代产业取代了刀耕火种，电商走进了边疆山寨，许多贫困村有了自己的大学生，边疆民族地区经济发展滞后、思想观念落后的状况，发生了从内而外的深刻改变。习近平总书记在全国脱贫攻坚总结表彰大会上的讲话中特别提到身残志坚的昆明市东川区乌龙镇坪子村芭蕉箐小

◎ 独龙族老人肯国芳感恩祖国、感恩党（杨时平 / 摄）

组村民张顺东说的话："我们虽然残疾了，但我们精神上不残，我们还有脑还有手，去想去做"，激励更多脱贫群众自强不息，用勤劳双手创造美好生活。脱贫地区农村居民人均可支配收入从 2012 年的 4749 元提高到 2021 年的 13027 元，脱贫人口人均纯收入从 2015 年的 2785 元提高到 2023 年的 16322 元，实现了从解决温饱、到总体小康、再到全面小康的历史性跨越。

3. 创造云南脱贫攻坚经验模式

曾经的云南集边疆、民族、山区、贫困于一体，四方面因素相互交织，使得云南脱贫攻坚的特殊性、复杂性、艰巨性全国罕见。在打赢脱贫攻坚这场波澜壮阔的伟大战役中，创造了一批具有云南特色、全国影响的实践模式和典型经验。推行"一个民族一个行动计划、一个民族一个集团帮扶"模式、财政涉农资金源头整合机制、控辍保学"四步法"、"领导挂县、部门包村、干部帮户、队员驻村"的帮扶机制、"转作风走基层遍访贫困村贫困户"等一批可复制可推广的经验做法；探索出"三讲三评"、"爱心超市"、"好汉班"等创新做法，贫困群众发出"找准路子跟党走、小康生活样样有"的脱贫宣言，破除"素质贫困"难题。涌现了澜沧县竹塘乡科技扶贫，勐根村老达保文化扶贫，孟连县回俄村"宾弄赛嗨"民族团结互助扶贫，怒江州背包工作队等一系列先进典型。西盟县以"村民小组脱贫工作委员会"为载体，走出一条脱贫攻坚与基层党建、乡村治理有效融合和贫困群众精神与物质"双脱贫"、"双摘帽"的新路子，荣获全国脱贫攻坚"组织创新奖"，普洱脱贫攻坚歌曲《致富路上一起走》获全国金奖等，为全国打赢脱贫攻坚战提供了减贫治理的云南边疆民族特色样本。

（二）加快推动特色产业发展

产业是发展的根基，产业兴则经济兴，产业强则经济强。习近平总书记考察云南时指出，要加快建设现代化经济体系，把握供给侧结构性改革这条主线，健全推动发展先进制造业、振兴实体经济的体制机制，推动传统制造业优化升级，加快发展新兴产业。[①] 云南深入贯彻落实习近平总书记重要指示精神，大力推动产业强省战略，深入实施产业强省三年行动，不断推动产业结构升级和产业布局优化，构建了"传统产业＋支柱产业＋新兴产业＋未来产业"的迭代升级现代化产业体系，为云南推进高质量发展提供坚实物质支撑。

1. 一体推进资源经济、口岸经济、园区经济"三大经济"

围绕"三大经济"，大力实施《云南文化和旅游强省建设三年行动(2023—2025 年)》、《云南省开发区振兴三年行动（2023—2025 年)》、《云南省口岸建设发展三年行动（2023—2025 年)》、《云南省智慧口岸建设总体方案》、《推动资源经济口岸经济园区经济高质量发展 13 条措施》，不断延伸绿色能源、矿产资源、高原特色农业、文旅资源产业链，提升附加值，持续加大要素保障力度，打造优质高效服务环境，发挥教育、科技、人才在园区经济和口岸经济高质量发展中的基础性、战略性支撑作用。

资源之"势"逐渐转化为产业之"能"。云南依托农业在气候、光照、水源、物种等方面得天独厚的优势，聚焦"1+10+3"重点产业，使农

---

① 《习近平春节前夕赴云南看望慰问各族干部群众 向全国各族人民致以美好的新春祝福 祝各族人民生活越来越好祝祖国欣欣向荣》，《人民日报》2020 年 1 月 22 日。

业增加值由 2012 年的 1640.4 亿元提高到 2023 年的 4012.18 亿元，排名从全国第 13 位提升至第 10 位，正由农业大省加快向农业强省迈进。截至 2023 年，云南粮食生产实现 12 年连续增长，产量达到 1974 万吨。肉类总产量由 349 万吨增加到 520.33 万吨，排名从全国第 12 位提升至第 4 位，肉牛存栏量、出栏量分别排全国第 1 位、第 2 位，生猪存栏量、出栏量分别排全国第 4 位、第 5 位。云南蔬菜近七成销往全国 150 多个大中城市、40 多个国家和地区，成为全国重要的"南菜北运"和"西菜东调"优质基地和西南最大的蔬菜出口基地。[①] 为满足消费升级需求，着力打造"一村一品"专业村、农业产业强镇、"一县一业"示范县和特色县、现代农业产业园、高原特色产业集群等，建成世界最大鲜切花产区，咖啡产量占全国 98% 以上，茶叶、天然橡胶、核桃、澳洲坚果、中药材种植面积和产量均保持全国第 1 位。"绿色云品"矩阵逐步形成，一大批"云系"、"滇牌"农特产品走出大山、走向世界。火电、新能源合计增发 317 亿千瓦时，有力补齐水电减发缺口，新增投产新能源装机突破 2000 万千瓦，成为第二大电源；旅游从观光型向深度体验型转变，景迈山古茶林文化景观成功申遗，"有一种叫云南的生活"成为人们向往的"诗和远方"。2023 年，旅游市场强劲复苏，全省接待游客数量和旅游收入创历史新高，分别是 2019 年的 130%、127%。

园区聚集产业的能级和水平全面提升。全省以园区为载体，大抓产业，主攻工业，重点产业加速向园区聚集，园区经济规模效益日益显现。2023 年全省 89 个开发区规模以上工业总产值占全省的比重达 76.5%。开发区吸引制造业投资的引领带动作用越发显现，2022 年至

---

① 云南省统计局、国家统计局云南调查总队:《云南省 2023 年国民经济和社会发展统计公报》，云南省统计局网站，2024 年 3 月。

◎ "绿色铝谷"正在崛起（张文峰／摄）

2023 年底，全省引入总投资 10 亿元以上的项目超过 80 个。积极推动工业发展从过度依赖资源向市场主导转变，从过度依赖重化工业向注重先进制造业转变，从资源消耗向创新驱动转变，从低附加值向高附加值转变，从耗能污染向环境友好转变，着力打造工业转型升级版。生物医药产业持续增长，生物技术药和现代中药及化学药领域涌现出一批国内市场占有率前三位的产品。绿色制造取得积极进展，绿色铝、绿色硅工业总产值突破千亿元，逐步成为云南制造新优势。以硅光伏、新能源电池为代表的电子行业连续 18 个月保持 25%以上增速，光伏电池片和组件产能规模不断扩大，产业垂直一体化取得新进展，新能源电池产业链加快向电芯、储能电池环节延伸，云南成为新能源电池产业的重要基地。

口岸不断推动产业融入大循环双循环。一体推进口岸功能提升、口岸经济发展、口岸城市建设，积极推进通道平台大融合、贸易大提升、口岸经济大发展。全省已形成以昆明国际枢纽口岸为核心，以磨憨、河口、瑞丽重点枢纽口岸为龙头，以清水河、猴桥、天保、关累港物流节点口岸为支撑，其他普通口岸和边民通道协同发展的"1+3+4+N"口岸发展布局。昆明、曲靖承接产业转移园区及磨憨、瑞丽、河口边境产业园区加快发展，中老铁路货物运输范围覆盖全国 31 个省（自治区、直辖市），扩大至 12 个共建"一带一路"国家，成为我国联通中南半岛及环印度洋地区的铁路大动脉。智慧口岸走在全国前列，磨憨成为中国对东盟的第一大铁路口岸，"沪滇·澜湄线"、"澜湄蓉渝欧快线"等国际货运班列储备形成贯通欧亚联系两洋的态势。

2. 产业结构不断优化升级

三次产业结构由 2012 年的 16.0∶42.9∶41.1 调整为 2023 年的 14.0∶34.2∶51.8。[①] 经济结构持续优化，产业投资占全部投资比重突破 50%。第一产业增加值保持增长态势，打造了一批国家现代农业全产业链标准化示范基地、国家级产业集群、国家农业绿色发展先行区。花卉、中药材、烟草等产业育种创新水平全国领先，有机农产品获证数居全国第 1 位，农产品加工产值取得突破性进展。烟草、有色、化工等传统产业改造升级，高技术制造业实现高速增长，推动工业实现由传统产业拉动向传统产业、战略性新兴产业"双轮驱动"转变。第三产业占据了半壁江山，旅游等现代服务业创新发展。深入实施服务经济倍增计划，打造"云南服务"品牌。大力发展共享经济、总部经济，发展壮大电子商务、云计算、大数据、平台经济，加快发展和培育商业新业态、新模式，推

---

① 云南省统计局、国家统计局云南调查总队：《云南省 2023 年国民经济和社会发展统计公报》，云南省统计局网站，2024 年 3 月。

动服务业提质增效。2022 年，服务业增加值在 GDP 占比、服务业对经济增长的贡献率分别为 51.8%、68.2%。① 文旅产业体系逐步健全，产业规模不断扩大，产品业态更加丰富，数字文旅产业快速发展，"云看展"、线上演播、沉浸式体验等新业态加速崛起，智慧旅游掀起新旅游革命，跨境旅游合作助力构建旅游发展新格局。物流和健康服务成为新的增长引擎，迈入万亿级产业俱乐部，"通道＋枢纽＋网络＋平台"的现代物流运行体系初见雏形；健康服务聚焦"医、养、体、学、智"，促进医疗健康与养生、旅游、互联网、金融和高原体育等深度融合。绿色金融和普惠金融发展迅速，叠加跨境电商发展，跨境人民币便捷支付，促进金融服务从传统金融聚集向新金融生态圈转变、从带动周边向辐射南亚东南亚转变。集中调度开工重大产业项目，推动投资增长由房地产开发、基础设施拉动向产业投资拉动转变。2023 年，农业投资规模继续保持全国第一，工业投资连续 22 个月增速超过 20%，民间投资占比不断扩大。

3.战略性新兴产业不断兴起

战略性新兴产业是国民经济的先导产业和未来支柱。云南培育壮大新材料、生物医药、新一代信息技术、高端装备制造、新能源、节能环保等战略性新兴产业，谋划布局生命科学、人工智能、卫星应用等未来前沿产业。聚焦中药（民族药）、生物制品（疫苗）、化学药和功能性化妆品等重点方向，开展精准招商，支持昆明建设国际大健康名城，打造全国重要的生物产业集聚区。实施稀贵金属材料基因工程，加快关键技术和重要产品产业化攻关，延长新材料产业链。大力实施"云上云"行

---

① 云南省统计局、国家统计局云南调查总队：《云南省 2023 年国民经济和社会发展统计公报》，云南省统计局网站，2024 年 3 月。

动计划、"互联网+"行动计划，积极发展大数据、云计算、物联网产业，做强做优做大战略性新兴产业，超前谋划布局未来产业。

4. 重点产业延链补链强链得到加强

产业链是经济活动的核心，是建设现代化产业体系的关键基石。云南聚焦具有自身特色和优势的12个产业集群延链补链强链，推进实施重点产业链专班和"链长制"，出台了新能源电池、绿色铝、光伏、新材料等产业发展三年行动计划，28条产业链提升方案以及新能源电池、疫苗等产业发展支持政策，精准开展产业链链式招商。积极培育国家级先进制造业集群，推动绿色铝向精深加工和终端制造延伸，扩大光伏电池片和组件产能规模，建设全国新能源电池产业重要基地；加快人工智能、生物制造、绿色低碳等前沿技术研发和应用推广，做大做强疫苗产业集群，打造化学药产业集聚区。烟草、钢铁、有色、化工等传统优势产业持续改造提升，绿色能源与绿色制造持续深度融合。新一代信息技术、新能源、新材料等新兴产业初步形成完整产业链，产业垂直一体化取得新突破。

5. 经营主体不断壮大

经营主体是发展的重要引擎，在国家发展中发挥着十分重要的作用。云南努力在优化营商环境促进培育经营主体倍增上下功夫，出台帮扶中小微企业纾困发展等"1+15"行动方案，推出"十大专项行动"和"五个加力政策举措"组合拳，成立纾困发展工作专班，建立"助企服务员"和"政银企保"对接机制，开展"三进"经营主体活动，建成惠企政策申报系统，充分运用省级中小企业发展专项资金，在云南省股权交易中心设立"专精特新板"、"专精特新培育板"。2023年实有经营主体超过

630 万户，实有企业数和年度新登记经营主体数均破百万，经营主体总数全国排名从第 14 位提升至第 13 位。其中，国家级专精特新"小巨人"企业 74 户、国家级制造业单项冠军 6 户，省级专精特新中小企业 805 户、创新型中小企业 1947 户，高新技术企业总量突破 3000 户。

6. 数字经济赋能产业效果显著

数字经济是赋能产业转型升级的重要力量源泉。数字经济核心产业营收、固定资产投资近三年年均增速都超过 30%。以智能终端制造、软件和信息技术服务、数据服务和平台经济为重点的数字经济园区加快建设。全省智慧园区（试点）持续推进。把数字经济发展作为推动新型工业化的"突破口"和"破局点"，强化新一代信息技术和制造业深度融合。深入实施 5G 应用"扬帆"云南行动，开展工业互联网一体化进园区"百城千园行"活动，推动中小企业"上云上平台"，组织实施 28 个省级工业互联网"三化"（数字化、网络化、智能化）改造、20 个省级智能制造试点示范项目。研究提出行业级大数据中心建设指南；5G 基站总数有效覆盖全部乡级行政区，排西部第三；建成钢铁冶金、锡冶金、绿色能源、新能源车管理运营、化工、烟草 6 个行业级工业互联网平台，全省制造业生产设备数字化率达到 44.5%。智慧旅游、数字商贸加快发展。建成云南农业农村大数据中心，114 个县列入全国电商进农村综合示范县，建成 20 个数字化绿色农产品物联网示范基地和省农业基地信息服务系统，搭建农业农村大数据基础平台，实现经营主体身份化、企业产品标准化、产地环境标识化、全程管理数字化。

7. 产业发展平台不断夯实

产业发展平台是产业集聚裂变发展的重要载体。围绕"创新驱动引领区"、"产业提速增效区"、"沿边开放与绿色发展区"三大产业功能分区，优化园区布局，明确园区主导产业，加快产业发展平台建设，促进产业发展平台、研发创新平台和专业服务平台联动发展、融合发展、共同发展。大力实施开发区振兴三年行动，深入开展园区规模和质量提升行动，实施绿色低碳示范产业园区三年行动，进一步促进项目扩园、企业满园、集群强园，发展壮大园区经济。2023 年，全省 89 个开发园区共完成规上工业总产值 14647.77 亿元，占全省的比重达 76.5%。[①] 千亿园区、百亿园区、产业示范基地、绿色低碳园区焕发活力。

（三）大力加强基础设施建设

基础设施是经济社会发展的重要支撑，构建现代化基础设施体系是全面建设社会主义现代化国家的坚实基础。云南牢记习近平总书记考察时"在加快基础设施建设上下功夫"的嘱托，紧紧围绕建设交通强省，打造绿色能源强省，实施"兴水润滇"工程，建设现代综合物流体系等，打好综合交通三年攻坚战和"五网"基础设施建设五年大会战，实施基础设施"双十"重大工程，布局了一系列重大举措和项目，初步建成有效支撑高质量发展的综合基础设施体系。

1. 推进交通强省建设

交通是经济的脉络，是文明的纽带。坚持"与世界相交、与时代相通"的发展理念，把交通作为先导产业，集中人力、物力、财力，先后

---

① 云南省发展和改革委员会：《园区经济主引擎作用逐步凸显》，云南省发展和改革委员会网站，2024 年 4 月 30 日。

◎ 保龙高速公路怒江大桥（范南丹／摄）

实施"双十"基础设施，县域高速公路"能通全通"、"互联互通"，农村公路"巩固提升"，铁路"建网提速"，民航"强基拓线"，水运"提级延伸"，邮政"网络覆盖"等重点工程。铁路"八出省"通道建成6条，滇藏铁路丽香段建成通车，铁路里程达到5222公里，高铁总里程1212公里，16个州（市）除了怒江、德宏和昭通，都进入了高铁（动车）时代。高速公路"七出省"通道除滇藏通道外均已建成，连接京津冀、长三角、粤港澳、成渝等国内主要经济区域的复合通道实现贯通。高速公路里程突破1万公里、是2012年的3.4倍、排名全国第2位，实现了所有州（市）通高速公路、全部县（市、区）通高等级公路。农村公路里程居全国第2位。建成民用机场16个，A类通用机场从无到有。邮政快递业实现了邮政企业网点乡镇覆盖率、建制村直接通邮率和快递网点乡镇覆盖率三个100%。

2. 加快绿色能源强省建设

绿色能源是做好新时代能源转型的根本遵循。完善绿色能源强省建设顶层设计，成立云南省能源委员会，建立集决策、统筹、推进、监督等职能于一体的高效工作机制，持续推动金沙江、澜沧江等流域国家大型水电基地建设，加快建设"风光水储"多能互补基地，推进"源网荷储一体化"发展，构建清洁低碳、安全充裕、经济高效、供需协同、灵活智能的新型电力系统，加快推进抽水蓄能电站和电化学等新型储能电站建设，鼓励采用共享式配建储能项目，大力推进数字化绿色智能电网建设，提升电力供应保障能力和电网调节性、灵活性。保障"西电东送"国家战略，建设国家清洁能源基地和区域国际能源枢纽。糯扎渡、溪洛渡、乌东德、白鹤滩等水电站相继投产，金沙江、澜沧江两大水电基地基本建成，风电、光伏开发建设全面提速。10 条跨省区直流输变电通道相继投产，建成世界上技术最先进、特性最复杂、电力最绿色的省级异步送端大电网。2023 年，全省发电总装机突破 1.3 亿千瓦大关，重新迈入全国 10 强，其中绿色能源装机占比近 85%，绿色能源发电量占比近 90%，非化石能源占一次能源消费比重 43% 左右，以上指标均全国领先。全省发电量为全国贡献了 11% 左右的绿色能源，持续夯实广东、广西、上海、浙江、海南 5 省（自治区、直辖市）外送电力市场，送电量突破 1.5 万亿千瓦时规模，居全国第一。能源工业占全省地区生产总值比重 6% 左右，支柱地位持续巩固增强。建成 14 回高电压等级输电线路与越南、老挝、缅甸局部地区实现互联互通，累计跨境电力贸易超过 713 亿千瓦时，跨境电网输电能力、贸易电量均居全国第一，占澜湄区域 8% 以上，区域性国际能源大通道已具雏形。

3.打造现代综合物流体系

现代流通体系建设是构建新发展格局的一项重要战略任务。云南高度重视现代综合物流体系建设，推进物流枢纽和物流基础设施建设，培育和发展现代物流龙头企业，建立区域性国际大宗商品交易集散中心，完善城市和县、乡、村配送网络，科学规划跨省跨境物流网络体系，推动中老国际班列与中欧班列对接合作，发展物流新业态新模式，降低物流成本，构建"通道＋枢纽＋网络＋平台"的现代物流运行体系。印发《云南省"十四五"现代物流业发展规划》、《云南省现代物流业发展三年行动（2022—2024年)》、《云南省"十四五"冷链物流发展实施方案》等多个文件，加大对现代物流业政策支撑力度。昆明商贸服务型、昆明—磨憨陆港型、大理商贸服务型国家物流枢纽入选国家物流枢纽建设名单，昆明国家骨干冷链物流基地入选国家骨干冷链物流基地建设名单。昆明—磨憨陆港型国家物流枢纽成为全国唯一一个陆港型与陆上边境口岸型联合建设的国家物流枢纽。创建昆明至钦州港、海防港班列品牌和云南卷烟"公转铁"运输示范品牌，创新发展铁路货运物流运营模式，助推"云品"出滇，成功实现果蔬、鲜花等生鲜物资铁路冷链破冰。随着云南交通体系的发展，多联式、多层级、数控智慧型的国际国内物流运输更加便捷畅通。

4.推动数字信息大通道建设

数字信息大通道建设是经济社会运行的神经中枢。云南致力于布局建设新一代超算、云计算、人工智能平台、宽带基础网络等设施，推动内联外通、联动世界的数字信息大通道建设，发布《云南省"十四五"大数据中心发展规划》、《关于大力推动数字经济加快发展的若干政策措施》，实施云南省数字经济发展三年行动，探索培育数据要素市场，昆明国家级互联网骨干直联点、根域名镜像服务器等重要通信基础设施建成投用。积极融入国家一体化大数据中心体系，构建布局均衡、协同供给、梯次连续的全省数据中心格局。优化算力结构，大力提升人工智能算力。在滇中、滇西、滇南建设全省一体化算力网络枢纽点，布局数据中心集约化，支持有条件的州（市）建设面向本地区业务需求的数据中心，提供具有地方特色、规模适度的算力服务。

5. 推动"兴水润滇"工程建设

云南全面落实"节水优先、空间均衡、系统治理、两手发力"的治水思路，围绕建库、连通、成网三个方面，大中小微并举、蓄引提调结合，聚焦"基本消除云南工程性缺水瓶颈，基本消除区域性、大面积干旱"的主要目标，加速推进滇中引水等重大引调水工程，大力推动供水保障、防洪能力提升、水生态环境保护治理与修复、水利信息化四大工程；聚焦滇中城市群、干热河谷、山区半山区等重点缺水区域，开展水资源配置工程和骨干水源工程。2012 年以来，云南水利投资持续保持高增长，水安全保障能力得到极大提升。牛栏江—滇池补水工程建成并发挥效用，德厚、阿岗、车马碧三座大型水库通过完工验收。滇中引水工程全面提速。云南"河湖连通、西水东调、多源互补、区域互济"的立体性、综合型、多功能供水安全骨干网络全面铺开，农村供水向城乡供水一体化迈进。"兴水润滇"目标步步进发，"挹注大江之水、沃灌三迤之土"的百年愿景正在逐步变为现实。

（四）持续加强创新型云南建设

创新是新质生产力的特点，抓创新就是抓发展，谋创新就是谋未来。习近平总书记考察云南时强调，要在提高创新能力上下功夫。云南牢牢把握创新是第一动力，坚持不懈强化科技创新赋能，不断完善科技创新基础制度、加强区域创新体系建设、加快推进创新平台建设、强化企业科技创新主体地位、推动科技开放合作、优化创新生态。区域创新能力从 2012 年的全国第 28 位提高到 2023 年的第 25 位，提升 3 位，全社会研究与试验发展经费投入实现翻两番，从 2012 年的 68.75 亿元提高到 2023 年的 313.53 亿元，从全国第 24 位提升到第 19 位，为云南推动高质量发展发挥强大支撑作用。

1. 完善支持科技创新的基础制度

深化科技体制改革，形成支持全面创新制度体系。建立有利于优秀科技人才脱颖而出的科研评价制度，完善科研项目组织管理机制，推行科技管理"线上办、数据跑、一次办"，先后印发《云南省科技军令状制项目管理办法（试行）》、《云南省科技项目"赛马制"实施细则（试行）》等，在全国较早组织实施"揭榜制"、"军令状制"、"赛马制"等科技项目遴选组织方式；深化改革，实施《云南省科技体制改革三年攻坚行动方案》、《创新驱动高质量发展 29 条措施》、《云南省财政科研项目和经费管理改革 20 条措施》和《云南省科学技术奖励办法》等重大政策；开展科技项目经费"包干制"试点，赋予科研机构及人员更大科研经费管理自主权。建立科技伦理委员会制度；深化与州（市）会商机制建设；探索建立项目、平台、企业、人才、成果转化、招商引智等省州（市）一体化科技创新协同机制。深入推进科技与金融结合，完善以"风险金池"为试点基础的科技贷款风险补偿制度升级版，在科技金融领域推广运用科技创新券。大力完善制度体制机制，大力弘扬科学家精神，营造了鼓励创新、宽容失败、敢于担当的良好氛围，全面释放发展新质生产力的活力，全社会创新创业呈现新气象。

2. 战略科技力量发展壮大

聚焦优势特色领域，逐步形成祖国西南重要的创新策源地。灵长类生物医学、天文、植物化学、生物多样性保护、生态学等领域研究成果国际影响不断增强，种质资源库野生植物种子数量居全球第 2 位，云南科研团队首次发现寒武纪节肢动物化石中枢神经系统、首次系统解析了灵长类动物胚胎着床后的分子与细胞生物学事件、实现月球激光测距、成功发布全国首个生物物种目录。多年生稻成果入选 *Science* 杂志 2022 年度十大科学突破榜单。多个领域实现原创性、颠覆性科技创新。

3. 加强区域创新体系建设

构建高质量区域创新体系，促进高水平科技自立自强。深入实施新一轮创新型云南行动计划，建立省、州(市)一体化科技创新协同机制，加强研发经费投入和高新技术企业"三倍增"综合考核。深入落实开发区振兴三年行动计划，支持以高新区为主的各类园区依靠科技创新增强发展动能。聚焦重点产业和重点领域重大科技创新需求，大力推进"国家稀贵金属材料基因工程融合创新中心"、"省部共建灵长类生物医学重点实验室"、"省部共建高原山地环境与生态安全重点实验室"、"民族药创制关键技术国家重点实验室"等重大平台建设和服务型技术平台建设。立足学科优势，整合科教资源优势，积极争取国家在云南布局大科学工程或大科学装置。聚焦重点产业和重点领域重大科技创新需求，组织实施重大科技项目，累计突破重大关键核心技术 1000 余项，研发具有自主知识产权重大新产品 1000 余个。形成了一批特色鲜明、世界水平的重大原创性成果，稀贵金属、绿色铝、绿色硅、新材料、高原特色种业、疫苗、混凝土坝技术、区块链基础平台等重大关键核心技术和具有自主知识产权重大新产品居全国领先水平。

4. 加快推进创新平台建设

加强平台载体建设，打造创新资源聚集地。加强与国内外大院大所、名校名院、知名企业的深入合作，推进"科技入滇"，鼓励和支持省内学科优势特色明显的科研院所、高校、企业联合组建一批协同创新平台。实施行动计划，构建低成本、便利化、全要素、开放式的服务平台。高起点规划建设滇中自主创新示范区，集中力量建设一批国家级和省级重点实验室、技术创新中心等重大创新平台。加强信息资源整合和政策集中发布，向企业开放专利信息资源和科研基地。鼓励大型企业建立技术转移和服务平台，向创业者提供技术支撑服务。完善创业培育服务，打造创业服务与创业投资相结合、线上与线下相结合的开放式服务载体。获批建设 9 个国家级重点实验室，2 个国家工程研究中心，4 个国家工程技术研究中心，8 个国家野外科学观测研究站；建设 138 个省重点实验室，15 个省技术创新中心；建设 28 个国家地方联合工程研究中心，120 个省级工程研究中心，123 个省工程技术研究中心，24 个省临床医学研究中心，45 个省野外科学观测研究站，15 个省公共科技服务平台。模式动物表型与遗传研究设施、中国地震科学实验场云南项目、灵长类设施、中国科学院天元数学中心等一批"国字号"重大科学研究基地设施落地云南。贵金属、特色植物提取等 5 个云南实验室启动建设。"云岭农科 110"创新服务平台上线运营。

5. 强化企业科技创新主体地位

科技创新要让企业"唱主角"、"挑大梁"。成立政府—企业应用基础研究联合基金，推进高新技术企业"三倍增"行动计划，鼓励企业加大研发投入，支持领军企业联合行业上下游企业、高校和院所组建创新联合体，共同开展行业关键核心技术攻关，支持引入企业在滇设立新型研发机构或区域研发总部，支持创新型中小微企业成长为创新重要发源地。深入推进"一企一策"培育指导，构建全过程政策与服务链，完善高新技术企业培育库建设。实施企业科技特派员制度，打造一批省级科技企业孵化器和众创空间，培育一批产业链创新链"链主"。强化科技金融对科技型企业培育的赋能，丰富"云科贷"系列产品。加大财政对科技的投入，落实企业技术创新的各项政策，加大对中小企业创新支持的力度。完善以企业为主体、市场为导向、"政产学研用金"深度融合的协同创新体系，落实和扩大科研院所法人自主权，深化高校科研体制机制改革，发展多种形式的先进技术研发、成果转化和产业孵化机构深入实施科技成果转移转化行动。打通基础研究和技术创新衔接的绿色通道，以基础研究带动应用技术群体的突破。创新主体培育成效显现，构建孵化载体—科技型中小企业—高新技术企业的梯队培育体系。

6. 推动科技合作内外联动

强化"科技入滇"合作。构建科技入滇长效机制，汇聚创新资源，打造创新新动能，稳步推进区域科技中心、区域现代农业研发辐射中心、区域国际创新创业中心三大中心和生物医药大健康产业基础服务基地、国际科技合作与技术转移基地、科技人员交流与教育培训基地等基

◎ 2023 年 12 月 1 日，高规格、高水平举办 2023 腾冲科学家论坛，颁发首届腾冲科学大奖
（周灿 / 摄）

地建设。开展沪滇、京滇、泛珠三角区域科技合作，推动国家区域科技创新合作。高规格、高水平举办 2023 腾冲科学家论坛，颁发首届腾冲科学大奖，全力打造"科技达沃斯"论坛，举办沪滇科技成果对接交流、"云南人才周"等活动，持续推进建设院士专家工作站。通过不断提升"智汇云南"品牌影响力，成功撬动了一大批科研平台、科技型企业、科技成果、人才团队入滇落地助力云南发展，"科技入滇"成为科技开放创新的亮丽"名片"。同时，全面推进面向南亚东南亚科技创新中心发展。自外国人来华工作许可制度实施以来，共办理外国人来华工作许可 12723 件。建立了中国—南亚技术转移中心、中国—东盟创新中心等三个国家级国际创新合作平台。与东盟秘书处、联合国亚太技术转移中心等建立科技合作机制，在巴基斯坦、孟加拉国、印度等国家建立技术转移分中心或双边中心，在老挝、斯里兰卡建成可再生能源、特色植物资源开发利用联合实验室，科技创新辐射能力持续提升。

7.打造新质生产力创新团队

人才是第一资源，科技是第一生产力，创新是第一动力。云南全面落实中央人才工作会议精神，聚焦建设我国面向南亚东南亚人才新高地、区域性人才中心和发展新质生产力急需人才目标，实施新时代人才强省战略，着力健全政策体系、创新引育措施、优化人才生态，全省人才规模持续壮大、素质有效提升、结构不断优化、人才加速集聚、成果竞相涌现。截至 2022 年底，全省人才资源总量达 670.57 万人，比 2017 年增长 34.8%，人才贡献率达 30.63%。其中，全省规模以上工业企业中，有 R&D 活动的企业达 1232 家、企业办研发机构 552 个，全省 12 个重点产业人才资源总量达 174.58 万人；全省共有国家级、省级产业园区 89 家，园区人才资源总量达 43.30 万人；全省 25 个口岸县（市）人才资源总量达 54.87 万人。全省每万劳动力中 R&D 人员数为 17.2 人年/万人，比 2017 年增长 38.37%。全省高层次人才、领军人才不断涌现，成功引进了一批急需紧缺高层次人才，2023 年"兴滇英才支持计划"引进培养重点产业领域人才共 677 人，[①] 推动了一批科技成果在云南转化应用。

8.打造一流创新生态

围绕科技人才培养、引进和使用等方面，相继出台配套政策 60 余项，推进改革举措 80 余项。完善宽容失败制度，培养敢于试错、面向产业需求、具有原创能力的青年科技人才，加大科研团队激励力度。实施"兴滇英才支持计划"，引导省级科技人才进入"国家队"。支持在滇

---

① 省委组织部：《精准提升人才效能服务现代产业发展》，云南网，2024 年 3 月 13 日。

"两院"院士开展自由探索研究，承办"彩云汇"创新创业大赛、举办"贤才聚盘"创新创业创造大赛等活动。党的十八大以来，云南连续四个增选年份共 10 名高层次人才成功当选"两院"院士，实现历史性突破，居西部省（自治区、直辖市）第 4 位。培养了一批国家级科技创新创业领军人才、省级创新团队、省中青年学术和技术带头人后备人才及省技术创新人才。桂海潮从农村娃成长为航天科学家，季维智院士当选欧洲科学院外籍院士，朱有勇院士被中宣部授予"时代楷模"称号，朱兆云院士团队完成云南特色彝族药物"痛舒胶囊"自主研发。选树一批"云岭最美科技人"，2022 年云南专业技术人才总量达到 207.5 万人、高技能人才总量达 143.96 万人，技术合同成交额增速居全国第二。在科技创新、科技推广、医疗卫生、成果转化等领域取得累累硕果。

（五）统筹城乡一体化发展

统筹城乡一体化发展是破解城乡发展不平衡、农村发展不充分等问题的根本遵循。习近平总书记在云南考察时指出，要坚持城乡统筹发展，坚持新型工业化、信息化、城镇化、农业现代化同步推进，实现城乡发展一体化。云南坚持城乡统筹、四化同步，着力解决城乡发展不平衡不充分问题，让城镇化建设与乡村全面振兴比翼齐飞，让农村发展在城乡融合中迸发活力，让城乡居民同等享有改革发展的丰硕成果。

1. 推进农业农村现代化

强国必先强农，农强方能国强。云南把确保粮食和重要农产品有效供给作为"三农"工作的首要任务，认真贯彻落实地方党委和政府领导班子及其成员粮食安全责任制规定，深入实施"藏粮于地、藏粮于技"战略，划定粮食生产功能区，推动高标准农田建设，粮食和重要农产品供给保障能力不断增强。把一切为了农民增收作为"三农"工作的鲜明导向，深入实施农村居民持续增收三年行动方案，建立健全联农带农机制，推动城乡义务教育、城乡医疗、社会保障等公共服务均衡发展。实施农业现代化三年行动，实施种业振兴行动，实施支持种业振兴若干政策措施，加强种质资源保护，加快推进育种创新，强化种业市场监管。实施设施农业现代化提升行动，加强装备集成推广，提升农机装备水平。完善农业科技创新体系，强化科技推广应用，加快农业科技自立自强，加快发展农业新质生产力。加快数字农业发展，引导数字技术在农业生产全过程的广泛应用，深入实施"互联网+"农产品出村进城工程。党的十八大以来，云南粮食产量稳步增长，城乡居民收入差距不断缩小，城乡义务教育均等化水平不断提升，城乡居民基本医疗保险和大病补充保险参保率稳定在95%以上，农村居民基本养老保险制度不断完善，农村电商覆盖面不断扩大，为农产品提供更广泛的销售渠道。

2. 全面推进乡村振兴

民族要复兴，乡村必振兴。云南加快推进乡村产业振兴、人才振兴、文化振兴、生态振兴、组织振兴。聚焦粮食、茶叶、花卉、蔬菜（含食用菌）、水果、坚果、咖啡、中药材、牛羊、生猪、乡村旅游、烟草、蔗糖、天然橡胶14个重点产业，加大土地流转力度，实施农业产业增量提质工程，推动农业全产业链生产，推动一二三产业融合发展，发展集体经济、乡村旅游，建立完善联农带农机制，实施农业经营主体倍增行动，推动技术创新、产品创新和品牌培育，促进产业向绿色化、规模化、产业化、高端化方向发展。坚持和加强党对乡

◎ 昭通海升万亩苹果示范园（柴俊峰／摄）

村人才工作的全面领导，完善乡村人才培养、引进、管理、使用、激励等机制，培育高素质农民、农业农村科技人才、农业农村专业化队伍、社会人才。坚持农业绿色发展导向，持续整治提升农村人居环境，全面打造生态宜居乡村。聚焦"1+10+3"重点产业落实绿色发展政策，以九大高原湖泊为重点调整种植业结构，推进农业面源污染治理、种植养殖业污染防治、农业废弃物资源化利用，加强农产品质量安全监管，坚持以机制创新为目标，持续开展农村公益事业财政奖补，探索开展农村综合性改革试点，总结形成可复制可推广的农村改革发展机制和模式。坚持以社会主义核心价值观为引领，加强村风民俗和乡村道德建设，健全农村公共文化服务体系，焕发乡村文明新气象。推进乡村公共文化服务均等化标准化，加强乡村公共文化产品和服务供给，传承保护乡村历史和民族文化。坚持党对农村工作的全面领导，实施"五级书记"抓乡村振兴，加强农村基层党组织建设，健全完善乡村振兴考核落实机制。通过"五大振兴"，促进农业高质高效、乡村宜居宜业、农民富裕富足。

3. 加快推进新型城镇化

新型城镇化是以人为核心的城镇化，是现代化的必由之路。云南全面实施新型城镇化战略，加快形成以昆明中心城市为核心、以滇中城市群为主体形态、以县城为重要载体，区域中心城市、边境口岸城市、国际旅游城市、历史文化名城等大中小城市和小城镇协调发展的格局。实施强省会行动，加快推进昆明区域性国际中心城市和曲靖副中心城市建设，推动昆玉、昆楚协同发展，蒙个开、麒沾马组团发展，持续提速滇西一体化和滇东北开发，提高沿边城镇开发开放水平，提升区域中心城市和州（市）中心城市功能，推进形成中心城市带动都市圈、都市圈引领城市群、城市群支撑区域协调发展的空间动力机制。高质量推进以县城为重要载体的城镇化建设，加快推进健康县城、美丽县城、文明县城、智慧县城、幸福县城建设，增强县城综合承载能力。实施城乡绿化美化三年行动，打造宜居、韧性、创新、智慧、绿美、人文城市，实施城市更新居住品质提升三年行动，加快城镇老旧小区、城中村改造和居住社区建设，实施城市生态修复、垃圾污水治理，推进智慧城市、海绵城市建设。建立健全城市规划、设计、建设、管理工作体系，优化城市空间和建筑布局，传承保护历史文化，提升城市治理水平。深化户籍制度改革，促进农业转移人口全面融入城市。依法依规优化行政区划。实施"百县千镇提质"工程，城镇化水平不断提高，一批"特色、产业、生态、干净、智慧"突出的"美丽县城"崭露头角，成为产城融合、乡村振兴的亮丽新名片和向世界展示云南魅力的重要窗口。一大批田园综合体、生态宜居美丽乡村在云南被"点亮"，成为县域经济的增长极和农业转移人口市民化的主要载体。

4. 拓展区域发展新空间

城乡、区域、内外协调发展，新发展格局的空间才能更广阔。云南支持滇中城市群成为全省高质量发展的核心引擎、沿边地区成为面向南亚东南亚开放合作的前沿窗口、滇东北地区成为云南融入长江经济带发展和对接成渝地区双城经济圈的重要支撑、大滇西旅游环线和滇西地区成为世界级旅游目的地，努力形成"滇中崛起、沿边开放、滇东北开发、滇西一体化"的发展格局。支持革命老区、民族地区、边境地区、生态退化地区，持续增强内生发展动力。赋予县级更大发展自主权，做强做优县域特色经济。抓实滇中城市群工作，不断完善滇中城市经济圈发展协调领导体制机制，出台了一系列政策文件，实施了一批重大项目。重点推进开发开放试验区、沿边国家级口岸、边境城市、边境经济合作区和跨境经济合作区等沿边重点地区的发展，深入实施兴边富民工程改善沿边群众生产生活条件三年行动计划，实施"特岗计划"、"三支一扶"等扶持政策。主动融入和服务长江经济带、成渝地区双城经济圈，健全云南、重庆、四川、贵州升级协商合作机制，出台《"十四五"长江经济带发展规划》，制定《共抓大保护指导意见》、《赤水河流域保护条例》等。滇中成为区域经济发展最强劲的地区，除怒江之外，滇西地区都进入了高速时代、动车时代、空港时代，实现了从"瓶颈制约"到"区域枢纽"的大跨越。

（六）深入推进重要领域和关键环节改革

全面深化改革是推进中国式现代化的根本动力，是推动新质生产力发展的重要举措，是稳大局、应变局、开新局的重要抓手。习近平总书记考察云南时强调，要在深化改革开放上下功夫。云南坚决贯彻落实习近平总书记关于全面深化改革的重要论述和党中央改革决策部署，深化实化国资国企改革、做大做强民营企业、大抓营商环境，先后实施一系列改革举措和三年行动计划，从夯基垒台、立柱架梁，到全面推进、积厚成势，再到系统集成、协同高效，各领域基础性制度框架基本建立，许多领域实现历史性变革、系统性重塑、整体性重构，为推动云南高质量跨越式发展奠定了坚实的制度基础。

1. 实施新一轮国企改革发展三年行动

出台《关于全面深化国有企业改革的意见》，印发《云南省国企改革三年行动实施方案（2020—2022年）》，成功构建了国企改革和国资监管框架体系，为深化国企改革进行了有益探索。聚焦"管理、发展、脱困、改革"，制定出台《云南省国有企业改革发展三年行动方案（2023—2025年）》，推动国企以提升核心竞争力和增强核心功能为重点，实施"一盘棋"战略性重组和专业化整合，加快经济转型升级。推动国企完善中国特色国有企业现代公司治理和市场化经营机制，云天化股份限制性股权激励试点和职业经理人选聘等改革被国务院国资委作为经验推广；云南能投集团创造性构建职业经理人选、管、酬、考、退的"五化"机制，在下属企业全面推广。云南建投集团、云南煤炭产业集团、云南农垦集团等省属企业的一批历史遗留问题得到解决。省属企业3年累计完成战略新兴产业投资超486亿元，年均增长近27%；完成研发投入220亿元，年均增长11%；累计建立创新联合体、产业技术创新联盟、公共研发平台169个，建成省部级以上国家重点实验室19个，获得省部级奖励27项；一批稀贵金属、有色化工、交通建设等关键核心技术攻关取得重大突破。

2. 市场准入制度工作经验向全国推广

全面实施市场准入负面清单制度，推动"非禁即入"普遍落实。常态化开展违背市场准入负面清单案例归集和破除工作，主动向国家发展改革委报送并破除一批变相增设市场准入条件、违规设置特许经营权等典型案例，连续两年获国家发展改革委全国通报表扬，市场准入环境不断优化。作为全国首批市场准入效能评估试点省份，大力建设市场准入效能评估平台，开展市场准入效能评估工作。在市场准入效能评估工作机制、工作方案、指标设计、结果应用等方面探索形成"云南经验"，2023 年全国市场准入负面清单制度建设现场会在昆明召开，向全国推广云南工作经验和评估指标体系，协助国家完成市场准入效能评估全国通用指标体系编制，为全国开展市场准入效能评估工作作出重要探索和良好示范。

3. 实施促进民营经济高质量发展三年行动

正确引导民营经济健康发展高质量发展。全面落实党中央、国务院关于民营经济发展的决策部署，出台促进民营经济发展壮大系列政策措施，加快推进民营经济高质量发展，印发《云南省促进民营经济高质量发展三年行动计划（2022—2024 年）》。抓营商环境为民营经济主体发展壮大提供了最优服务，抓产业转型为民营经济做大做强提供了广阔空间，抓招商引资为民营企业投资发展提供了良好平台，以一流营商环境和政策举措促进民营经济量质齐升。2018 年至 2022 年，云南民营经济保持较快发展，年均增长 7.5%，比 GDP 的年均增长速度高 0.5 个百分点。2022 年占全省 GDP 的比重达到 51.8%，首次突破半壁江山。2023 年，云南省民营经营主体达 632.26 万户，每千人拥有经营主体数首次超过全国平均水平，是推动全省高质量发展的骨干力量。云南经验做法受到国务院肯定并向全国推广。

4. 实施打造一流营商环境三年行动

推动市场、创新、政务、法治、人文"五大环境"全面提升，把优化营商环境、激发经营主体活力摆在更加突出的重要位置，以加快打造市场化法治化国际一流营商环境为主线任务，以推动高质量发展为主题，以制度创新为核心，对标先进省份和城市的营商环境水平，紧扣促进经营主体倍增，聚焦经营主体关切，打响"云南效率"、"云南服务"、"云南诚信"三大营商环境新品牌，制定改革"六个一"行动实施方案，开展"减证便民"专项行动，深入实施打造一流营商环境三年行动计划和经营主体倍增计划，实施市场环境提升行动、创新环境提升行动、

◎ 税务人员到云南杉杉新材料有限公司宣传税收政策（陈飞／摄）

政务环境提升行动、法治环境提升行动、人文环境提升行动和全社会研发投入提升三年行动等，制定实施《创新驱动高质量发展 29 条措施》等政策，不断推进重点领域全面深化改革，积极融入全国统一大市场，加快破除阻碍新质生产力发展的体制机制，政府系统服务效能大幅提升，企业在滇投资兴业信心不断增强。全省政务服务事项网上可办率达到 98.02%，全程网办率达到 81.97%，企业开办全程网办率达到 90%。

5. 完善经营主体信用承诺制度

加强诚信建设，健全贯穿经营主体全生命周期的新型监管机制。以加强信用监管为着力点，通过推进信用承诺制度改革，构建新型监管机制。着力推进信用立法，施行《云南省社会信用条例》。积极推动建立健全信用管理制度，出台《云南省人民政府关于贯彻落实社会信用体系建设规划纲要（2014—2020 年）的实施意见》，以及省级行业信用管理制度 10 余项。建立社会信用体系建设部门联席会议工作机制。依托电子政务外网，建立云南省信用信息共享平台，并与全国信用信息共享平台实现互联互通、数据共享。建设信用中国(云南) 网站和 16 个州(市)信用网站统一的"1+16"信用云南网站群，并通过了信息系统安全等级保护三级备案。通过事前环节推行证明事项告知承诺制，事中环节推动信用评价和分级分类监管，事后环节开展失信惩戒和信用修复，形成了经营主体自我约束、诚信经营的良好局面。

6. 深化要素市场化改革

深化要素市场化改革，加快构建全国统一大市场。聚焦健全城乡统一的土地市场、引导劳动力畅通有序流动、加快发展统一的资本市场、积极培育统一的技术市场、推动建立数据基础性制度、深化资源产品市场化改革等方面，制定出台《中共云南省委　云南省人民政府关于构建更加完善的要素市场化配置体制机制的实施意见》等政策，实施加强批而未供和闲置土地处置三年行动计划，实施企业上市倍增计划、重点产业关键核心技术攻关行动方案、数字经济发展三年行动方案等一系列配套方案，探索各类生产要素按照市场规律创新配置、高效配置的有效路径，以促进劳动者、劳动资料、劳动对象及其优化组合的跃升，工作取得积极成效。煤炭供给侧结构性改革成效显著，石油天然气体制机制改革稳步推进，天然气下游市场秩序不断规范，能源发展营商环境不断优化。

7. 推动电力体制改革

2016 年起着力推动新一轮电力体制改革，创造出"一个唯一、六个率先"的改革亮点，电力市场化开放程度居全国首位。采用"计划＋市场"模式与广东省签订"十三五"送电框架协议，通过市场化机制扩大清洁水电送电规模。2017 年，南方区域内首家放开 16 家大型水电站直接参与跨省跨区交易，逐步健全跨省跨区送电交易机制，为优化西电东送、统筹做好保供应和促消纳工作开拓了新路径。2022 年，落实国家统一大市场建设精神，积极融入南方区域市场建设，为南方区域电力市场模拟试运行、调电试运行创造了有利条件。从金沙江下游向浙江送电的 10 条跨省区直流输变电通道相继投产，最远输电距离超过 1400 千米，在南方电网范围内送电能力从 30 万千瓦提升到 4220 万千瓦。2022 年底，云南电网已建成"四横三纵一中心"的 500 千伏主网架大格局，并与南方电网通过 10 回直流异步联网运行，安全保障能力和运行水平全面提升。

8. 建立完善社会资本投融资合作对接机制

实施政府和社会资本合作新机制，推动投融资合作服务于新质生产力，服务于高质量发展。出台《关于高质量做好项目工作的指导意见》和 23 条负面清单，持续推进有效投资重要项目协调机制常态化高效运转，建立跨部门集中会商项目堵点卡点问题制度，大力推进投资项目在线审批监管平台建设，建立了省、州（市）、县（市、区）三级纵横联动的项目审批系统，实现了投资项目网上审批、核准、备案，并实现与全国投资项目在线审批监管平台信息共享、业务联结、协同监管。依托投资项目在线审批监管平台，建立"向民间资本推介项目平台"，积极支持民间资本参与重大工程和补短板项目、重点产业链供应链等项目，带动全社会投资。能源以外工业投资成为第一大行业投资，云南投资已由过去主要依靠房地产、交通投资拉动进入项目投资、产业投资拉动新阶段。建设融资综合信用服务平台，帮助中小微企业解决融资难题。

9. 深化财税体制改革

财税体制改革不是解一时之弊，而是着眼长远对机制的系统性重构。云南聚焦"加强财政资源统筹、深化预算管理制度改革、建立节约型财政保障机制"三方面重点事项，印发《云南省人民政府关于完善省以下财政体制　深化预算管理制度改革的意见》，提出 27 条改革措施，注重系统集成、协同高效，积极稳妥地推进预算管理制度改革落实见效。统一全省预算单位的业务规范和操作流程。2022 年预算管理一体化系统建设预算编制排名全国第三位。印发《深化零基预算改革的实施意见》，出台七个方面 26 条具体措施，建立完善能增能减的预算分配机制，打破基数概念和支出固化格局。修订完善《云南省省级项目库管理办法》等六个管理制度办法。建立财政支出政策库，搭建"政策—项目"的预算管理结构，预算编制的精准度持续提升。落实好省级分享税收增量留归各地政策，充分激发各地内生活力。不断增强预算管理的完整性、规范性、科学性和透明度，为加快形成新质生产力、为全省经济高质量发展作出积极贡献。

高质量发展是全面建设社会主义现代化国家的首要任务，发展新质生产力是推动高质量发展的内在要求和重要着力点。应当看到，云南仍是后发展和欠发达地区，发展不平衡不充分的问题十分突出，大力发展新质生产力推动高质量跨越式发展，仍是云南面临的紧迫任务，是解决一切问题的基础和关键。未来几年是全面贯彻党的二十大和二十届二中、三中全会精神，实现"3815"战略发展目标的关键期。做好当前和今后一个时期的经济工作，云南必须坚持以习近平新时代中国特色社会主义思想和习近平经济思想为指导，全面贯彻落实党的二十大和二十届二中、三中全会精神及中央经济工作会议精神，深入学习贯彻习近平总书记考察云南重要讲话精神，坚持稳中求进、以进促稳、先立后破工作总基调，完整、准确、全面贯彻新发展理念，更好服务和融入新发展格局，坚持高质量发展这个新时代的硬道理，推进科技创新突破，推进数字赋能，全面深化改革，不断扩大开放，大力发展资源经济、园区经济、口岸经济，实现产业深度转型升级，纵深推进系列三年行动，切实增强经济活力、防范化解风险、改善社会预期，增进民生福祉，保持社会稳定，不断巩固和增强经济稳中向好态势，坚定不移加快推进经济转型升级，为奋力开创云南现代化建设新局面奠定更加坚实的基础。

三、全面落实党的民族政策和宗教政策，民族团结进步示范区建设迈上新台阶

　　各族人民亲如一家，是实现中华民族伟大复兴的根本保证。云南是我国统一多民族大家庭的缩影，解决好民族问题、处理好民族关系，始终是事关改革发展稳定全局，事关民族团结、社会稳定、边疆巩固的大事。党的十八大以来，以习近平同志为核心的党中央高度重视和关心云南的民族工作。习近平总书记考察云南时强调，云南民族关系亲密融洽，云南民族工作成绩突出，这是云南最可宝贵的财富。① 对云南提出"努力成为民族团结进步示范区"的希望。习近平总书记的重要讲话为云南民族工作注入了强大动力，指明了前进方向。云南认真学习贯彻习近平总书记考察云南重要讲话精神，完整、准确、全面贯彻习近平总书记关于加强和改进民族工作的重要思想，将民族团结进步示范区建设作为铸牢中华民族共同体意识的实践载体，集全省之智、举全省之力推动民族团结进步示范区建设迈上了新台阶，"党的光辉照边疆、边疆人民心向党"成为云南各族群众的共同心声。

---

① 转引自王宁：《扎实推进高质量跨越式发展　奋力谱写好中国梦的云南篇章》，《学习时报》2022 年 9 月 23 日。

（一）铸牢中华民族共同体意识

铸牢中华民族共同体意识，推进新时代党的民族工作高质量发展，是全党全国各族人民的共同任务。云南坚持把铸牢中华民族共同体意识作为各项工作的主线，创新打造实施"枝繁干壮"、"幸福花开"、"石榴红"、"润土培根"四个品牌工程，接续实施民族团结进步"十县百乡千村万户"示范引领建设工程，加强民族优秀文化保护传承和创新交融，促进各民族交往交流交融，构筑中华民族共有精神家园，有形有感有效做好铸牢中华民族共同体意识各项工作。

1. 推进铸牢中华民族共同体意识宣传教育常态化

完善组织领导体系。制定出台铸牢中华民族共同体意识的相关文件，构建"党委统一领导、政府依法管理、统战部门牵头协调、民族工作部门履职尽责、各部门通力合作、全社会共同参与"的新时代民族工作格局。七部门联合制定下发《关于开展铸牢中华民族共同体意识宣传教育的通知》，提出具体工作措施，压实各单位责任，发挥各领域优势，推动铸牢中华民族共同体意识宣传教育进机关、进学校、进企业、进社会组织，形成制度化、常态化的宣传教育工作机制。建立民族工作委员制及民族工作协调机制，涵盖 32 家委员单位和 21 家成员单位。机制的建立充分凝聚各方力量、调动各方积极性，为促进民族工作高质量发展提供坚强保障。

巩固干部教育体系。将铸牢中华民族共同体意识作为各级党校（行政学院）、干部学院、社会主义学院教育培训的必修课，省委党校（行政学院）开发铸牢中华民族共同体意识课程体系，精心编写课程教材，打造"核心课程＋主干课程＋拓展课程"课程库，2022 年共培训党员干部 1.1 万人次。各州（市）、县（市、区）党委（党组）将铸牢中华民族共同体意识列为政治理论学习的重要内容，依托理论学习中心组学习、专题培训班等形式，广泛开展铸牢中华民族共同体意识学习教育。

构建学校教育体系。印发《云南省教育厅等十一部门关于印发加强学校铸牢中华民族共同体意识教育实施方案的通知》等指导性文件，强化组织领导，明确工作要求。强化课堂教学，落实课堂教学要求，每年省级统一采购并发放《中华民族大团结》等教材。编撰铸牢中华民族共同体意识课堂教学典型案例集，摄制《多彩民族相册》教育微视频，制作精品课程，补充教育教学资源。加强队伍建设，常态化开展学校铸牢中华民族共同体意识教育管理人员及教师培训，每年定期举办说课比赛、示范课教学活动等。建设铸牢中华民族共同体意识教育专家库。支持开展教育科学研究。丰富教育形式，在《今日民族·中小学版》开设"铸牢中华民族共同体意识"专栏，每年开展征文活动，在边境地区开展学校铸牢中华民族共同体意识教育"边境行"系列活动，组织成果展示活动等，全省师生广泛参与，铸牢各族师生中华民族共同体意识。加强示范创建，创建全省铸牢中华民族共同体意识教育示范学校 304 所、民族团结进步教育示范学校 1065 所、民族优秀文化教育示范学校 102 所。全省教育系统 10 个单位被命名为"全国民族团结进步模范集体"，179 个单位被命名为"全省民族团结进步示范单位"。

做活社会教育体系。省委宣讲团、云南省铸牢中华民族共同体意识宣讲团、云南"青年讲师团"成员，深入企业、农村、机关、校园、社区等进行铸牢中华民族共同体意识宣讲。利用各民族专家学者熟悉民族政策、精通民族语言的优势组建"双语"宣讲团，深入民族地区村村寨寨开展"双语"宣讲，推动党的民族工作创新理论"飞入寻常百姓家"。

组建云南省铸牢中华民族共同体意识融媒体中心，统筹主流传统媒体、视听媒体、网络媒体资源，形成铸牢中华民族共同体意识的宣传合力。在《中国民族报》、《民族画报》、人民网、新华网、光明网等中央媒体刊发系列采访文章；联合《云南日报》、《民族时报》推出系列宣传策划，年均刊发新闻稿件 40 余篇；打造《今日民族》杂志"铸牢中华民族共同体意识核心期刊"，2022 年刊发文章 2000 余篇，阅读量超过 400 万次；在云南卫视重要时段播出铸牢中华民族共同体意识公益宣传片，开设"同心筑梦彩云南"电视专栏，电视专题片《同心筑梦》入选国家广电总局 2022 年广播电视重点节目名单，主题曲 MV《同行》引发全网热烈关注。

构筑文化浸润体系。深入推进"文化兴滇"行动，编纂《中华民族交往交流交融史料汇编·云南卷》、《云南少数民族中华文化认同文献典藏》、《云南省铸牢中华民族共同体意识古籍书系》等精品书籍，凝聚中华民族共同体意识的精神力量。深入实施少数民族优秀传统文化保护传承工程和精品工程，连续 6 年列入全省 10 件惠民实事，创建 102 所民族优秀文化教育示范学校，建设 85 个民族传统文化生态保护区、330 个民族村寨旅游提升示范村，促进各民族文化传承保护和创新交融。

健全理论研究体系。命名 24 个云南省铸牢中华民族共同体意识研究基地，成立云南宗教工作智库，整合省内高校、党校（行政学院）、社会主义学院、社科院等优秀人才资源，聚焦铸牢中华民族共同体意识的理论思考、规律研究、实践探索等，推动政策理论研究与宣传阐释相结合，形成一批高质量调查研究成果。①

----

① 《云南省建立健全铸牢中华民族共同体意识宣传教育体系》，云南省民族宗教事务委员会网站，2023 年 4 月 27 日。

2. 实施"枝繁干壮"工程三年行动

提出并实施"枝繁干壮"工程，印发《构筑中华民族共有精神家园实施"枝繁干壮工程"三年行动计划（2022—2024 年）》，重点围绕抓好中华优秀传统文化传承发展、中华民族视觉形象、民族地区文化惠民、民族文化精品、各民族交往交流交融历史文化研究、推动各民族文化交流互鉴、民族地区推广普及国家通用语言文字、边疆文化安全八大重点任务，明确 51 条具体工作措施。聚焦铸牢中华民族共同体意识，大力弘扬社会主义核心价值观，突出各民族共有共享的中华文化符号和形象，增进共同性，尊重和包容差异性。坚持文化为民、文化惠民，推进"文化兴滇"行动，使全省各民族人心归聚、精神相依。

增进文化认同。制定出台《云南省铸牢中华民族共同体意识主题教育实践基地命名管理办法（试行）》，全省命名首批 20 家铸牢中华民族共同体意识主题教育实践基地。举办铸牢中华民族共同体意识主题展、"百花齐放彩云南"专题展等民族文化专题展览和各类民族文化工作为主题的教育培训班，推进各民族优秀文化的创造性转化和创新性发展，持续增强中华文化认同。2023 年 3 月 28 日，中华民族共同体体验馆在北京开馆，云南作为全国第一批进馆参展省份，以"融·美云南"为主题，通过数字化展示和文化演出等活动，让观众感受千里之外的云南文化盛宴，观展人数达到 10 多万人次，得到观众的高度评价。积极参与国家民委组织的铸牢中华民族共同体意识文物古籍展展品征集工作，在全省范围内征集展品 258 件（套）。

推动文化繁荣。出台《关于加快推进文化强省建设的意见》等一系列保护发展民族文化的政策文件，形成了兼具宏观与具体、思路与措施、目标与任务、保障及责任的政策体系，为推动文化繁荣发展提供了有力的政策指导。制定出台《云南省少数民族传统体育运动会组织管理办法》、《云南省少数民族传统体育基地建设管理办法（试行）》，命名授牌一批云南省少数民族传统体育基地。"枝繁干壮"工程自 2022 年实施以来，实施少数民族优秀文化保护传承项目 509 个，打造少数民族文化精品项目 61 个。通过每年举办民族赛装文化节，定期举办少数民族传统体育运动会、民族民间歌舞乐展演、传统戏剧曲艺汇演等文化活动，搭建起各民族文化交流互鉴的桥梁纽带。

促进文化共享。突出精品打造，满足各族群众的精神文化需求，使民族文化作品（产品）真正深入人心。2022 年以来，扶持创作了 13 部少数民族影视（含纪录片、微电影）精品、28 个图书精品、9 台演艺剧目精品。《梦·世界的香格里拉》、《女儿如花》、《阿佤人民再唱新歌》、《勐相耿坎·傣拳师》等文艺作品广受好评。策划推出《铸牢中华民族

◎ 2021 年 3 月，音乐剧《阿佤人民再唱新歌》在昆首演（周明佳 / 摄）

共同体意识进校园》、《太阳照耀独龙江》、《党的光辉照到边疆》等一批反映各民族手足相亲、同心圆梦的影视剧和纪录片。共建共享民族文化出新出彩，不断增进各民族间的交流互鉴、民心相通、情感相连。坚持"文化兴滇"惠民，开展民族团结进步大舞台系列活动，"文化大篷车·千乡万里行"惠民演出等活动，扩大文化惠民成效。开展优秀民族文化进校园活动，推进云南民族文化公共设施建设。实施现代化边境幸福村国家通用语言文字推广普及行动计划，以语言相通增进文化认同，促进各民族交往交流交融。①

3. 大力弘扬民族团结誓词碑光荣传统，不断增强"五个认同"

云南一直拥有民族团结进步的光荣传统。新中国成立初期，普洱地区的少数民族代表召开"兄弟民族代表会议"，决心一心一德，团结到底跟党走；以会盟立誓、刻石铭碑的方式，表达团结的决心。1951 年元旦，当地哈尼族、彝族、傣族等 14 个少数民族的代表和驻军代表共同签名的"民族团结誓词碑"落成。民族团结誓词碑是新中国民族团结进步事业发展的历史见证，被誉为"新中国民族团结第一碑"和"新中国民族工作第一碑"，在全国铸牢中华民族共同体意识的进程中具有深刻的教育意义和现实意义。

云南各族群众深入学习贯彻习近平总书记关于加强和改进民族工作的重要思想，全面贯彻落实党的民族政策和民族区域自治制度，大力弘扬民族团结誓词碑光荣传统，民族团结进步事业不断创新发展。2023年，民族团结誓词碑入选教育部民族团结进步教育教材，以民族团结誓

---

① 《云南率先实施"枝繁干壮"工程　推动铸牢中华民族共同体意识入脑入心》，云南省民族宗教事务委员会网站，2023 年 11 月 16 日。

词碑故事为原型的大型话剧《澜沧水长》在中国国家话剧院剧场成功演出，民族团结誓词碑入驻中华民族共同体体验馆，在央视综合频道、央视频播出的"团结奋进新时代——第十批全国民族团结进步示范区示范单位授牌活动"开篇就从民族团结誓词碑追根溯源。云南与国家民委共同举办民族团结誓词碑建碑 70 周年纪念活动，赋予民族团结誓词碑新的时代内涵。在喜迎新中国成立 75 周年之际，习近平总书记给普洱民族团结誓词碑盟誓代表后代回信，对他们予以亲切勉励并提出殷切希望。习近平总书记在回信中强调："中华民族是一个大家庭，五十六个民族就是相亲相爱的一家人。"① 民族团结誓词碑表达了各民族一心一德、团结到底的坚定决心。云南牢记总书记重要嘱托，弘扬"民族团结誓词碑"光荣传统，把中华民族共同体意识牢记心间、融入血液。

续写民族团结新辉煌。举办"铸牢中华民族共同体意识·建设全国民族团结进步示范区"专题展览和"守好民族团结生命线、续写民族团结誓词碑"等活动。在北京举办"党的光辉照边疆、边疆人民心向党"主题实践活动、《永远跟党走——云南民族团结誓词碑》大型主题油画捐赠仪式，再现"会盟立誓，刻石铭碑"，形象表达各族人民团结一致跟党走的重要历史时刻。相继出版《民族团结誓词碑史料》、《碑魂：民族团结誓词碑史料专辑》、《亲历与见证：民族团结誓词碑口述实录》等著作，深入挖掘誓词碑丰富的精神内涵。在民族团结誓词碑光荣传统的强大感召下，云南各族人民牢固树立休戚与共、荣辱与共、生死与共、命运与共的共同体理念，对伟大祖国、中华民族、中华文化、中国共产党、中国特色社会主义的认同不断增强。

---

① 《习近平回信勉励普洱民族团结誓词碑盟誓代表后代　发扬先辈光荣传统更好续写誓词碑故事　让民族团结的佳话代代相传》，《人民日报》2024 年 9 月 26 日。

4. 开展"党的光辉照边疆、边疆人民心向党"、"心向北京、拥护核心"主题实践活动

为学习贯彻党的二十大精神，云南持续深化"党的光辉照边疆、边疆人民心向党"、"心向北京、拥护核心"主题实践活动，用心用情推进主题实践活动走深走实，涌现出一批可借鉴的好案例，总结出一批可推广的好做法好经验。

用制度化、体系化的方式把教育实践活动做深做细。继续将教育实践活动与"强国复兴有我"群众性主题宣传教育、铸牢中华民族共同体意识宣传教育、全民国防教育、新时代文明实践等活动紧密结合起来，通过宣传宣讲、群众实践等推进活动取得实效；积极推进省少数民族语影视译制中心申报创建新一轮民族团结进步示范单位；将教育实践活动纳入 2023 年"三下乡"集中示范活动的重要内容。做好"听党话、感党恩、跟党走"歌曲征集展播，开展"党的光辉照边疆、边疆人民心向党"、"心向北京、拥护核心"公益广告创作展播活动，做好主题征文等各类活动宣传，积极营造良好舆论氛围。①

用大众化、项目化的方式把教育实践活动落地落实。全力打造"心向北京、拥护核心"党建品牌。深入实施"红旗飘飘"工程，组建"国门宣讲队"，深入边境村寨上好"感恩课"、"爱国课"、"国防课"、"民族课"；通过农村"小喇叭"、文艺"大舞台"、绘制"文化墙"和打造边疆红色文化教育基地、开展"唱国歌、升国旗、走边关、守国门"实践活动等方式，引导边疆各族党员干部群众始终听党话、感党恩、跟党

---

① 《云南各地用心用情用力推进"党的光辉照边疆、边疆人民心向党""心向北京、拥护核心"教育实践活动走深走实》，云南网，2023 年 6 月 13 日。

走，不断铸牢中华民族共同体意识。各族群众自发把"坚决拥护中国共产党的领导"写入民族团结爱国公约、村规民约，边境一线家家户户屋顶上都飘扬着国旗、党旗，全省各地许多农户堂屋里张贴着习近平总书记和各族群众在一起的照片，村村寨寨传唱着感恩共产党、感恩总书记、感恩新时代的歌曲。各族干部群众发自内心地感谢习近平总书记、感恩共产党，"党的光辉照边疆、边疆人民心向党"的生动场景随处可见。

5. 实施中华民族视觉形象工程

突出各民族共有共享的中华文化符号和形象，是构筑中华民族共有精神家园，铸牢中华民族共同体意识的必然要求。为深入贯彻落实中央民族工作会议精神，云南大力实施中华民族视觉形象工程，为创建民族团结进步示范区营造浓厚氛围。

加强宣传引导。树立和突出各民族共享的中华文化符号和中华民族形象，形成了全媒体、全平台、全时段、全方位宣传声势。建成云南铸牢中华民族共同体意识融媒体中心，构建起"1+N"媒体传播矩阵，开设"同心筑梦彩云南"电视专栏，创作播出展示中华文化符号的标语、纪录片和公益宣传片，成立云南省铸牢中华民族共同体意识宣讲团，利用各民族专家学者熟悉民族政策、精通民族语言的优势组织开展"双语"宣讲，将党的民族工作创新理论传播到民族地区村村寨寨。

融入日常生活。将铸牢中华民族共同体意识教育以直观的视觉形象融入到广大干部群众日常生活中，打造 211 个中华民族视觉形象工程项目，编纂《中华文化符号解读·云南篇》《云南省铸牢中华民族共同体意识古籍书系》，全省各地推出"全家福"、"石榴红"、"民族团结圆舞曲"等一系列具有代表意义的中华文化符号和中华民族视觉形象，促进形成全方位、多层次、宽领域的各民族文化创新交融格局，潜移默化促进各民族铸牢中华民族共同体意识的思想和行动自觉。

6. 实施少数民族优秀文化保护传承工程和少数民族文化精品工程

云南认真贯彻落实习近平总书记考察云南重要讲话精神，将繁荣发展保护少数民族文化作为建设我国民族团结进步示范区的重要内容，重点推进。

重视各民族文化保护传承。加强法治保障，先后施行《云南省非物质文化遗产保护条例》、《云南省人民政府关于进一步加强非物质文化遗产保护工作的意见》等。健全保护机制，将各民族文化传承保护作为云南建设我国民族团结进步示范区的重要内容。自 2019 年起，云南省少数民族传统文化抢救保护工程和精品工程连续 6 年被省政府列为 10件惠民实事。全省共有 127 项国家级非遗项目、686 项省级非遗项目、3015 项州（市）级非遗项目、7766 项县（市、区）级非遗项目。"记得住乡愁"的古生村、"幸福的地方"司莫拉佤族村、"花腰傣之乡"戛洒镇、"快乐拉祜音乐小镇"老达保村等示范点在全国都有较高知名度。

文化精品不断涌现。策划扶持拍摄《一心跟党走》、《一家人过日子》、《太阳照耀独龙江》等一批反映各民族手足相亲、同心圆梦的影视剧和纪录片。扶持创编民族歌舞剧目《小河淌水》、《幸福花山》、《阿佤人民再唱新歌》等一批展现云南民族文化魅力的舞台艺术作品。出版《云南少数民族古籍珍本集成》、《中国少数民族古籍总目提要》等一批反映各民族交往交流交融悠久历史的精品图书，满足各族群众的精神文化需求。①

---

① 《云南扶持实施少数民族优秀文化保护传承工程成效明显》，云南省民族宗教事务委员会网站，2022 年 8 月 12 日。

7. 全面推广普及国家通用语言文字

学习、掌握和使用国家通用语言文字是铸牢中华民族共同体意识的基础条件之一。云南多措并举全面加强民族地区国家通用语言文字推广普及工作，促进各民族广泛交往、全面交流、深度交融，以语言相通促进心灵相通、命运相通，为铸牢中华民族共同体意识夯基固本。

推广国家通用语言文字取得跨越式发展和历史性成就。到 2022 年，全省少数民族群众会说汉语比例达 98.73%，普通话普及率为 79.24%。全省 3—6 岁在园学前儿童普通话普及率达 99%，有力促进了各民族更好地融入社会、融入中华民族大家庭。①"说好普通话，共筑中国梦"已成为云南各民族的普遍共识。

强化法治宣传。在民族地区持续加强《中华人民共和国宪法》、《中华人民共和国民族区域自治法》、《中华人民共和国国家通用语言文字法》、《云南省国家通用语言文字条例》等法律法规的宣传贯彻，充分利用全国推广普通话宣传周、中华经典诵写讲大赛等平台，借助云南广播电视台、云南网、《今日民族》、《民族时报》等媒体，将普法宣传教育与传承中华优秀文化、弘扬社会主义核心价值观紧密结合，倡导树立"中华民族一家亲"的理念，提高民族地区干部群众学习使用国家通用语言文字的法治意识、权利意识、自觉意识。

突出规划引领。把推广普及国家通用语言文字纳入《云南省建设我国民族团结进步示范区规划（2021—2025 年）》、《云南省建设现代化边境小康村国家通用语言推广普及三年行动计划》、《云南省全面加强新时

---

① 《"云南这十年"系列新闻发布会·民族团结进步示范区建设专场发布会》，云南省人民政府网站，2022 年 8 月 11 日。

代语言文字工作的实施意见》等相关规划、计划、实施意见，全力保障推普工作有章可循、有规可依。制定《云南省实施国家通用语言文字普及提升工程和推普助力乡村振兴工作方案》，针对民族地区、党政机关国家通用语言文字应用水平和教师国家通用语言文字教育教学能力等，提出开展国家通用语言文字教育的具体举措。

纳入指标体系。把推广普及国家通用语言文字与深入开展民族团结进步创建工作结合起来，纳入全省建设民族团结进步示范区 20 个重要指标之一，着力打造边境地区国家通用语言文字运用示范带。结合乡村振兴战略，把推广普及国家通用语言文字纳入文明乡村考核指标，大力开展"推普工作乡村行"、"小手拉大手，推普路上一起走"、"推普好家庭"等系列活动，整体提升民族地区群众普通话水平。

组建志愿队伍。依托云南师范大学、云南民族大学、云南农业大学等高校成立大学生志愿服务团，深入民族地区开展主题社会实践活动，积极向当地群众宣讲党的路线方针政策、传播科普知识和举办健康生活方式培训等，扩大国家通用语言文字的覆盖面和影响力。在民族聚居村、易地搬迁点等群众较为集中的地方，以建立科普服务站、发展农村电商、开展群众文体活动等为抓手，组织群众互帮互学，做到提升民族地区群众科学文化素质与助力国家通用语言文字普及工作"双推进"。

（二）加快推动民族地区发展

做好民族工作，关键是促进民族地区的发展，从根本上改变落后面貌。云南围绕"共同团结奋斗，共同繁荣发展"的主题切实做好民族工作，围绕各族人民对美好生活的向往，推动民族地区高质量跨越式发展，让各族人民过上了更好的日子。

1. 坚持把发展作为解决民族地区各种问题的总钥匙

物质决定意识，只有推动各民族加快发展、改善民生，铸牢中华民族共同体意识才有共同的物质基础。云南坚持把发展作为解决民族地区各种问题的总钥匙，印发《推动各民族共同迈向现代化实施"幸福花开"工程三年行动计划（2023—2025年）》，围绕"三年民族团结进步示范区建设上台阶，八年做民族团结边疆稳定的样板，十五年当铸牢中华民族共同体意识的标杆，成为我国民族团结进步示范区"的目标，促进各民族共同走向社会主义现代化。

推动民族地区高质量跨越式发展。坚持以发展成果促进民族团结，以民族团结促进和保障高质量发展。全力巩固拓展脱贫攻坚成果，全面推进乡村振兴，实施农村居民和脱贫人口持续增收、教育卫生高质量发展等三年行动，推动农村劳动力转移就业年均1500万人以上，少数民族群众占了三分之一。持续加大对民族地区的政策、项目、资金支持力度，5个自治州通高铁或动车，民族地区通航运营机场达到11个，所有乡镇和行政村100%通硬化路、通邮、通4G网络。大力培育"云花"、"云茶"、"云药"、"云咖"等高原特色农业，大力发展乡村旅游，致富路子越来越宽。新时代以来，全省民族自治地方GDP年均增长9%，高于全省平均水平，生产生活条件大幅改善，老百姓的日子越过越好。①

增强各族群众民生福祉。围绕就业、教育、医疗等重点领域，将各类民生工程作为民心工程抓好抓实，开展民族地区农村劳动力稳岗促增

---

① 王宁：《把铸牢中华民族共同体意识作为云南各项工作的主线》，《中国民族报》2024年2月27日。

收专项行动，推动异地转移就业，整体推进民族地区城乡基本教育公共服务均等化，全面建立基本医保、大病保险、医疗救助等保障，如今的各族村寨到处是欣欣向荣的景象，《阿佤人民再唱新歌》生动反映了边疆民族地区生产生活和精神面貌发生的巨变。

2. 完善差别化区域支持政策

落实赋予所有改革发展以"三个意义"的要求，针对特定地区、特殊问题、特别事项，完善差别化区域支持政策，把基础设施、产业发展、基本公共服务等方面的资金和项目更多地向民族地区、边境地区和贫困地区倾斜，支持民族自治地方、散居民族地区、高寒山区和边境地区加快发展。促进民族地区与其他地区之间、民族地区内部协调发展，促进边境与内地、边远地区与中心城镇协调发展，促进民族地区城乡融合发展，促进民族聚居乡村与周边乡村共同发展，推动实现共同富裕。

在云南脱贫攻坚进入"啃硬骨头"的关键期，充分发挥差别化支持政策的内在优势，探索针对不同贫困区域实施差异化产业扶贫模式，采取差别化的产业扶贫策略，创造性地提出"一个民族一个行动计划"、"一个民族一个集团帮扶"的扶贫工作模式，三峡集团、华能集团、大唐集团、中烟云南工业公司等企业专门针对 11 个"直过民族"和人口较少民族进行对口帮扶，共投入帮扶资金 82.9 亿元，在提升能力素质、组织劳务输出、实施安居工程、培育特色产业、改善基础设施等方面持续发力，积极培育民族地区绿色生态产业，发挥特色资源优势，提升区域经济发展能力，破解脱贫瓶颈。2020 年，云南如期完成了脱贫攻坚目标任务，民族地区 62 个贫困县全部摘帽，贫困人口全部脱贫；11 个"直过民族"和人口较少民族实现整族脱贫，实现了第二次"一步跨千年"，兑现了"决不让一个兄弟民族掉队，决不让一个民族地区落伍"

的庄严承诺。①

3. 建设现代化边境幸福村

2021 年 8 月，习近平总书记给沧源佤族自治县边境村的老支书们回信，指出"脱贫是迈向幸福生活的重要一步，我们要继续抓好乡村振兴、兴边富民，促进各族群众共同富裕，促进边疆繁荣稳定"，勉励他们继续发挥模范带头作用，引领乡亲们永远听党话、跟党走，建设好美丽家园，维护好民族团结，守护好神圣国土。云南认真贯彻落实习近平总书记重要回信精神，2021 年制定《云南省建设现代化边境幸福村规划》，致力于将 374 个沿边行政村建设成为富边的样板、稳边的示范、

◎ 临沧市沧源县班鸽村新貌（中共沧源县委宣传部 / 供图）

---

① 《非凡十年　云南答卷｜民族团结进步示范区建设迈上新台阶》，云南省人民政府网站，2022 年 10 月 16 日。

守边的屏障。

在强化组织上着力。将建设现代化边境幸福村明确为"一把手"工程，省级层面成立工作领导小组及办公室，选派 50 名一线督导员开展蹲点式督导，同步建立资金统筹保障信息调度、跟踪问效、联络协调、考核评估等工作运行机制，各边境州（市）、县（市）成立党政主要领导任"双组长"的领导小组，形成"省级协调推动、州（市）统筹谋划、县（市）具体负责、乡（镇）村主抓落实"的工作格局。构建起省、州（市）、县（市）分层对接的政策体系，形成涵盖基层党建、村庄规划、道路建设、供水保障、产业发展等协同配套的指导性文件。

在优化规划上着力。紧紧围绕经济发展、社会事业、基础设施、基层治理体系和治理能力、边境防控、边民思想观念 6 个方面，制定规划，提出实施 30 项具体建设任务和 19 项指导性指标。共储备建设项目 14390 个，并纳入乡村振兴项目库、财政一体化项目库统筹管理。按照五年计划、三年完成的目标，加快推进项目建设，至 2023 年底，已初步建成 374 个现代化边境幸福村。注重发挥边境群众的主力、主体、主人作用，组织发动边境群众不等不靠不要，用自己的双手建设美丽家园。

在统筹资金上着力。围绕 374 个沿边行政村每村平均支持 3000 万元的资金保障目标，统筹下达资金 137.9 亿元，为计划数的 123%，运用"大统筹"思路，探索建立"统筹资金、优先安排、明确标注"的多部门多渠道资金统筹投入保障机制，规范资金保障政策和机制。省级有关部门对照保障任务，及时跟踪资金到位情况，畅通资金拨付渠道，确保资金及时足额统筹保障到位、精准落实到项目。各边境州（市）、县（市）加大资金统筹力度，将省级统筹下达资金、地方融资、边境地区转移支付资金以及行业部门其他符合资金管理规定和项目建设内容的资金统筹用于现代化边境幸福村建设。

在夯实基础上着力。持续优化基础设施布局、结构、功能和发展模式，补齐 374 个沿边行政村"水、电、路、讯、网"以及卫生设施和垃圾污水处理等短板，提供现代文明生活保障，解决边境群众最迫切的需求。374 个沿边行政村电网供电可靠率已达 100%，实现自然村 100% 通硬化路目标，农村自来水普及率提升到 90% 以上，沿边行政村 5G 网络覆盖率达到 100%，25 个边境县（市）的县级应急广播体系覆盖全部沿边行政村，374 个沿边行政村农村生活垃圾处理设施覆盖率达到 80%，农村生活污水治理率达到 50%，卫生厕所普及率达到 90%。

在聚焦主线上着力。在 374 个沿边行政村深入开展"十个一"示范创建工作，打造边境民族团结进步模范长廊。教育、医疗、养老等公共服务政策向抵边村寨倾斜，健全助农增收利益联结机制，促进边民增收。健全完善发现、培训、宣传、推介机制，总结一批可复制、可推广、服水土、接地气的优秀范例，以点带面促进工作水平整体提升。推动现代化边境幸福村建设由典型示范转向面上推开，为全面推进乡村振兴、加快边境地区高质量发展提供强有力支撑。①

4. 支持涉藏州县长治久安和高质量发展

迪庆是云南唯一的藏族自治州、全国涉藏工作重点州县中民族成分最多的自治州，云南坚持把贯彻落实中央第七次西藏工作座谈会精神与谋划迪庆发展紧密结合起来，贯彻落实"必须把改善民生、凝聚人心作为经济社会发展的出发点和落脚点"的重要要求，坚持"三个赋予、一个有利于"，紧密结合发展、稳定、生态三件大事和加强党的建设等各项工作，促进涉藏州县长治久安和高质量发展。党的十八大以来，迪

---

① 《云南全力推进现代化边境幸福村建设》，国家民族事务委员会网站，2023 年 4 月 27 日。

庆州主要经济指标保持较快增长，在全省和全国 10 个涉藏州中保持前列。地区生产总值从 2012 年的 113.63 亿元增长到 2021 年的 293.27 亿元，年均增长 9.8%，增速居全国涉藏州首位，全省第 3 位；人均生产总值从 2.81 万元增长到 7.55 万元，排名全国涉藏州第 2 位，全省第 3 位；城镇常住居民人均可支配收入从 2.15 万元增长到 4.24 万元，排名全国涉藏州首位，全省第 4 位。坚持以脱贫攻坚统揽经济社会发展全局，累计整合投入扶贫资金 145 亿元，实施扶贫项目 1.2 万个，全州 7.41 万贫困人口全部脱贫，3 个贫困县（市）全部摘帽，147 个贫困村全部出列，实现整州脱贫，各族群众与全国全省一道步入全面小康社会，雪域高原发生了沧桑巨变。

（三）扎实推进民族团结进步示范创建

云南牢记嘱托，砥砺奋进，坚持把建设民族团结进步示范区作为铸牢中华民族共同体意识的实践载体，立足云南创经验，面向全国作示范，高质量推进民族团结进步示范创建工作，各民族手足相亲、守望相助的纽带更加牢固，爱党爱国爱社会主义大家庭的情感更加升华。

1. 实施民族团结进步"十县百乡千村万户"示范引领工程

"十县百乡千村万户"示范引领工程是云南以铸牢中华民族共同体意识为主线，建设我国民族团结进步示范区的有力抓手和重要支撑。三轮建设工程共投入资金 58.01 亿元，实际建设了 36 个示范县、301 个示范乡镇、4083 个示范村（社区），工程覆盖了全省 16 个州（市）、129 个县（市、区），打造了一大批守团结、有特色、产业强、环境好的示范典型，引领带动各族群众共同团结奋斗、共同繁荣发展，同全国一道同步实现全面小康，推动示范区建设形成以点串线、以线连片、以片带面、覆盖全省的良好格局，实现示范区建设和脱贫攻坚"双融合、双促进"。①2022 年，开始启动第四轮"十百千万"工程，印发《云南省民族团结进步"十县百乡千村万户"示范引领建设工程三年行动计划（2022—2024 年)》，坚持示范引领建设与乡村振兴相结合、突出重点与统筹兼顾相结合，统筹民族自治地方与散居民族地区，向高寒山区、滇中地区和人口较少民族聚居区倾斜，以铸牢中华民族共同体意识为衡量标准，遴选综合条件好、民族团结进步示范作用明显的示范点。在全省范围内 3 年建设不低于 14 个民族团结进步示范县、129 个民族团结进步示范乡镇（街道）、1200 个民族团结进步示范村（含 1000 个示范村、200 个示范社区）、10000 个民族团结进步示范户。按照每个示范县 1500 万元、每个示范乡镇（街道）500 万元、每个示范村 100 万元、每个示范社区 30 万元的标准投入，旨在固团结、促进步、抓示范、强引领。

2. 实施民族团结进步全域创建行动

围绕铸牢中华民族共同体意识，更好造福各族群众，建设民族团结进步示范区，全力打造民族团结进步创建工作升级版，推动习近平总书记关于加强和改进民族工作的重要思想深入人心，中华民族共同体意识坚定铸牢，民族团结进步创建水平显著提升。

完善民族团结进步全域创建政策支持。印发《打造新时代民族团结进步创建工作升级版三年行动》，制定出台《云南省民族团结进步示范区建设条例》及其实施细则、《以铸牢中华民族共同体意识为主线推进

---

① 《围绕主线　干在实处　走在前列——云南民族团结进步"十县百乡千村万户"示范引领建设工程成效显著》，《今日民族》2022 年第 2 期。

◎　大理郑家庄七个民族群众一起载歌载舞（李秋明／摄）

新时代云南民族工作高质量发展的实施意见》、《边境民族团结进步创建行动方案（2022—2024 年)》等法律法规和政策措施，使创建工作有章可循、有法可依。

　　实施民族团结进步全域创建行动。着力深化内涵，围绕主题主线发力，强化思想理论武装，重点抓好学校教育，全面普及社会教育，加强宣传教育阵地建设，全面推进中华民族共有精神家园建设，发挥测评指标体系"指挥棒"作用，建立主线鲜明的测评体系。着力丰富形式，实施全域创建行动，积极推进行业系统创建，建设边境民族团结进步模范长廊，抓实党建引领示范创建。着力创新方法，推进创建联盟品牌建设，选树示范典型，依法开展表彰工作，加大宣传推广力度。① 昆明金

---

① 《云南省全力打造新时代民族团结进步创建工作升级版》，云南省民族宗教事务委员会网
　　站，2023 年 3 月 17 日。

星社区、丽江金龙村、孟连"宾弄赛嗨"等先进典型不断涌现。在大理郑家庄七个民族共同生活在一起，相互尊重、相互交融、友好交往、亲密无间，成为"中华民族一家亲、同心共筑中国梦"的亮丽风景线。

实施民族团结进步创建"十进"活动。在民族团结进步创建进机关、进企业、进社区、进乡镇、进学校、进寺庙"六进"的基础上，拓展为进机关、进企业、进村（社区）、进乡镇（街道）、进学校、进铁路、进医院、进部队、进宗教活动场所、进出入境边防检查机构"十进"。开展全省 2A 级以上景区全覆盖创建，不断扩展创建工作领域和阵地，为示范区建设提供重要支撑。

3. 实施"石榴红工程"、"三项计划"促进各民族交往交流交融

实施"石榴红工程"、各民族交往交流交融"三项计划"是铸牢中华民族共同体意识，促进各民族广泛交往交流交融的创新举措和基础工程。以促进各民族交往交流交融为根本导向，推动云南民族团结进步示范区建设不断取得新进展。[①]

把"石榴红工程"分为建设我国民族团结进步示范区成效经验研究、全面推进各民族人口流动融居、中华民族共有精神家园建设行动、推动各民族共建共享社会主义现代化、构建互嵌式社会结构和社区环境、民族团结进步全域创建和推广普及国家通用语言等 7 个方面，包括民族团结进步示范区建设成效经验研究、各族青少年交流、旅游促进各民族交往交流交融、各族群众互嵌式发展、编写一套书、创作一组歌、"十县百乡千村万户"示范引领建设工程、现代化边境幸福村建设工程、民族

---

① 《云南启动"石榴红工程""三项计划"助推民族团结进步示范区建设》，云南省民族宗教事务委员会网站，2022 年 9 月 23 日。

团结进步全域创建、民族团结进步示范宗教活动场所创建、推广普及国家通用语言、举办省级民族团结进步示范班、铸牢中华民族共同体意识教育示范学校创建等 13 个项目，涵盖理论研究、交往交流交融、团结创建、经济发展、文化建设、教育培训等内容。

把实施"三项计划"的着眼点和着力点放在全方位拓展各民族交往交流交融的广度和深度等方面。打造以深化各民族交往交流交融为主题的创建联盟，举办少数民族传统体育运动会、民族民间歌舞乐展演、七彩云南（国际）民族赛装文化节等，搭建起各民族文化交流的大舞台。打造各族青少年交流计划"团结进步同心营"活动品牌，推动形成品牌效应，推动全省各地广泛开展双向结对交流活动。帮助各族群众到东部就业创业，鼓励支持外地企业到民族地区投资兴业、开发建设，携手实现共同发展、共同富裕。"十四五"以来，全省农村劳动力转移就业每年均在 1500 万人以上。① 构建互嵌式社会结构，插花式安置易地扶贫搬迁群众，举办民族团结进步示范本科班、大中专班和高中班并实行混班混宿办学模式。打造 213 个民族团结进步示范社区，2023 年，登记少数民族流动人口占全省城镇流动人口的 24.5%，互嵌式社会结构和社区环境持续构建。坚持以旅为媒，以旅促融，推出 92 条各民族交往交流交融精品旅游线路，大力开展"结对子"、"手拉手"、"心连心"、"一家亲"等联谊活动，促进各民族广泛交往、全面交流、深度交融。

4. 探索打造边疆民族地区社会治理的"云南样本"

自觉担负维护国家安全和边疆安宁的重大政治责任，不断增强边疆

---

① 《云南启动"石榴红工程""三项计划"助推民族团结进步示范区建设》，云南省民族宗教事务委员会网站，2022 年 9 月 23 日。

民族地区治理能力，全省呈现经济发展、社会和谐、文化繁荣、边疆稳定、民族团结的良好局面。

全面贯彻民族区域自治制度。云南作为民族自治地方最多、实行民族区域自治民族最多的省份，始终把全面贯彻民族区域自治法，实施好民族区域自治制度作为一项长期的重要任务，不断完善民族工作机制，提高民族工作法治化水平，依法管理民族事务，有力促进少数民族和民族地区经济社会全面发展。截至 2023 年，云南现行有效的涉民族事务地方性法规 7 件、自治条例 37 件、单行条例 181 件、变通规定 6 件，涉及民族工作的立法数量居全国前列，依法保障各民族合法权益，依法处理涉民族宗教因素的案事件，引导各族群众尊法、学法、守法、用法，确保民族宗教事务在法治轨道上运行。①

增强边疆民族地区治理能力。贯彻落实习近平总书记"建设好美丽家园，维护好民族团结，守护好神圣国土"的重要指示要求，实施"五级书记抓边防"和"五级段长制"，全面落实党政军警民合力强边固防机制，建立健全涉及民族宗教因素风险隐患的监测监管、联动处置等机制，牢牢守住不发生区域性系统性风险的底线，保持了边疆巩固安宁、人民安居乐业、社会和谐稳定的良好局面。

（四）积极引导宗教与社会主义社会相适应

习近平总书记指出，要全面贯彻党的宗教工作基本方针，全面贯彻党的宗教信仰自由政策，坚持我国宗教中国化方向，积极引导宗教与社会主义社会相适应。云南坚持以习近平总书记关于宗教工作的重要论述

---

① 《十年来　云南民族团结进步示范区建设成效显著》，人民网，2022 年 8 月 11 日。

和考察云南重要讲话精神为指引，认真贯彻落实党中央关于民族宗教工作的决策部署，以铸牢中华民族共同体意识为主线，坚持我国宗教中国化方向，扎实做好新时代云南宗教领域各项工作，积极引导宗教与社会主义社会相适应。

1. 全面贯彻党的宗教工作基本方针

全面贯彻党的宗教工作基本方针，做好思想政治引领工作。指导宗教界深入系统学习党的宗教工作理论和方针政策，开展爱国主义、集体主义、社会主义教育，有针对性加强党史、新中国史、改革开放史、社会主义发展史、中华民族发展史教育。引导信教群众热爱祖国、热爱人民，维护祖国统一，维护中华民族大团结，服从服务于国家最高利益和中华民族整体利益；拥护中国共产党领导、拥护社会主义制度，坚持走中国特色社会主义道路，积极践行社会主义核心价值观，弘扬中华文化，努力把宗教教义同中华文化相融合；遵守国家法律法规，自觉接受国家依法管理；积极投身改革开放和社会主义现代化建设，为实现中华民族伟大复兴的中国梦贡献力量。

2. 坚持我国宗教中国化方向

制定出台关于坚持我国宗教中国化方向的文件，积极推动坚持我国宗教中国化方向的云南实践。开展践行"四条标准"（政治上靠得住、宗教上有造诣、品德上能服众、关键时起作用）思想教育和"爱党爱国爱社会主义"主题教育，弘扬"讲大局、讲法治、讲科学、讲爱心"的新时代爱国精神，深入开展创建和谐寺观教堂活动，指导宗教界广泛开展国旗、宪法和法律法规、社会主义核心价值观、中华优秀传统文化、民族团结进步创建进宗教活动场所等主题活动，举办云南宗教坚持中国化方向系列研讨会及佛教、道教、伊斯兰教、天主教、基督教中国化专题研讨交流活动，引导各宗教对教规教义作出符合当代中国发展进步要求、符合中华优秀传统文化的阐释，宗教界人士和信教群众对伟大祖国、中华民族、中华文化、中国共产党、中国特色社会主义的认同明显增强。

开展"润土培根"工程，鼓励宗教界弘扬中华优秀传统文化和中华传统美德，引导宗教教职人员在讲经讲道、宗教仪式和宗教活动中更多地使用国家通用语言文字，在宗教思想、建筑、服饰、音乐、雕塑、绘画、装饰等多方面体现中国风格、中国文化，深化中华优秀传统文化对云南各宗教的浸润，引导宗教界人士和信教群众在建设民族团结进步示范区中发挥积极作用，讲好与中华优秀传统文化、与社会主义核心价值观相契合的"经"，铸牢中华民族共同体意识。

3. 依法管理宗教事务

依法管理宗教事务，提高宗教事务治理法治化水平。全面贯彻落实《宗教事务条例》，制定施行《云南省宗教事务条例》、《云南省〈宗教教职人员管理办法〉实施细则》、《云南省〈互联网宗教信息服务管理办法〉实施细则》等一系列法规、规范性文件，积极推进宗教领域联合执法、综合执法，依法管理宗教事务。以"国家宪法日"、"国家安全日"、"政策法规学习月"等主题宣传活动为抓手，持续开展宗教领域法治宣传教育，以案普法、以案释法，树牢国大于教、国法大于教规、教民首先是公民的普遍认知，宗教界人士和信教群众的国家意识、法律意识、公民意识进一步增强，在法律法规范围内开展宗教活动更加自觉。建立健全宗教活动场所民主管理制度，实现民主管理和依法管理有机结合。强化宗教工作干部的法治思维和法治意识，依法治理宗教领域的违法违规行为，切实提高依法行政能力，不断提升宗教工作法治化水平。健全协调处置民族宗教领域风险隐患工作机制，依法妥善处置宗教领域突出问题，云南宗教领域总体保持和谐稳定。

4. 支持宗教界全面从严治教

加强宗教团体自身建设，发挥好桥梁纽带作用。坚持和完善具有中国特色、云南特点的宗教团体组织体制和管理制度，加强云南佛道教民主管理和财务监督管理制度建设，建立云南伊斯兰教符合现代要求的民主管理制度，完善云南天主教"两会三区"制度建设，完善基督教"两会"制度。

加强宗教教职人员的国民教育、法治教育、品德教育、文化教育、宗教教育，普及国家通用语言文字，持续办好云南佛学院、云南藏语系佛学院、昆明伊斯兰教经学院、云南基督教神学院，推动中国巴利语系高级佛学院建设，培养爱国爱教的高素质教职人员，加强教职人员队伍建设。

加强宗教教职人员的管理和约束，把好入口关，严肃惩处违规人员、清除不合格教职人员，引导宗教界"崇俭戒奢"，纠正和有效遏制宗教领域不良风气，加强教风建设，充分发挥宗教团体作为党和政府团结、联系宗教界人士和广大信教群众的桥梁和纽带作用。

5. 加强党对宗教工作的领导

加强党对宗教工作的领导，牢牢掌握宗教工作主动权。建立领导机制，明确由党委统战部统一领导宗教工作，实现宗教工作从"部门抓"到"党委抓"的转变，切实加强党对宗教工作的领导，把宗教工作纳入重要议事日程，健全宗教事务管理网络，落实宗教工作责任制。强化基层基础，发挥基层党组织和党员干部作用，落实市、县、乡、村"四级书记"工作责任，强化各级党组织对宗教工作的领导，做好信教群众团结、引导和服务工作，促进农村宗教治理。实行省级领导挂钩联系宗教界代表人士制度，贯彻落实《中国共产党统一战线工作条例》，帮助宗教界解决实际困难和问题，坚持做好顶层设计和统筹谋划，自上而下，协同推进。建立宗教工作协调机制，推动构建党委领导、政府管理、社会协同、宗教自律的宗教事务管理格局，形成宗教事务管理的整体合力。

维护民族团结和边疆稳定事关国家长治久安，事关中华民族的永续发展，事关中华民族伟大复兴中国梦的顺利实现。习近平总书记指出，希望云南努力在建设我国民族团结进步示范区上不断取得新进展。云南要牢记嘱托，砥砺奋进，全面准确贯彻落实习近平新时代中国特色社会主义思想、党的二十大和二十届二中、三中全会精神，贯彻落实中央民族工作会议和全国宗教工作会议精神，强化"民族工作涉及方方面面，方方面面都有民族工作"和宗教工作是全局性、战略性工作的认识，主动服务和融入推进中国式现代化建设的一系列重大决策部署，推动各族人民共同富裕取得更为明显的实质性进展，确保现代化建设新征程上一个民族都不掉队，久久为功、扎扎实实推进建设我国民族团结进步示范区，奋力开创新时代云南民族宗教工作新局面。

四、坚决贯彻习近平生态文明思想，生态文明建设排头兵展现新面貌

尊重自然、顺应自然、保护自然，是全面建设社会主义现代化国家的内在要求。必须牢固树立和践行"绿水青山就是金山银山"的理念，站在人与自然和谐共生的高度谋划发展。习近平总书记在云南考察时，要求云南把生态环境保护放在更加突出的位置，努力成为我国生态文明建设排头兵。① 云南坚决贯彻习近平生态文明思想和习近平总书记考察云南重要讲话精神，坚决扛起生态文明建设政治责任，把生态文明建设融入经济社会发展的各方面和全过程，推动党中央、国务院决策部署在云南落地生根。生态文明理念深入民心，生态环境突出问题整治有力，生态环境质量稳定向好，生态保护修复成效明显，生物多样性保护亮点突出，绿色低碳发展加快推进，绿美云南建设全面提速，生态文明排头兵建设迈出重大步伐，为开启全面建设人与自然和谐共生的现代化新征程奠定了坚实基础。

（一）全力打好蓝天、碧水、净土保卫战

在云南，水清岸绿、鱼翔浅底是标配，蓝天白云、空气清新是标

---

① 《生态文明美云南》，《人民日报》2019 年 8 月 1 日。

识，青山常绿、良田沃土是标签。省第十一次党代会以来，云南聚焦蓝天、碧水、净土三大保卫战，深入打好"湖泊革命"攻坚战等 10 个标志性战役，集中力量解决群众身边的突出生态环境问题。大气、水、土壤环境质量持续提升，城乡人居环境综合治理水平全面提升，总体环境质量改善速度之快前所未有。2023 年，全省公众生态环境满意度提高至 94.05%，居全国前列。[①]

---

① 《生态环境满意度提高至 94.05%，云南高质量发展成色更足底色更亮》，云南省生态环境厅网站，2024 年 2 月 4 日。

1. 大气环境质量显著改善

环境空气质量保持良好，城市优良天数比率大幅提高。2023 年，地级城市空气质量优良天数比率 97.4%、细颗粒物平均浓度 21.8 微克 /立方米，继续保持全国前列。[①]

优化产业空间布局，调整能源消费结构。结合主体功能区划，各地总体规划、工业产业布局规划都针对大气环境保护进行了专项引导和管

◎ 泸沽湖水质保持 I 类（雷桐苏 / 摄）

---

① 《云南省人民政府工作报告（2024 年）》，云南省人民政府网站，2024 年 1 月 29 日。

控。加强节能环保标准要求，严格执行行业规范与准入管理，严禁批准或备案任何增加产能的项目，尤其是在产能已严重过剩的行业。发挥水电优势，积极开展清洁能源替代。大力推动迪庆、楚雄—攀枝花、普洱、昭通、陆良和泸西—弥勒—开远天然气支线管道建设。将昆明、曲靖、玉溪三市中心城区的高污染燃料禁燃区逐步从城市建成区扩展到近郊地区，逐步实现无煤燃烧。

坚持源头防治，强化多污染物协同控制和区域协同治理。实施重点行业氮氧化物等污染物深度治理、大力推进重点行业挥发性有机物治理。全面完成"散乱污"企业整治、无组织排放整治、燃煤电厂超低排放改造、燃煤小锅炉淘汰等工作。持续推进建筑工地施工扬尘专项整治，扬尘污染问题举报数量明显下降。全面供应符合国Ⅵ（B）标准车用汽油，着力开展柴油货车污染治理，加大国三及以下排放标准柴油货车淘汰力度。①

2. 水环境质量稳中向好

九湖治，云南兴；九湖清，云南美。九大高原湖泊，犹如九颗璀璨的明珠，镶嵌在云岭大地。2015 年 1 月，洱海湖畔，习近平总书记留下"立此存照"的约定和让"苍山不墨千秋画，洱海无弦万古琴"的自然美景永驻人间的殷殷嘱托；2020 年 1 月，在滇池星海半岛生态湿地，习近平总书记指出，"加强综合治理、系统治理、源头治理，再接再厉，把滇池治理工作做得更好"②。按照习近平总书记的重要指示，云南持续加大对九大高原湖泊治理力度，水质总体向优向好。滇池草海水

---

① 《凝心聚"绿"！云南省这份"绿色答卷"很抢眼》，云南网，2023 年 8 月 25 日。
② 《习近平春节前夕赴云南看望慰问各族干部群众　向全国各族人民致以美好的新春祝福　祝各族人民生活越来越好祝祖国欣欣向荣》，《人民日报》2020 年 1 月 22 日。

质类别由Ⅲ类下降为Ⅳ类，阳宗海水质类别由Ⅲ类提升到Ⅱ类，洱海水质类别保持Ⅱ类，抚仙湖水质类别保持Ⅱ类，泸沽湖水质类别保持Ⅰ类。[①]2023年，地表水国控监测断面优良比例为94.1%、创历史最好，六大水系出境跨界断面水质100%达标，赤水河（云南段）入选全国美丽河湖优秀案例。[②]

"湖泊革命"攻坚战取得阶段性成效。印发《中共云南省委 云南省人民政府关于"湖泊革命"攻坚战的实施意见》，开展九大高原湖泊"两线"划定工作；印发《关于九大高原湖泊"三区"管控的指导意见》，从严管控九大高原湖泊生态保护核心区、生态保护缓冲区、绿色发展区"三区"。省委书记、省长直接挂帅、率先垂范、带头巡湖，九大高原湖泊省级湖长均由省委常委担任。出台《中共云南省委关于加强九大高原湖泊监督检查的意见》，分类明确监督内容，整合监督力量。制定印发《云南省九大高原湖泊省级财政奖补资金考核管理办法》，支持各地加强九大高原湖泊保护治理。加大资金投入力度，从2018年起，省级财政每年保障36亿元（其中省级奖补资金18亿元，地方政府专项债18亿元），用于九大高原湖泊保护治理，2021年起增加至42亿元。[③]

加强重点流域水生态环境保护治理。坚决担起长江上游生态保护政治责任，共抓大保护、不搞大开发，致力于把赤水河流域打造成为长江上游最美生态河流，流出云南的水质稳定在Ⅱ类以上，实现了"一江清

---

① 《云南省生态环境厅〈2022年云南省生态环境状况公报〉新闻发布会》，云南省生态环境厅网站，2023年6月2日。
② 《云南省人民政府工作报告（2024年）》，云南省人民政府网站，2024年1月29日。
③ 《"云南这十年"系列新闻发布会·建设生态文明建设排头兵专场发布会》，云南省人民政府网站，2022年8月12日。

水出云南"。推进以长江为重点的六大水系保护修复，出境跨界断面水质 100% 达标。[①] 全力打好重度污染水体脱劣攻坚战，与劣 V 类断面所在州（市）人民政府签订目标责任书。

全面落实河（湖）长制。实行五级河（湖）长制，共设置河长 33882 名、湖长 2034 名，覆盖全省 6573 条河流、71 个湖泊、5914 座水库、4793 座塘坝、2549 条渠道。[②] 明确了河湖库渠分级名录、监测评价体系、管理信息系统，建立三级督察体系、责任考核体系、激励问责机制、社会参与监督体系，全面落实推进河长制。

地方立法护航九湖清云南美，推动"一湖之治"向"流域之治"再到"全域联治"、"生态之治"转变。九湖保护条例修订从章节体例、保护措施和法律责任等方面进行了修改、补充和完善，进一步与长江保护法等国家法律法规相衔接，突出体现了国家对流域保护的最新要求。同时，按照云南省委关于"湖泊革命"攻坚战的实施意见和省政府关于九大高原湖泊"三区"管控的指导意见，将相关管控要求以地方立法形式予以落实。[③]

3. 土壤污染防治稳步推进

土壤污染加重趋势得到初步遏制，受污染耕地安全利用率不断提升，达 90%，重点建设用地安全利用持续有效保障，土壤环境风险得到基本管控，土壤环境质量总体稳定。

全面推进土壤污染源头防控。持续深入实施农用地土壤镉等重金属

---

① 《"中国这十年·云南"主题新闻发布会》，云南省人民政府网站，2022 年 7 月 21 日。
② 《"云南这十年"系列新闻发布会·建设生态文明建设排头兵专场发布会》，云南省人民政府网站，2022 年 8 月 12 日。
③ 《云南省九湖保护条例修订全面完成》，云南省生态环境厅网站，2023 年 12 月 4 日。

污染源头式防治行动，滚动开展涉镉等重金属重点行业企业排查整治及"回头看"，累计完成 320 家涉镉等重金属污染源排查整治。连续四年实现化肥农药使用量负增长。

严格建设用地准入管理。建立污染地块动态清单，并实现污染地块空间信息与国土空间规划"一张图"管理。完成云南省土壤重金属高背景值区域划定及高背景值对主要农产品影响调查，划定全省耕地土壤重金属高背景值区域。完成建设用地土壤污染风险管控和修复名录地块现场核查。督促做好关闭搬迁企业地块土壤污染风险管控工作，将可能存在土壤污染风险的关闭搬迁企业纳入监管范围，及时防范环境风险。建立重点监管单位信息管理平台，实现企业信息全覆盖，动态更新土壤污染重点监管单位名录至 261 家，督促企业依法履行土壤污染防治义务。

深入实施农用地分类管理，全面提升受污染耕地安全利用水平。推动受污染耕地安全利用措施落地。制定全省受污染耕地安全利用工作计划，分解并督促州（市）落实受污染耕地安全利用年度指标任务。实施云南省典型行业企业（有机肥加工厂、三七种植）及周边土壤污染状况调查。组织开展严格管控类耕地农产品种植情况遥感核查。

4. 强化固体废物治理能力，推进"无废城市"建设

持续推动固体废物环境风险防控和处置。加强工业固体废物的堆存场所整治，防控工业废物污染，加强工业固体废物综合利用。全面开展铅蓄电池集中收集和跨区域转运试点，启动小微企业危险废物收集试点工作。医疗废物收运、处置体系初步建立，处置能力和水平不断提高。与重庆市、四川省、贵州省签署建立长江经济带上游省市危险废物联防联控机制合作协议，建设升级云南省固体废物（医疗废物）环境管理信

息化平台。建成危险废物监控一张网、监管一平台和调度一中心，显著提高了固体废物环境监管效率。长江经济带尾矿库的污染治理取得阶段性进展，逐步建立健全尾矿库污染防治长效机制。

推进"无废城市"建设。倡导将固体废物环境影响降至最低的城市发展模式，构建形成了"6+3"、"无废城市"建设格局，昆明市、玉溪市、普洱市、西双版纳州、楚雄州、丽江市 6 个市（州）及大理市、蒙自市、河口县 3 个市（县）参与建设"无废城市"，同时开展一批"无废学校"、"无废社区"、"无废园区"等无废细胞建设。

5. 抓好中央生态环境保护督察反馈问题整改

以鲜明的态度、坚决的措施，不折不扣推进中央生态环境保护督察反馈问题和长江经济带生态环境突出问题整改。第一轮中央督察和"回头看"反馈云南的 110 个问题全部完成整改。第二轮中央督察曝光的 5 个典型案例整改已完成 4 个，反馈的 50 个问题完成整改 38 个，交办的 3069 件投诉举报问题办结 3058 件，办结率 99.6%，剩余 11 件正有序推进。

坚决扛牢扛实滇池沿岸违规违建整治政治责任，以破局姿态、根治气魄、雷霆手段抓拆违、强整改、促治理。拆除或迁出建（构）筑物面积 110.69 万平方米，环湖路临湖一侧减少建设用地 17250 亩、建筑面积 639 万平方米，恢复生态湖滨带 14 公里，一、二、三级保护区内新增绿地面积约 192 万平方米，滇池沿岸过度开发、无序开发、贴线开发现象得到全面遏制和根本扭转，为全省生态环境保护树立了铁规矩、新标杆，整改工作取得决定性成效。①

---

① 《非凡十年 云南答卷｜生态文明建设排头兵展现新面貌》，云南省人民政府网站，2022 年 10 月 16 日。

（二）全面加强生物多样性保护

生物多样性是人类生存和发展的基础，保护生物多样性是全人类共同的责任。云南作为中国生物多样性最丰富的省份和重要的生物多样性宝库、西南生态安全屏障，锚定全国生物多样性保护排头兵目标，坚持生态优先、绿色发展，将生物多样性保护理念融入生态文明建设全过程，不断提升"动物王国"、"植物王国"、"世界花园"影响力，取得明显成效。

1.生物多样性保护地体系建设日趋完善

努力构建以国家公园为主体，兼具云南特色、符合云南实际的自然保护地体系，先后划建了国家公园体制试点区、自然保护区、风景名胜区等自然保护地 366 处，总面积 551.42 万公顷，占全省国土面积的 14.39%。大力推进亚洲象、香格里拉、高黎贡山、哀牢山 4 个国家公园创建，有序开展自然保护地整合优化，持续加强自然保护地监督管理。以三江并流和边境雨林为骨架，以九大高原湖泊、自然保护地和生态廊道为重要节点，构建起"三屏两带六廊多点"的生态安全格局。划定梅里雪山—碧罗雪山寒温性针叶林区等八大生物多样性保护关键区域，通过保障水生生物洄游通道畅通、构建陆域野生动物迁徙通道、加强迁徙鸟类栖息地保护等构建"水陆空"生物迁徙通道，重点野生动物种数保护率达到 84.91%，全省生物多样性保护重要区域均划入生态保护红线，将"极小种群物种拯救保护"纳入全省生物多样性保护工作。截至 2022 年，已建成了 30 个保护小区（点）、13 个近地和迁地基地（园）、5 个物种回归实验基地，20 余种极小种群野生植物达到了保护目标。建

◎ 普洱南滚河栖息亚洲象数量不断增长（杨峥／摄）

成国内物种最丰富、专类园区最多的中国科学院西双版纳热带植物园和亚洲第一、世界第二的中国西南野生生物种质资源库。①

2. 实施生物多样性保护重大工程

完善生物多样性就地、迁地保护及离体保存网络体系，开展生物多样性本底调查、观测和评估，组织实施珍稀濒危特有物种及极小种群物种拯救、保护和人工繁育，发掘、整理、传承与生物多样性保护相关的民族传统文化，加强生物安全管理和外来物种管控，建设生物多样性大数据库，提升生物多样性保护能力。

加强珍稀濒危特有物种保护。实施珍稀濒危、极小种群和特有物种的拯救、保护、恢复工程，巧家五针松、华盖木、云南梧桐、亚洲象、

① 《云南的生物多样性》白皮书，云南省人民政府网站，2020 年 5 月 22 日。

滇金丝猴、绿孔雀、大理弓鱼等一大批濒临灭绝的物种获得新生。曾经在滇池野外灭绝的滇池金线鲃，人工繁育成功，重新引入滇池，种群数量不断扩大，成为生物多样性保护的成功范例。

积极开展外来生物入侵预防与控制。发布《云南省外来入侵物种名录（2019 版）》，印发《云南省外来入侵物种普查工作方案》，组建"云南省外来入侵物种普查工作办公室"和"云南省外来入侵物种普查工作专家组"。外来入侵物种踏查及其监测布点工作全面完成，普查技术培训工作全面启动。① 建立省、市、县、乡、村五级调查和监测体系，持续推进口岸生物安全防控体系建设，织密织牢国门生物安全防护网。

协同推进民族文化与生物多样性保护，充分发掘、传承和弘扬民族传统文化，把民族文化和传统知识纳入生物多样性保护范畴，建立民族传统文化生态保护区，保护、传承非物质文化遗产。开展遗传资源及其相关传统知识获取与惠益分享试点，为国家建立遗传资源获取与惠益分享制度提供借鉴。

3. 加强生物多样性监测防控体系建设

掌握 580 余种国家重点保护野生动植物资源底数，建立亚洲象、绿孔雀、滇金丝猴、高黎贡白眉长臂猿等旗舰物种的常态化监测体系，实现亚洲象种群的动态实时定位监测和预警。持续开展"绿盾"自然保护地强化监督，建立多部门协调机制，强化物种资源出入境管理，实现各级各类自然保护地人类活动遥感监测核查全覆盖。逐步完善野生动物疫源疫病监测体系，建成 27 个国家级、38 个省级监测站和 1 个初级实验

---

① 《关于进一步加强生物多样性保护的实施意见》新闻发布会，云南省生态环境厅网站，2022 年 8 月 11 日。

室。开展高黎贡山（云南段）突出生态环境问题排查核查，高黎贡山生物生态安全综合管护能力得到提升。充分发挥社会组织监督作用，构筑全民行动体系，引导公众提高生物多样性保护意识，自觉参与生物多样性保护。将生物多样性保护作为省级生态环境保护督察、生态环境综合执法的重要内容，严肃查处危害、破坏生物多样性的违法违规行为，严格落实责任追究制度。完善环境公益诉讼制度，强化行政执法与刑事司法衔接，严厉打击破坏生物多样性的违法犯罪行为。

4. 不断夯实生物多样性保护法治基础

坚持立法引领，完善生物多样性保护地方性法规办法。实施《云南省生物多样性保护战略与行动计划（2012—2030 年）》。颁布《云南省生物多样性保护条例》，这是中国生物多样性保护的第一部地方性法规，对健全国家生物多样性保护法规体系具有积极促进作用。修编《云南省自然保护区管理条例》，印发《云南省地方级自然保护区调整管理规定》，制定贯彻落实加强生态保护监管工作意见和自然保护地生态环境监管工作实施办法，生物多样性保护走上法治化、规范化轨道。

强化执法监管。开展《云南省生物多样性保护条例》执法检查，定期开展长江全流域十年禁渔专项执法检查，强化生态保护红线监管。设立特色法庭，探索预防性环境公益诉讼审判规则。"云南绿孔雀案"成为全国首例珍稀野生动植物保护预防性环境民事公益诉讼案件，具有极其重要的警示意义和实践价值。积极探索野生动物肇事补偿制度与多元解纷的衔接机制，颁布实施《云南省重点保护陆生野生动物造成人身财产损害补偿办法》，确保个人合法权益和环境公共利益都得到司法的有效保护。"亚洲象北迁南返"事件，已成为促进人与自然共生、人与动物和谐的生动范例，为全球野生动物保护工作展示了"中国样本"。

5. 办好 COP15 第一阶段会议

2021 年 10 月，联合国《生物多样性公约》缔约方大会第十五次会议（COP15）第一阶段会议在云南省昆明市成功召开。大会以"生态文明：共建地球生命共同体"为主题，习近平总书记视频出席领导人峰会并发表主旨讲话。大会通过了《昆明宣言》。大会全面展示我国生态文明建设和生物多样性保护成就，凝聚了全球生物多样性治理合力，为第二阶段会议奠定了坚实基础，为云南进一步加强生物多样性保护注入了强大动力。2022 年 12 月，COP15 第二阶段会议在加拿大蒙特利尔顺利召开，云南省组团全程参加会议，并举办自然与文化峰会、城市峰会、云南生物多样性特色展及中国角—云南日、边会等系列活动，再次向世界展示云南生态文明建设成就和生物多样性保护成效，大美云南惊艳世界。

◎ 2021 年 10 月，联合国《生物多样性公约》缔约方大会第十五次会议（COP15）第一阶段会议在云南昆明举办（陈飞／摄）

6. 共同维护国际区域生态安全

云南作为我国西南生态安全屏障，在中国乃至全球生物多样性保护中具有十分重要的战略地位，承担着维护区域、国家乃至国际生态安全的战略任务和重大职责。云南历来高度重视生物多样性国际合作，在共建"一带一路"倡议框架下，持续推动与东盟、南盟、大湄公河次区域、欧盟国家的交流合作，加强与联合国环境规划署、世界银行、亚洲开发银行、全球环境基金、世界自然基金会等国际机构的合作，积极推动建设跨境生物多样性保护多边合作机制，在生物资源可持续利用与管理、国家公园建设、外来入侵物种联防联控、野生动物疫源疫病防控等领域不断拓展合作交流，实施可持续发展能力建设、环境发展与扶贫、大湄公河次区域生物多样性保护廊道建设、红河干热河谷生态恢复与社区发展等一大批示范项目。积极参与打击跨境生物资源贸易犯罪国际联合执法行动。积极推动知识、信息和成果共享，推广云南省生物多样性保护成功案例，伙伴认同关系持续增强，国际影响力不断提升。

（三）全面开展生态保护治理修复

山水林田湖草沙是生命共同体。治理生态环境，必须遵循自然规律，统筹考虑自然生态各要素。云南拥有良好的生态环境和自然资源禀赋，但也是生态环境比较脆弱敏感的地区。云南始终把大保护作为关键任务，坚持山水林田湖草沙一体化保护和系统治理，深入推进重要生态系统保护和修复，不断筑牢我国西南生态安全屏障。

1. 实施主体功能区战略，加强生态环境分区管控

认真落实《云南省国土空间规划》，加快建设主体功能区。有针对性地提出"三屏两带六廊多点"的生态安全格局及云南生态建设战略重点。① 构建"三线一单"生态环境分区管控体系，加快推进"三线一单"落实落地，建立动态更新和调整机制，加强"三线一单"在政策制定、环境准入、开发区管理、执法监管等方面的应用。形成以国土空间规划为基础、以统一用途管制为手段的国土空间开发保护制度，加快形成节约资源和保护环境的空间格局。

按照"一个战略、一张蓝图、一个空间规划体系、一套机制、一个平台"的规划要求，改革创新云南省空间规划编制与管理机制，理顺空间管理事权，明晰空间管理手段，促进各类空间规划的协同，破解省级"多规合一"中的重大问题，强化生产、生活、生态空间统筹的战略引领，建立健全空间规划体系与实施管理体制，为省级空间规划工作提供可复制、可推广的经验模式。

构建"5+13"环境功能区划体系，并以"5+13"环境功能区划为基础，实施环境分区管理，提高全过程环境管理技术水平；建立以环境功能分区为基础，结合环境要素现状及目标值，形成覆盖全省、统一协调、更新及时、反应迅速、功能完善的环境监管系统；根据区域环境主导功能，制定区域各类环境要素的目标指标，完善分区生态环境考核评价体系，实现环境管理的差异化和精细化，以空间环境管理平台落实区域环境联防联控机制，提高环境管理的全局意识和管理水平，提高环境

---

① 《"云南这十年"系列新闻发布会·建设生态文明建设排头兵专场发布会》，云南省人民政府网站，2022 年 8 月 12 日。

管理效率。

2. 坚持山水林田湖草沙一体化保护

牢固树立"山水林田湖草沙是一个生命共同体"的理念，按照生态系统的整体性、系统性以及内在规律，在重点区域实施重大生态系统保护和修复工程，尽快提升生态功能，推进耕地草原森林河湖休养生息。整体推进森林生态系统保护，全面停止天然林商业性采伐，实施天然林保护修复、森林生态效益补偿，扩大退耕还林还草，优化森林结构，提高森林覆盖率和质量。加快推进河湖治理与湿地修复，加大水源涵养功能区生态系统保护力度，修复湖泊、湿地生态系统。加强草原生态保护，提升草原自我修复能力。编制实施耕地、草原、森林、河湖休养生息实施方案。推进国家耕地轮作休耕试点，加强耕地数量、质量、生态保护，继续推进高标准农田建设，加强土地复垦利用，构建耕地质量保

◎ 洱源县西湖周边湿地生态系统质量明显提升，有力促进洱海水质总体保持良好
（陈飞／摄）

护与提升长效机制。科学划定全省生态保护红线，建立完备的森林和湿地生态保护体系，健全污染河湖治理修复与河流开发利用管控为重点的河湖休养生息长效机制。积极争取中央重点生态保护修复资金40亿元，实施抚仙湖、洱海山水林田湖草生态保护修复工程。2017—2019年，组织实施抚仙湖山水林田湖草生态保护修复工程试点项目，流域生态环境显著改善，生态环境承载力明显提升。2022年以来，大力推进洱海流域山水林田湖草沙一体化保护和修复工程项目，已完成生态保护修复面积35247.28公顷，苍山、洱海、茈碧湖、洱源西湖、入湖河道及周边湿地生态系统质量明显提升，有力促进洱海水质总体保持良好。

3. 深入推进重要生态系统保护和修复

实施生态保护和修复重大工程。实施《云南省重要生态系统保护和修复重大工程总体规划（2021—2035年)》，以长江上游重点生态区、青藏高原东南缘生态屏障区、高黎贡山、赤水河流域（云南段）、九大高原湖泊流域等区域为重点，加强重点生态系统保护和修复。加强金沙江干热河谷区、高寒山区等困难立地区域的植被恢复。加强对潜在石漠化地区的监测和生态环境保护修复。促进城市生态修补与修复。坚持因地制宜，积极推进历史遗留矿山生态修复，形成与周边生态环境相协调的修复成效。①

切实加强湿地保护工作。2014年施行《云南省湿地保护条例》，湿地保护步入法治轨道。编制《省级重要湿地认定》、《湿地公园管理评估

---

① 《中共云南省委 云南省人民政府印发〈云南省生态文明建设排头兵规划（2021—2025年)〉》，云南省人民政府网站，2022年5月21日。

规范》、《湿地生态监测》等地方标准,弥补了云南湿地保护标准空白。贯彻落实湿地保护法律法规,开展湿地资源年度监测,加强湿地资源监管。建立湿地分级分类保护管理体系,抢救性保护一批珍贵湿地资源。云南以仅占全国 1.06% 的湿地面积保育了占全国 53.89% 的湿地植物和 43.51% 的湿地脊椎动物,分布在长江、珠江、澜沧江—湄公河、元江—红河、怒江—萨尔温江和伊洛瓦底江等六大国内国际江河上游或源头的湿地,有效发挥"水塔"作用,惠及长三角、珠三角地区以及东南亚国家近 10 亿人口。

不断推动石漠化治理。采取编制规划、制定具体措施对石漠化重点区域展开治理。针对石漠化问题较为突出的滇东南地区这一重点区域,制定措施加快推进石漠化治理、控制和逐步转移人口,发展对生态环境要求较低的产业。通过植树造林、封山育林、农村能源、岩溶找水、易地扶贫等综合措施,开展石漠化综合治理。石漠化治理重点工程实现了全省石漠化重点地区治理的全覆盖。

水土流失治理取得新成效。连续实施以"长治"、"珠治"、"小流域综合治理"等为代表的一大批水土流失综合防治工程,依托天然林保护修复、退耕还林还草、陡坡地生态治理、林草生态修复工程、高标准农田建设、石漠化综合治理等生态建设工程,大力推进国土山川绿化美化,为全省经济社会发展、生态环境改善、人民安居乐业作出了重要贡献。2022 年,全省水土流失面积 9.79 万平方公里,较 2015 年减少 0.68 万平方公里,下降 6.5%,强烈及以上等级流失面积下降 20%,实现了水土流失面积和土壤侵蚀强度"双下降"。

推进历史遗留矿山生态修复。组织实施三年行动,开展长江经济带、青藏高原东南缘、九湖流域等重点生态保护修复区域历史遗留矿山生态修复,治理矿山 4039 座、20.41 万亩。红河哀牢山与岩溶断陷盆地区、金沙江流域昆明片区 2 个项目成功入选 2023 年国家级历史遗留废弃矿山生态修复示范工程项目。[①]

4. 严守生态保护红线

经国务院批准，发布《云南省生态保护红线》。目前全省共划定生态保护红线 11.35 万平方千米，占全省国土面积的 29.61%。[②]云南省明确生态保护红线非经法定程序不得调整，有效减少、减弱人为活动对生物多样性重点区域的干扰，保护受威胁野生动植物群落生境。通过划定严守生态保护红线，持续加强对典型生态系统的保护，涵盖了全省从热带到高山冰缘荒漠 15 个自然生态系统，自然保护地 100% 纳入生态保护红线。六大水系、九大高原湖泊、三江并流、热带雨林、澄江动物化石群、石林等重要自然景观和自然遗迹等的保护不断强化；亚洲象、滇金丝猴、绿孔雀、野生稻等众多珍稀濒危物种得到保存、发展，全省超过 90% 的国家重点保护植物和 80% 的国家重点保护动物得到有效保护；金沙江、怒江、澜沧江、伊洛瓦底江等约 70% 的面积纳入生态保护红线，金沙江、澜沧江 60% 以上和红河、怒江 50% 以上的自然岸线纳入生态保护红线。[③]

以改善生态环境质量为核心，以保障和维护生态功能为主线，通过划定并严守生态保护红线，构建起"三屏两带六廊多点"生态安全格局。"三屏"即青藏高原南缘滇西北高山峡谷生态屏障、哀牢山—无量山山

[①] 《云南省自然资源厅厅长高中建：坚决扛牢美丽云南建设的政治责任》，《中国自然资源报》2023 年 11 月 20 日。

[②] 《将"红线"落在云岭大地上 云南划定生态保护红线面积 11.35 万平方千米》，云南网，2024 年 8 月 14 日。

[③] 《我省严守生态红线筑牢生态保护屏障》，《云南日报》2022 年 1 月 9 日。

地生态屏障和南部边境热带森林生态屏障，重点保护独特的生态系统、天然植被、热带雨林和珍稀濒危物种。"两带"即金沙江澜沧江红河干热河谷地带和东南部喀斯特地带，发挥维护长江、怒江、红河、澜沧江下游及珠江下游地区生态安全的作用。"六廊"即由怒江生物多样性保护廊道、迪庆—丽江生物多样性保护廊道、元江生物多样性保护廊道等组成六条生态廊道，保障重要生态功能区域的连通性、连贯性。"多点"即以改善局部地区生态环境和保护生物多样性为主要任务，推进滇池、抚仙湖、洱海等九大高原湖泊及丽江老君山、盈江铜壁关等重要生态节点的建设。①

5. 持续推进生态灾害防治

开展重点隐患调查评估，提高科学防范应对能力和统筹防治水平，推动防灾减灾从应急救灾向自然灾害风险管控转变。推动数字技术在防灾减灾预警预报、监测分析等方面的应用，构建完善防灾减灾大数据平台，开展常态化精密预警智控。建立防灾减灾救灾专家库，强化应急救援队伍和指挥体系建设，培育壮大应急管理人才队伍。加强防灾基础设施建设，加大防灾减灾科普力度，强化基层防灾减灾救灾网格化管理。落实防灾减灾救灾属地管理责任，加强各地区各部门协同联动，完善应急保障要素配置机制。

建立16个州（市）地质灾害技防监测预警站点网络，建立完善群测群防"十项制度"，实现隐患点群测群防网络全覆盖。不断推进小型病险水库除险加固，加速进行中小河流治理建设，重点山洪沟防治力度持续加大，山洪灾害监测预警系统和群测群防体系不断完

---

① 《我省严守生态红线筑牢生态保护屏障》，《云南日报》2022年1月9日。

善。避让搬迁与治理工程稳步推进。与"十二五"时期相比，年均地质灾害发生数由 500 起降为 305 起，下降 39%；因地质灾害伤亡人数由 105 人降为 41 人，下降 61%，地质灾害防治能力和水平大幅提升。

（四）加快推进绿色低碳发展

绿水青山就是金山银山。云南立足自身生态优势和资源禀赋，坚持生态优先、绿色低碳发展，推动发展方式绿色转型。绿色低碳产业在经济总量中的比重进一步提高，生产生活方式绿色转型成效显著。随着产业转型升级持续推进，云南"绿色"、"特色"底色更浓。

1.培育壮大绿色产业

推动工业绿色转型。绿色能源跃居第一大支柱产业，绿色铝硅产业快速发展，"十三五"期间，单位地区生产总值能耗下降 14.56%，碳排放强度降低 24.72%。[①] 依托资源优势不断延伸产业链，积极推动绿色能源与绿色制造融合发展，带动绿色铝、绿色硅等先进制造业发展。云南绿色铝产能占全国比重接近 1/5，积极建设具有世界影响力的绿色铝工业集群。

推动农业绿色崛起。持续探索农业绿色高质量发展新路径，聚焦茶叶、花卉、核桃等高原特色农产业，"区域品牌＋企业品牌＋产品品牌"的"绿色云品"矩阵逐步形成，让世界共享"云南味道"。绿色食品认证数量居全国第 7 位，"云系"、"滇牌"农产品销往全国 150

---

① 《"中国这十年·云南"主题新闻发布会》，云南省人民政府网站，2022 年 7 月 21 日。

多个大中城市、110多个国家和地区，出口额连续多年居西部省区第1位。①

推动文旅产业绿色升级。一流生态资源加速转化为一流文旅产品，七彩云南成为人们向往的旅游目的地。大力发展生态绿色旅游，让旅游业发展与生态环境保护相得益彰，把生态绿色内涵更好注入"有一种叫云南的生活"，不断推动云南旅游绿色发展。

2. 推动节能降碳见成效

贯彻落实《中共中央　国务院关于完整准确全面贯彻新发展理念做好碳达峰碳中和工作的意见》和《2030年前碳达峰行动方案》，出台《云南省碳达峰实施方案》，加快建立健全绿色低碳循环发展经济体系，持续推动节能降碳，促进经济社会发展全面绿色转型。

持续深化工业节能。推进钢铁、有色金属、冶炼等17个高耗能行业节能降碳改造升级。大力发展循环经济，加快建立循环型工业、农业、服务业体系，推进废电器电子产品、报废汽车、废旧轮胎等可再生资源的回收，形成回收、加工、再利用的完整产业链。全面推进国家级、省级园区循环化改造，开展资源循环利用基地建设。

全面执行建筑节能强制性标准。城镇新建建筑在设计、施工阶段全面执行建筑节能强制性标准，节能标准执行率均达到100%。2023年8月发布《云南省城乡建设领域碳达峰实施方案》，通过推广适用的建筑节能低碳技术，提高建筑平均节能率，鼓励建设零碳建筑和近零能耗建筑。同时，扩大太阳能热水器、分布式光伏、空气源热泵等清洁能源设备在建筑领域应用。

---

① 《"中国这十年·云南"主题新闻发布会》，云南省人民政府网站，2022年7月21日。

绿色能源交通运输更为普遍。交通节能方面，以大宗货物"公转铁"、"公转水"为重点持续推进运输结构调整，提升综合运输能效。清洁能源与新能源车辆占比不断提升，加大充电基础设施建设，接入省级平台规范管理，基本建成与电动汽车拥有量相适应的充电设施体系。2021年，昆明市获"国家公交都市建设示范城市"称号，丽江市成功入选交通运输部"十四五"期间国家公交都市建设示范工程创建城市名单。

统筹推进节能减排十大重点工程。2022年出台《云南省"十四五"节能减排综合工作实施方案》，部署包括重点行业节能降碳提升工程、园区绿色低碳循环化改造工程、城镇绿色节能改造工程等在内的节能减排十大重点工程，[①]加快全省经济社会全面绿色低碳转型，助力实现碳达峰碳中和目标。

3.持续提升固碳增汇能力

森林碳汇持续增加。持续推进森林云南建设和国土绿化行动，加强森林资源管理，加强滇中、滇西北高原湖泊湿地区和滇东北高山沼泽化草甸区的湿地保护。2021年，全省林木植被碳储量达11.7亿吨，占全国林木植被碳储量的10.9%，居全国第1位。全省活立木蓄积量、森林面积、森林蓄积量、森林覆盖率分别居全国第1、2、3、4位。2022年成立云南省林草碳汇工作领导小组，建立林草碳汇专家库，成立云南省林草碳汇监测研究中心，建立云南省森林碳汇基础数据库和主要树种生物量模型，统筹推进林草碳汇工作。普洱市宁洱哈尼族彝族自治县入选

---

① 《云南部署节能减排十大重点工程　单位地区生产总值能源消耗5年要下降13%以上》，《中国环境报》2022年6月16日。

2022 年度全国林业碳汇试点市（县）。

农业减碳、生态系统碳汇能力不断提升。截至 2021 年底，全省农村户用沼气保有量 163.28 万户、沼气工程累计达到 1778 处，节能炉具 411.19 万台，太阳能热水器保有量 226.64 万台，面积达 645.84 万平方米。全省农作物秸秆综合利用率达到 90.38%。有效发挥森林、草原、湿地、土壤、冻土的固碳作用。

碳汇价值实现机制探索上新台阶。19 家发电行业重点排放单位纳入全国碳市场第一个履约周期。截至 2021 年底，履约完成率为 99.95%，高于全国平均水平，圆满完成中国（云南）自由贸易试验区"推动碳排放权交易资源储备"试点任务，稳步落实全国碳排放权交易市场建设任务。

4. 建立健全资源资产有偿使用制度和生态补偿制度

建立健全资源资产有偿使用制度。2017 年出台《云南省全民所有自然资源资产有偿使用制度改革实施方案》，要求自然资源开发利用必须符合规划用途管制或许可，必须履行保护和节约的法定义务，增强社会公众严格保护和合理利用资源的意识，防止资源无序无度利用，改变重开发轻保护倾向，促进保护和发展相统一；同时提出了扩大有偿使用范围、健全使用权权利体系、明确所有权主体、完善有偿使用规则、强化资源资产监管等具体措施，有利于解决所有权人不到位、有偿使用规则不健全等问题，防止国有自然资源资产低价和无偿使用，全面落实国家所有者权益。①

---

① 《解读〈云南省全民所有自然资源资产有偿使用制度改革实施方案〉》，云南省人民政府网站，2018 年 1 月 17 日。

加快健全生态补偿制度。以试点引领、跨省合作、全域推动为思路，云南省在跨省、跨州（市）、同州（市）县域间探索开展横向生态保护补偿机制建设，实现了重点攻坚和协同治理的良性互动。① 在国家有关部委指导协调下，2018 年，云南、贵州、四川三省政府联合签署《赤水河流域横向生态保护补偿协议》，三省每年共同出资 2 亿元，在长江流域建立跨多省生态补偿机制。2023 年，云南、贵州、四川三省政府签订第二轮赤水河流域跨省生态补偿协议，三省每年共同出资额增加至 3 亿元，补偿期限从 3 年延长至 5 年，水质考核标准从按年考核提高至按月考核。若云南省出省断面稳定达标，5 年将获得下游两省补偿资金 3 亿元，连同省本级出资 1.5 亿元，共 4.5 亿元用于赤水河

◎ 昭通境内的赤水河（柴峻峰/摄）

① 《云南：完善生态补偿　共护绿水青山》，《云南日报》2023 年 11 月 8 日。

流域保护治理。"十三五"期间，争取到生态转移支付资金 227.98 亿元，年均递增 20.3%。[①]

5. 创建绿色低碳生活

生态文明理念日益深入人心。成功创建国家生态文明建设示范区 20 个、国家"绿水青山就是金山银山"实践创新基地 9 个，建成省级生态文明州（市）和省级生态文明县（市、区）40 个，生态文明教育基地 78 个，为弘扬生态文化、传播生态文明理念打下坚实基础。

全方位提供绿色生活基础服务。把碳达峰碳中和作为生态文明教育的重要内容，纳入绿色低碳发展国民教育体系建设。深入推进节约型机关、绿色出行等重点行动。积极开展绿色消费宣传教育，在全社会大力倡导节俭、文明、适度、合理的消费理念。将勤俭节约、绿色低碳的理念融入义务教育、未成年人思想道德建设教学体系。把生态文明教育纳入素质教育之中，与文明城市、文明村镇、文明单位、文明家庭、文明校园创建等相结合，使每个公民都成为绿色消费、节约资源、保护环境的宣传者、实践者和推动者。

深入推进资源节约使用。推进工业、建筑、交通、公共机构等重点领域节能，开展重点用能单位"百千万"行动，落实全民节能行动计划，确保圆满完成国家下达的节能目标。认真落实节水型社会建设和最严格水资源管理制度要求，实施全民节水行动，开展农业节水增产、工业节水增效、城镇节水降损等专项行动。加强建设用地强度、总量管理，逐步减少新增建设用地占用耕地，加大盘活存量用地和补充耕地的力度，落实最严格的耕地保护制度和节约集约用地制度。

---

① 《全力筑牢国家西南生态安全屏障》，《云南日报》2022 年 9 月 28 日。

（五）扎实推进全域绿化美化

实施云南城乡绿化美化行动，是深入贯彻落实习近平生态文明思想、争当全国生态文明建设排头兵的具体行动，是云南落实国家碳达峰碳中和战略部署的重大举措，是美丽中国在云南建设的创新实践。云南坚持系统性谋划推进、高水平规划设计、扎实推进全域绿化美化，让云岭大地山更绿、水更清、天更蓝、景更美、人更富，不断夯实建成我国生态文明建设排头兵的基础。

1. 推进国土山川绿化行动和森林云南建设

开展国土山川绿化行动，聚焦重点生态屏障区、干热河谷、石漠化等重点区域，坚持大工程带动大绿化，大绿化带动大发展，统筹推进重点区域生态保护修复重大工程、天然林保护修复、退耕还林还草、石漠化综合治理、防护林建设、造林补贴、草原生态修复治理、陡坡地生态治理等林草生态修复工程，总结推广了"退建复""封围改""除引替"三种草原生态修复模式。退耕还林还草和陡坡地治理、公益林建设、石漠化综合治理林业建设及草原生态修复全面取得进展。

扎实推进森林云南建设，确立"森林云南"战略，围绕"兴林富民"的目标，以深化集体林权制度改革为动力，以建设完备的森林生态体系、发达的森林产业体系、繁荣的森林文化体系为重点，创新体制机制，强化科技支撑，加大政策支持，提升森林生态效益、经济效益和社会效益，为云南跨越式发展奠定了坚实基础。全省森林资源面积、蓄积呈现持续稳步增长态势，森林资源质量逐年提高，林业发展实现了生态建设与产业发展并重、生态改善与林农获益双赢的重大转变，森林生态服务功能逐步加强。全省森林面积3.18亿亩，森林蓄积21.44亿立方米，森林覆盖率55.25%，分别居全国第2、3、4位。[①] 森林云南建设为林区群众脱贫作出重要贡献，为推进西南生态安全屏障建设和成为我国生态文明建设排头兵奠定坚实基础。

2. 全面提速绿美云南建设

云南的绿化美化建设一直走在全国前列。2016年制定出台《云南省人民政府办公厅关于加快推进全省城乡绿化工作的实施意见》，大力增加绿色植被面积。2020—2021年印发《云南省美丽河湖建设林业和草原行动计划（2020—2023年)》、《云南省人民政府办公厅关于科学绿化的实施意见》和《云南省人民政府办公厅关于加强草原保护修复的实

◎ 弥勒县东风韵特色小镇（陈飞／摄）

---

① 《云南省全面深化改革·推动高质量发展系列新闻发布会·生态文明体制改革专场》，云南省人民政府网站，2024年7月15日。

施意见》，科学有效推动云南省国土绿化向生态修复转变，植树造林向护林育林转变，绿起来向美起来转变。"十三五"期间，命名36个"美丽县城"，授牌27个"特色小镇"，建成3条美丽公路。截至2022年底，创建国家园林城市（县城）34个、国家园林城镇3个，省级园林城市（县城）85个，国家森林城市6个、国家森林乡村235个。城市（县城）建成区绿地率39.08%，人均公园绿地面积达到13.57平方米。建成海绵城市391平方千米。

《云南省城乡绿化美化三年行动（2022—2024年）》明确提出，通过三年行动，实现城市"300米见绿，500米见园"，推进建设绿美乡镇300个，着力探索符合云南实际的城乡绿化美化建设路径和发展模式，全面提升城乡人居环境和人民生态福祉。重点推进包括绿美城镇、绿美社区、绿美乡村、绿美交通、绿美河湖、绿美校园、绿美园区、绿美景区的绿美建设。随着城乡颜值不断提升，美好愿景正在变为身边实景，一条条绿美高速蜿蜒向前，与地方生态、人文特色相亲相融，串起一座座宜居宜业的生态之城，一个个品位高端、内涵丰富、功能齐全的城市绿地、口袋公园，成为市民游客休闲运动的好去处，更是生活、社交的"城市客厅"。①

省第十一次党代会以来，绿美云南建设全面提速。完成营造林849万亩，新增绿化面积13.61万亩，择优评选出绿美城市20个、绿美社区200个、绿美乡镇100个、绿美村庄200个、绿美河湖513个。新增8个国家生态文明建设示范区和3个"绿水青山就是金山银山"实践创新基地。建成10个绿色低碳示范产业园区。绿电发电量占比接近90%，非化石能源占能源消费总量比重为47.3%，单位地区生产总值能

---

① 《有一种叫云南的生活，是绿水青山辉映蓝天!》，云南网，2023年8月4日。

耗累计降低率达到国家考核时序进度。积极探索符合云南实际的城乡绿化美化建设路径和发展模式，使生态美、环境美、城市美、乡村美、山水美、人文美成为普遍形态。

3.创新推动林业改革

推行林权制度改革。在国家出台生态红线区划规范和标准的基础上，在制定生态红线保护管理办法和措施中，将林地生态空间保护和恢复任务落实到山头地块，完善全省林地"一张图"。实行严格的林地定额管理、林地用途管制、林地林木权属登记制度，定期开展全省林地清理整治行动，防止林地非法流失，确保林地保护的数量和质量水平。启动以"明晰产权、确权到户"为主要内容的集体林权制度改革。

积极推进配套服务改革。大力推进集体林权制度、森林和湿地资源管理、林业分类经营、林业政策性保险、国有林场等各项改革，创新林木权证登记管理、林地使用管理、林业社会化服务体系建设，林业发展活力进一步增强。制定出台建设"森林云南"、林地林木流转、森林资源资产评估、推进林农专业合作社等政策文件，建立林权管理信息系统，成立云南产权交易所有限公司林权交易中心，中国林业大数据中心和林权交易（收储）中心落户云南，为云南林业相关的权益交易提供了一个统一的、公开的、规范的市场化交易服务平台。加快林权流转、林权档案管理等地方立法工作，形成比较完备的林权管理法规体系。建成覆盖全省的林权管理和林权服务信息网络，制定出台林地流转、森林资源资产评估、林业投融资、林木采伐管理等 30 个推进配套改革文件。创造性开展林木权证登记颁证工作。建设基于移动互联网的"林业惠农云服务体系"，成立林权社会化服务公司，成立森林资源资产评估协会，林权社会化服务体系日趋完善。

全面推行林长制。印发《关于全面推行林长制的实施意见》，由省委书记和省长担任省总林长，建成从省到村五级林长体系，建立健全会议、林长巡林、部门协作、信息工作、督察、考评、激励等制度，全面构建党政同责、属地负责、部门协同、源头治理、全域覆盖的森林草原资源保护发展长效机制。林长制的全面推行，进一步压实了各级党委和政府保护发展森林草原资源的主体责任和主导作用，全省形成齐抓共管的强大合力，实现"山有人管、林有人造、树有人护、责有人担"的良好局面。

4. 开展爱国卫生"7个专项行动"

制定实施云南省推进爱国卫生"7个专项行动"方案，立足改善人居环境的迫切需要，关注人民健康和需求，着力提升人民群众的获得感、幸福感、安全感。通过裸露垃圾全消除、公共厕所全达标、洗手设施全配套、公共场所清洁消毒全覆盖、餐饮服务环境卫生全改善、农贸市场环境卫生全提升、健康文明生活方式全参与等7个专项行动，具体从环境卫生、公共卫生、食品卫生、人的卫生4个方面入手，不断适应和满足城市品质提升、美丽县城（乡村）创建、健康云南建设以及人民群众对健康文明生活方式的新期待、新要求，着力补齐公共环境卫生短板，实现了129个县（市、区）全部达到国家卫生城市（县城）标准的总目标，实现从环境卫生治理向社会健康管理转变，为维护人民健康提供有力保障。

5. 开展农村人居环境整治

印发《云南省进一步提升城乡人居环境五年行动计划（2016—2020年）》和《云南省农村人居环境整治村庄清洁行动实施方案》，实施新一轮城乡人居环境提升行动，以建设"七彩云南、宜居胜境、美丽家园"

为主题，以城乡规划为引领，以提升居民生活品质为核心，实行"七改三清"行动，改善提升城乡环境质量、承载功能、居住条件和特色风貌，深化农村环境整治。坚持从农村"厕所革命"、农村环境连片整治、农村饮用水安全、农业农村面源污染防治等方面着手，重点治理农村饮用水水源地污染、生活污水和垃圾污染、畜禽养殖污染等方面的突出环境问题。乡村绿化全面提升，污水治理逐步完善，村容村貌明显改善，群众良好生活习惯逐渐养成。广大农村的美丽建设发展，为绿美云南建设打底色、添亮色。①

（六）健全完善生态文明建设制度保障体系

制度建设是生态文明排头兵建设的坚实支撑。云南印发《关于努力成为生态文明建设排头兵的实施意见》等文件，同时推动主体功能区制度逐步健全，纳入国家重点生态功能区转移支付重点补助的县(市、区)增加到 46 个，累计完成 160 余项生态文明体制改革任务，构建起生态文明制度建设的"四梁八柱"。

1. 落实生态环境保护责任清单

从加快发展方式绿色转型、深入推进环境污染防治、提升生态系统多样性稳定性持续性、积极稳妥推进碳达峰碳中和、健全生态文明制度体系 5 个方面，制定了 21 条清单化措施。② 制定责任分明的任务分工，

---

① 《评定 1647 个美丽村庄　云南美丽宜居乡村建设成效显著》，云南网，2021 年 5 月 24 日。
② 《云南省生态文明建设排头兵工作领导小组办公室（省发展改革委）印发云南省推动成为生态文明建设排头兵 2023 年 21 条措施任务清单》，云南省发展和改革委员会网站，2023 年 5 月 8 日。

明确定期调度方式，调动省直有关单位齐抓共管、凝心聚力，建设人与自然和谐共生的绿美云南。强化生态环境保护考核，将生态文明建设纳入省管领导班子和领导干部年度考核内容，在县（市、区）党委书记工作实绩量化考核指标中增加县域生态环境质量考核结果所占权重，实行生态环保"一票否决制"。实行生态环境损害责任终身追究制，出台党政主要领导干部自然资源资产离任审计评价办法，构建自然资源资产离任审计空间大数据分析业务平台。

2. 健全省级生态环境保护督察制

贯彻落实中央生态环境保护督察制度，贯彻落实党中央、国务院关于环境保护督察的重要决策部署，配合做好中央环境保护督察组对云南开展的环境保护督察相关工作。不断健全省级生态环境保护督察体制机制，严格落实《云南省生态环境保护督察实施办法》，持续开展例行督察、专项督察和日常督察，适时开展督察"回头看"，落实生态环境保护"党政同责、一岗双责"。

3. 完善生态环境保护法规体系和执法司法制度

严格执行环境保护法，不断加大环境保护法的宣传和执法力度，完善生态环境保护法规体系和执法司法制度，加强环境监管执法，创新监管执法手段，采取"联合执法＋同步整改＋精准服务＋环保普法"模式，组织对各州（市）开展生态环境联合执法检查，对生态环境违法犯罪行为严惩重罚。加大环境治理和生态保护力度，完善生态环境监管体系，形成法律、法规和政策、行政规范集中统一、协调配合的环境监管法治新局面。

加快推进《云南省生态环境保护条例》制定工作，建立健全符合省情的地方性环境保护法规和标准体系。构建网格化环境监管体系，实现对监管区域和对象全覆盖。完善跨行政区域环境执法合作机制和部门联动执法机制，在敏感地区、重点行业、关键领域实施环境联合监督检查，对重大环境污染和生态破坏案件实施联合调查。加强环境行政执法与刑事司法衔接，落实生态环境保护领域民事、行政公益诉讼制度，加大对生态环境违法犯罪行为的制裁和惩处力度。

4. 建设"智慧环保"，提升生态环境监管执法效能

加快构建"智慧环保"体系，打造推动高质量发展"生态引擎"，用大数据守护绿水青山，开启"智慧环保"新时代。多措并举加快构建"智慧环保"体系，提高全省生态环境信息化建设水平和能力，实现生态环境保护决策科学化、监管精准化、服务便民化，助力政府治理体系和治理能力现代化。紧紧围绕九大高原湖泊生态环境监管、生态环境大数据建设和科技支撑需求，积极推进"智慧湖泊"建设，将先进科学技术手段与湖泊流域综合治理管控目标有机结合，建设完善高原湖泊生态环境智慧监管平台和实现各级各类信息数据互联共享和综合分析决策。① 构建了林长通系统管理平台，实现对森林资源消长变化的动态监测，和对林长巡林、保护发展林草资源任务管理、督察考核的数字化管理，以及对护林员巡山护林轨迹的实时监控记录，森林草原资源管理方式、巡山护林正在向智慧化、数字化管理转变，林草智慧化管理能力和水平得到明显提升。② 以数字赋能、科技创新助力生态文明建设，德宏傣族景颇族自治州瑞丽市建设环境总体规划信息管理平台、大理州建设

---

① 《智慧环保守护绿水青山　云南省生态环境数字化信息建设稳步推进》，云南网，2023年6月21日。

② 《云南省全面推行林长制新闻发布会》，云南省林业和草原局网站，2021年11月10日。

"智慧洱海"、玉溪市建设"智慧三湖"……放眼全省，各地深入探索，全面发力构建云南"智慧"生态，推动云南生态环境精准治污迈入 2.0 时代。①

不断提升生态环境监管执法效能，充分发挥已建成投运"智慧环保"项目作用，为增强全省生态环境监管工作的实效提供重要支撑。推进生态环境决策、监管智能算法和业务模型研发，深化生态环境大数据创新应用，加强智慧环境业务系统平台开发。依托云南"智慧环保"大数据建设工程，加快推进移动执法系统"智慧执法"信息化建设，实现现场执法可视化、处罚审批电子化和处罚标准智能化。通过不断提升生态环境执法智能化、信息化水平，坚持精准、科学、依法治污，持续加大智慧监管能力建设，构建可视可溯可靠的智慧监管模式，有效提升了生态环境精准执法效能。

5. 建立完善现代化生态环境监测体系

建成覆盖全省国土空间，布局合理、功能完善的生态环境智慧感知监测网络，推进全省各级各类生态环境监测信息互联共享。优化调整省级环境质量监测站点设置和指标项目，鼓励各州（市）依据本辖区特点设置州（市）级环境质量监测网络。"天地空一体"生态环境监测网络初步建成，实现对全省生态环境质量、重点污染源和生态环境状况监测的全覆盖。构建了一支以省生态环境监测中心为核心、省生态环境厅驻 16 个州（市）生态环境监测站为骨架、129 个县级监测站为支撑的监测队伍。开始利用卫星遥感和无人机遥感监测等最新自然生态监测技术手

---

① 《智慧环保守护绿水青山　云南省生态环境数字化信息化建设稳步推进》，云南网，2023年6月21日。

段，对自然保护区、重点环境敏感区域自然植被的变化及开发利用和破坏情况进行监控，有效解决大尺度、大范围，人工无法实地勘测自然生态监测问题，并将这一技术手段和成果应用于全省县域生态环境质量监测评价与考核。对九大高原湖泊中的滇池、洱海开展蓝藻卫星遥感监测，为研判蓝藻的暴发和水质变化实时提供技术保障。随着全省生态环境监测能力建设的推进，构建起政府主导、部门协同、企业履责、社会参与、公众监督的"大监测"格局，为全面强化生态环境质量持续改善和推动减污降碳协同增效提供支持。①

　　中国式现代化是人与自然和谐共生的现代化。生态环境是云南的宝贵财富，是云南加快发展、后来居上的坚实基础，抓生态环境就是抓云南的永续发展、就是抓子孙后代的民生福祉。云南将深入贯彻习近平生态文明思想，完整、准确、全面贯彻新发展理念，按照全省生态环境保护大会部署，围绕"保护为先、治污为重、扩绿为基、转型为要、发展为本"的思路，持续打好蓝天、碧水、净土攻坚战，抓实九大高原湖泊保护治理、补齐"两污"治理短板、生态产品价值转化、发展现代林业、生物资源保护与利用、壮大绿色产业、倡导绿色生活方式、防范化解重大生态安全风险等八件事，坚决筑牢长江上游生态安全屏障，统筹推进生态系统保护修复，深入推进绿色低碳发展，坚定不移走生态绿色高质量发展之路，为实现"3815"战略发展目标筑牢生态根基，让绿色发展成为"有一种叫云南的生活"的重要内涵，让生态高颜值与发展高质量齐头并进，奏响"彩云之南"绿色生态、美丽乡愁、诗和远方的动人乐章。

---

① 《云南省着力构建"天地空一体"智慧环境监测体系——大数据守护云岭绿水青山》,《云南日报》2022 年 10 月 20 日。

五、做好内外统筹、双向开放大文章，面向南亚东南亚辐射中心建设开创新局面

开放是人类文明进步的重要动力，是世界繁荣发展的必由之路，也是当代中国的鲜明标识。习近平总书记考察云南时指出，"云南是我国面向南亚东南亚和环印度洋地区开放的大通道和桥头堡"，要求云南"努力成为我国面向南亚东南亚辐射中心"并"不断取得新进展"。①云南深入贯彻落实习近平总书记考察云南重要讲话和重要指示批示精神，以辐射中心建设统揽对外开放工作，主动服务和融入共建"一带一路"，持续加强与周边国家和地区的政策沟通、设施联通、贸易畅通、资金融通、民心相通，建机制、强合作，搭平台、促开放，面向南亚东南亚辐射中心建设取得了显著成效，正成为强大国内市场与南亚东南亚市场之间的战略纽带、"大循环、双循环"的重要支撑，在推动我国与南亚东南亚国家构建周边命运共同体中的主体省份地位进一步凸显。

---

① 《加快建设我国面向南亚东南亚辐射中心》，云南网，2024 年 1 月 19 日。

（一）积极加强政策沟通

凝聚共识，共谱"协奏曲"；深化互信，奏响"大合唱"。云南聚焦政策沟通这一共建"一带一路"的重要保障，主动与周边国家增进互信、凝聚共识，携手提升规则标准等"软联通"水平，不断健全完善开放、透明、有效的政策沟通体系，宽领域覆盖、多层次参与、全方位推进的开放合作机制建设迈出新步伐，地区合作全面加强，面向南亚东南亚辐射中心的大门开得越来越大。

1. 政策支撑体系逐步健全

组织领导坚强有力。成立由省委、省政府主要领导担任组长的云南省推进"一带一路"建设工作、建设面向南亚东南亚辐射中心、组织实施昆明市托管西双版纳州磨憨镇工作等领导小组，统筹推进以南亚东南亚为重点方向的对外开放工作。研究制定《中共云南省委 云南省人民政府关于加快建设我国面向南亚东南亚辐射中心的实施意见》，确定了建设面向南亚东南亚辐射中心的科学内涵和目标任务，将打造区域性经济贸易中心、科技创新中心、金融服务中心、人文交流中心作为四项核心任务。出台《云南省建设我国面向南亚东南亚辐射中心规划（2016—2020 年）》、《云南省建设面向南亚东南亚经济贸易中心实施方案》、《建设面向南亚东南亚科技创新中心专项规划》、《关于建设面向南亚东南亚金融服务中心的实施意见》、《云南建设面向南亚东南亚人文交流中心规划（2016—2020 年）》等系列规划和政策文件，搭建起推动辐射中心建设的"四梁八柱"，构建起高位推动、上下协同的政策体系。

开放体系全面构建。紧紧抓住国家推动新一轮高水平对外开放新机遇，以服务和融入"一带一路"建设为重点，在更高起点、更高层次、更高目标上全面深化对外开放。2019 年出台《中共云南省委　云南省人民政府关于新时代扩大和深化对外开放的若干意见》，大力实施开放强省战略，突出开放强省鲜明导向。2022 年 11 月《国务院关于支持云南加快建设我国面向南亚东南亚辐射中心的意见》印发后，及时研究制定贯彻落实的实施意见，并出台《云南省推进对外贸易高质量发展三年行动（2022—2024 年)》《昆明市主动对接 RCEP 促进开放平台发展提升对外开放水平三年行动方案》《中国老挝磨憨—磨丁经济合作区中方区域招商引资优惠政策》等文件，逐步健全相关领域的法规、政策和服务体系，着力加强与南亚东南亚国家的政策、规则、标准联通，推进由商品和要素流动型开放向规则等制度型开放转变。

政策措施落地见效。对标对表党的二十大和二十届二中、三中全会精神、习近平总书记考察云南重要讲话和重要指示批示精神，准确把握辐射中心建设蕴含的使命任务、政策措施、工作要求，加强工作调度、督查、考评，全面推动各项目标任务落实到位。加强衔接协调，积极争取支持，突出重点任务，动态优化支持政策，加快谋划实施一批重大项目，持续推动市场主体"多、活、大、强"，充分释放政策红利、激活发展动力。重点围绕跨境农业种植领域合作、农业畜牧业渔业领域合作、综合交通枢纽体系建设、能源合作、旅游合作、打造区域跨境物流中心、境外园区建设促进国际产能合作、有序发展边民互市贸易、提升跨境贸易便利化水平、经济合作区创新发展、跨境人民币业务创新发展、重大项目金融支持力度、科教文化医疗卫生跨境合作、主动参与对周边国家援助工作、提升服务国家周边外交能力等 15 个方面，制定加快推进面向南亚东南亚辐射中心建设的 15 个实施方案，持续推动辐射中心建设各方面任务目标的落地见效，有力提升经济影响力、创新带动力、人文亲和力和文化软实力。

2. 政策对接机制不断完善

搭建多边双边合作机制重点突出。全力配合国家推动中国—中南半岛、孟中印缅、中缅、中老、中老泰等经济走廊建设，携手各方推动澜沧江—湄公河合作和大湄公河次区域经济合作开创新局，积极推动滇老泰合作试验区建设工作，不断完善与越北、老北、泰北等合作机制。截至 2023 年 10 月，已与 9 个国家建立了 12 个多边双边合作机制[①]，主动服务和融入国家发展战略的格局已经形成，在共建"一带一路"框架下与南亚东南亚各国的交流合作在更广泛领域开展。

加强友城友村机制建设亮点频现。遵循"态度积极、步骤稳妥、友好当先、注重实效"的工作方针，确保国际友好城市工作始终健康蓬勃发展。截至 2023 年底，与 37 个国家缔结国际友好城市 107 对，其中与共建"一带一路"国家友城总数达 71 对，较 2012 年底增加 41 对；与南亚东南亚国家缔结国际友城数量达 50 对，居全国首位。[②] 在边境县（市）开创了边境友好村寨合作新模式，与老挝、缅甸、越南 30 个边境村寨结好，持续在周边国家开展"小小留学生——友谊小使者"、技术培训等一批暖人心民生项目，积极营造友好和谐氛围。创新打造"心联通 云南行"工程，在南亚东南亚及环印度洋地区的 17 个国家实施"小而美"民生项目 89 个，惠及 48 个境外社区、村寨和 153 所大、中、小

---

① 《云南省参与共建"一带一路"倡议十周年新闻发布会》，云南省人民政府网站，2023年 10 月 26 日。
② 《云南省参与共建"一带一路"倡议十周年新闻发布会》，云南省人民政府网站，2023年 10 月 26 日。

◎ 德宏州瑞丽市银井边防小学中缅两国学生（陈飞／摄）

学，直接或间接受益人群达 260 多万，受到周边国家高层及民众的高度评价和广泛赞誉。①

建立毗邻地区协同开放发展机制思路明确。贯彻落实《中共中央　国务院关于新时代推进西部大开发形成新格局的指导意见》，制定出台《关于服务构建新发展格局推动边（跨）境经济合作区高质量发展的实施方案》等政策文件。对内，加快与长三角、京津冀、粤港澳大湾区、成渝地区双城经济圈的发展对接、深化合作，鼓励引导国内外大型企业在云南布局资源供应和商品生产、流通产业链基地，推动生产要素集聚云南之势加快形成。对外，主动参与中国—东盟自由贸易区以及中国—中南半岛、孟中印缅、中缅、中老等经济走廊建设，与周边国家跨

---

① 《云南省参与共建"一带一路"倡议十周年新闻发布会》，云南省人民政府网站，2023年 10 月 26 日。

区域共建国际产能合作区、跨境经济合作区，促进自由贸易试验区、经济技术开发区、综合保税区、跨境经济合作区"四区"联动发展，深化多领域合作，促进经济循环流转和产业关联畅通。

着力构筑双向开放发展新格局成效明显。坚持"引进来"和"走出去"并重、进出口相融合，统筹国内国际两个市场、两种资源，着力开拓多元化市场，优化投资环境，培育发展新动能，巩固与南亚东南亚国家合作，积极开拓日韩、欧洲、中东、南美和非洲新兴市场，加快布局建设"海外仓"和转口基地，推进电力、能源、通信等大项目合作，想方设法吸引外资，开放型经济体制机制基本形成，对内对外双向开放的崭新发展格局加快构筑。

3.政策沟通实效日益显现

落实中央领导出访涉云南事项步履坚实。在党和国家领导人多次出访南亚东南亚国家，谋划部署并引领推动中国与南亚东南亚国家交流合作的背景下，聚焦习近平总书记等党和国家领导人出访周边国家涉云南事项的落地落实，充分发挥地方主动性和积极性，成立由省委、省政府主要领导担任组长的习近平总书记访缅成果涉及云南事项等系列工作领导小组，促成云南省与缅甸仰光省建立友好省关系列入习近平总书记访缅成果清单，云南省与乌兹别克斯坦布哈拉州、昆明市与布拉哈市建立友好城市关系列入习近平总书记访乌成果清单，省政府与越南工贸部、省人大常委会与老北四省人民议会签署合作备忘录纳入中越、中老两党最高领导人会晤成果并写入联合声明，云南助力构建周边命运共同体迈出新步伐。

畅通地方政府间政策对话渠道取得突破。全力配合外交部、中联部在滇完成面向南亚东南亚的重大外事活动，认真做好周边国家领导人访滇接待工作，统筹谋划省领导对周边国家开展友好访问，实现省委、省政府主要领导对湄公河国家访问全覆盖，足迹遍布南亚东南亚 10 余个国家，并拓展到阿曼等环印度洋国家。设立澜湄联络机构——澜湄合作中国秘书处云南联络办公室，为澜湄合作机制从"培育期"迈向"成长期"发挥了重要作用。

发挥国际交流合作平台作用成效显著。成功举办 COP15 第一阶段会议，连续举办七届中国—南亚博览会、四届中国—南亚合作论坛、两届中国—印度洋地区发展合作论坛等近百场多双边交流活动，各类展会论坛的国际化、专业化水平不断提升，扩大了国际"朋友圈"，增添了开放新动能。第 7 届南博会吸引了来自 85 个国家、地区和国际组织的代表嘉宾，线上线下超 3 万家展商参会、参展，共达成签约项目 483 个。其中，签约投资项目 342 个、投资额 4126.54 亿元人民币，同比增长 2.2%；签约商贸合同 141 个、金额 105.11 亿美元，同比增长 3.9%。[①]

对外开放营商环境稳步提升。深入推进改革和营商环境提升"十大行动"，着力破解吸引外资的"盲点"、"痛点"、"难点"，制定实施更具操作性和竞争力的招商引资政策，在财税、金融、人才、土地等方面不断完善配套措施，量身定制各项支持政策，大幅降低制度性交易成本，全省吸引资本的磁力更为强大，2023 年省外产业招商到位资金增长 16%，实际利用外资增长 20.7%。[②] 强力推进政务服务事项标准化、清单化，"一部手机办事通"助力"办事不求人、审批不见面、最多跑一次"，营商环境市场化、法治化、国际化程度不断提升，跨境贸易便利化水平和外贸发展的承载能力大为增强。

---

① 《第 7 届中国—南亚博览会暨第 27 届中国昆明进出口商品交易会新闻发布会》，云南网，2023 年 8 月 20 日。

② 《云南省人民政府工作报告（2024 年）》，云南省人民政府网站，2024 年 1 月 29 日。

（二）加快推进设施联通

交汇东西，筑梦丝路；联通南北，大道同行。云南聚焦设施联通这一共建"一带一路"的优先领域，着力推动与南亚东南亚国家基础设施互联互通，综合交通、能源、数字、通信、物流枢纽加快建设，面向南亚东南亚和环印度洋大通道建设取得突破性进展，有效支撑云南发展、更好服务国家战略的综合基础设施体系初步形成，面向南亚东南亚的交通基础设施"硬联通"水平不断提升。

1. 高速公路联通周边

出境公路通道持续拓展。在五条出境公路通道中，中越、中老泰、中缅瑞丽、中缅印通道均已实现云南境内段全程高速化，中缅清水河通道正在加快建设，与上述出境通道相互衔接的主要出省高速公路已实现云南段全部贯通。在境外段，鼓励云南企业"走出去"，积极参与共建"一带一路"国家交通基础设施建设，持续推进通道枢纽节点建设，中越通道的越南老街至海防已实现全程高速，中老高速万象—万荣段已建成通车。

多个路段赢得国际赞誉。在中越公路上，依托河口口岸跨境建设中越红河公路大桥和中越南溪河公路大桥，是中越"两廊一圈"重要交通枢纽，为沿线地区乃至整个大湄公河次区域经济的全面可持续发展提供了有力服务，成为连接两国人民的"民心桥"、"幸福桥"、"友谊桥"。在中老泰方向，昆曼公路是中国的第一条国际高速公路，被誉为"亚洲公路网中最激动人心的一个路段"，全长 1880 公里，一路上风光旖旎，串起了中国、老挝和泰国的贸易繁荣和民间往来。

2. 钢铁丝路跨越山海

铁路运维管理延伸到国外。云南铁路运维管理延伸到国外，货物运输覆盖缅、老、越、泰等 12 个共建"一带一路"国家，实现了由全国铁路网的末梢逐步向前沿枢纽的历史性转变。中老铁路建成通车，在中国和东盟间构建起一条内外联动、便捷高效的国际物流大通道。中越铁路境内段已建成并实现了全线准轨电气化，境外段正在积极推进前期工作。中缅铁路清水河通道的大理—临沧铁路、瑞丽通道的大理—保山铁路均已建成通车，境外段的筹建工作也在加快进行。

中老铁路"黄金线路"效应持续释放。抢抓中老铁路开通重大机遇，研究制定《贯彻落实习近平总书记重要讲话精神维护好运营好中老铁路开发好建设好中老铁路沿线三年行动计划（2022—2024 年）》，实施通道能力提升、物流枢纽建设、沿线产业开发、经营主体培育"四大行动"，着力将中老铁路打造成为旅游和货运的"黄金线路"。通车运营以来，中老铁路发展远超预期，累计发送旅客超 2500 万人次、运输货物超 3000 万吨，运输范围覆盖全国 31 个省（自治区、直辖市）、12 个共建"一带一路"国家，成为我国联通中南半岛及环印度洋地区的铁路大动脉。①

3. 空中航线辐射南亚、东南亚

以南亚东南亚为重点的广覆盖航空网已经建成。自共建"一带一路"倡议提出以来，云南省国内外通航城市最多达 185 个、航线最多 666 条，已开通国际和地区航线最多时达 93 条，通航城市最多时达 57 个。其

---

① 《云南省人民政府工作报告（2024 年）》，云南省人民政府网站，2024 年 1 月 29 日。

中，开通至南亚东南亚国家客货运航线最多时达 75 条，通航城市最多时达 43 个，数量稳居全国第一位，初步形成了内联各省、外联各大洲、辐射南亚东南亚的便捷"空中走廊"。[①]2023 年 10 月 16 日，由云南三家国有企业合资投建的柬埔寨暹粒吴哥国际机场正式通航，标志着云南以投资—建设—运营模式在境外参与高质量共建"一带一路"取得了新突破。

昆明长水机场的国际航空枢纽地位进一步凸显。省会昆明是继北京、上海、广州、深圳、厦门之后全国第六个拥有全天候通关保障航空口岸的城市，也是继北京、上海、广州之后全国第四个拥有开展"通程航班"业务国际机场的城市。昆明长水国际机场作为我国开通南亚东南亚航线最多的机场之一，实现了南亚东南亚国家首都和重点旅游城市客运全覆盖。近年来，昆明长水国际机场改扩建工程进入全面建设阶段。截至 2023 年 10 月底，T1 航站楼值机区域已改造升级完毕，S1 卫星厅正式启用，T2 航站楼及附属工程、GTC 配套工程、东货运区工程、飞机维修基地一期工程等八个工程已开工建设。

4. 水运延伸通江达海

水运通道延伸拓展。在三条出境水运通道中，澜沧江—湄公河航运通道已通航多年，中缅伊洛瓦底江陆水联运通道、中越红河航运通道正在研究。与此同时，金沙江—长江出省通道实现贯通，右江百色水利枢纽通航设施开工建设，水富港、东川港、富宁港建设蹄疾步稳，内外畅联的水运网加快形成。

---

① 《"云南这十年"系列新闻发布会·综合交通运输专场发布会》，云南省人民政府网站，2022 年 8 月 30 日。

◎ 2019 年 3 月 29 日，昭通水富港跃升为千万吨级枢纽港口（吕文 / 摄）

水陆联运取得突破。2021 年 8 月 25 日，"中国云南—缅甸仰光—印度洋集装箱海公铁联运新通道"试通首发，实现集装箱运输"零"的突破，极大助力了中老缅泰四国的互利共赢发展。此后，这条由云南临沧清水河口岸出入境的中缅印度洋新通道陆续开通"成都—临沧—仰光—印度洋"、"重庆—临沧—缅甸"、"德阳—临沧—缅甸"等多条海公铁联运国际线路，实现了清水河口岸到仰光港、到成都均 72 小时左右到达的物流布局形态，海公铁联运常态化规模化已见成效。

5. 物流运输提速升级

持续开拓国际运输线路。积极争取国家更大力度支持，加快推动国际大通道实现互联互通，完善沿边综合交通运输体系，以大通道引领大开放，持续提高辐射能力。截至 2023 年 8 月，累计开通 29 条国际道路客货运输线路，国际道路运输合作范围拓展到越南 6 省和老挝 10 省。

中老冷链专列等国际班列逐步由常态化转为规模化运营,"沪滇·澜湄线"、"澜湄蓉渝欧快线"、"中欧＋澜湄线"等国际货运班列创新开行,重庆—瑞丽—缅甸、缅甸—保山—成都等公铁联运班列相继开行,实现了中老班列、中欧班列的对接合作,初步形成了贯通欧亚、联系两洋的态势。中缅新通道海公铁联运有序推进,已累计运输 20 批次,货运量超过 2 万吨,极大地优化了我国内陆地区出海的国际物流模式和路线。与老挝和越南签订汽车运输协定,加入《大湄公河次区域便利货物及人员跨境运输协定》,为符合条件的国际道路运输企业发放了大湄公河次区域(GMS)行车许可证和海关暂准入境单证(TAD)。中老铁路多式联运"一单制"与国际铁路联运提单融资探索两项改革创新模式成功实践,面向南亚东南亚和环印度洋地区陆海国际物流大通道正在形成。

大力加强物流枢纽建设。实施生产性物流"补短板"补助政策,推动多式联运示范工程建设,促进运输模式优化,加快推进国际物流联运建设,着力增强国际物流的枢纽聚集能力。截至 2023 年 10 月,已建成 1 个省级跨境电商公共服务平台和 10 个线下跨境电商监管场所(园区),并开通 9610、1210、8639 等监管模式的全部业务。[①] 加快昆明铁路集装箱中心站(王家营西站)区域性国际货运班列集结中心、西双版纳陆上边境口岸型国家物流枢纽等沿线物流枢纽建设,力争到 2025 年建成"113 快货物流圈",实现国内 1 天送达、南亚东南亚国家 1 天送达、全球主要城市 3 天送达。与此同时,持续支持企业"走出去"到老挝、泰国、缅甸、越南等周边国家和地区设立境外物流公司和开设海外仓,

---

① 《云南省参与共建"一带一路"倡议十周年新闻发布会》,云南省人民政府网站,2023 年 10 月 26 日。

衔接内外的跨区域物流网基本建立，国内国际双循环物流支撑体系正在形成。

6. 能源联网织密织牢

中缅油气管道投产运营。自 2013 年 10 月和 2017 年 5 月相继投产以来，中缅天然气管道和原油管道已累计安全输送天然气 417 亿标方、原油 6739 万吨，作为我国第四大能源战略通道，中缅油气管道不仅实现了气化西南和华南地区，有效保障了我国西南的能源安全，也为缅甸的能源基础设施建设和社会民生改善带去了实惠。

跨境电力联网通道不断拓展。通过有序开展跨境电力贸易、稳步推动高电压等级电力互联互通工程规划建设、全力以赴为中老铁路提供安全可靠电力保障等举措，已建成 11 条跨境电力联网通道，通过 14 回 110 千伏及以上线路，与越南、老挝、缅甸实现了局部电力联网，形成了"有进有出"的双向电力贸易格局，有力推动了能源装备、技术、标准"走出去"，有效缓解了当地电力紧缺，促进了当地民生改善和经济社会发展，为澜湄区域低碳转型发展作出了卓越贡献。[①]

7. 通信枢纽基础夯实

三大基础电信企业国际局齐聚昆明。继北京、上海、广州之后，省会昆明成为全国第四个拥有三大基础电信企业国际通信出入口局的城市。中国电信承载了一部分省内至老挝、缅甸的国际语音业务，已开通国际数据专线业务，中国移动和中国联通在昆明增设了区域性国际通信业务出入口。随着国际通信互联互通状况的显著改善，南博会突破空间

---

① 《以电为纽带　串起睦邻情》，《中国能源报》2023 年 10 月 16 日。

限制，成功打造南博会数字化平台和举办"永不落幕的南博会"，推动了共享市场、合作共赢、共同繁荣。

区域性国际通信服务业务稳步发展。面向南亚东南亚的国际通信枢纽建设取得积极进展，陆续建成 13 条连接老挝、缅甸运营商的跨境传输光缆，建设完成昆明国际互联网数据专用通道，助力中老、中缅实现了网络设施互联互通。大力提升特定区域国际通信网络性能，国际传输带宽达 1.03Tbps，国际通信服务覆盖泰国、老挝、缅甸、越南、柬埔寨、印度、斯里兰卡、孟加拉国等我国八个周边国家，为跨境的个人、"走出去"的企业提供语音、数据、国际互联网业务。

（三）大力推动贸易畅通

经贸合作连万里，铺就繁荣高速路。云南聚焦贸易畅通这一高质量共建"一带一路"的重点内容，统筹利用国内国际两个市场、两种资源，以开放型经济为引领，全面深化开放型经济体制改革，积极参与和推动共建"一带一路"高质量发展，在自身发展的同时坚持开放共赢，开放型经济发展的质量和层次明显提升。

1. 开放型经济新体制加快构建

多层级开放平台体系初步形成。以开放的姿态融入全球经济舞台，加快构建包含自贸试验区、经开区、边（跨）境经济合作区、综保区和口岸在内的多层次开放平台体系。以中国（云南）自由贸易试验区为引领，昆明、曲靖、蒙自、大理、嵩明杨林五个国家级经济技术开发区为带动，中老磨憨—磨丁经济合作区一个跨境经济合作区为重点，昆明、红河两个综合保税区，瑞丽、畹町、河口、临沧、麻栗坡、孟连六个边

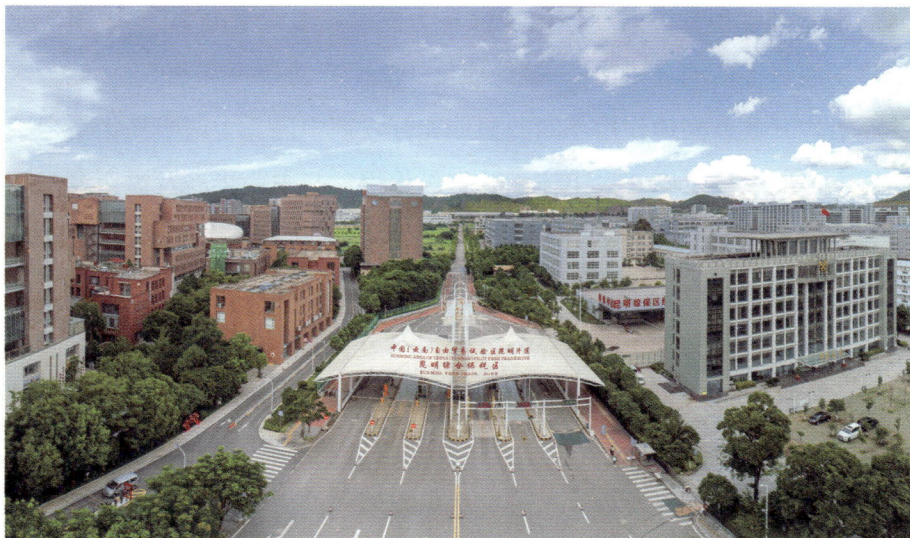

◎ 中国（云南）自由贸易试验区昆明片区（冯俊凯／摄）

境经济合作区以及姐告边境贸易区为支撑，各类功能经济区串点成链、积厚成势。尤其是中国（云南）自由贸易试验区挂牌以来，昆明、红河、德宏三个片区功能明确、各有侧重、各具特色、各展所长，使开放的呼应性、互补性更为凸显。

功能经济区能级水平全面提升。在遍及全省的 89 个省级及以上开发区落地实施《云南省开发区振兴三年行动（2023—2025 年）》，通过加大中国（云南）自由贸易试验区建设力度，以及高水平建设边（跨）境经济、跨境贸易、跨境产能、跨境物流合作区等具体举措，创新开发区体制机制，建设一流的营商环境，以全产业链打造特色产业集群，着力吸引境内外产业链关键环节、关键企业来滇发展。昆明、曲靖承接产业转移园区和磨憨、瑞丽、河口沿边产业园区建设加快推进，沪滇临港昆明科技城建成开园，各类开发区的能级和水平全面提升，日益成为区域发展的增长极和改革创新的先行区，为推进由商品和要素流动型开放向规则等制度型开放转变提供了强有力支撑。组织举办 2023 中国产业转移发展对接活动（云南），签约项目 382 个、协议投资 3966 亿元。

沿边开放新高地作用不断凸显。充分发挥中国—中南半岛经济走廊和孟中印缅经济走廊建设主体承载省份作用，与中南半岛及孟印缅三国毗邻地区的省邦合作全面深化。着力凸显参与澜湄合作前沿省份作用，与澜湄机制共成长、与湄公河国家共发展，逐步形成一套"高位推动、系统推进、机制完善、动员充分、组织有力"的合作推进机制，掀起一轮"领导重视、州（市）主动、企业进取"的热潮，丰富了"发展为先、务实高效、项目为本"的合作模式，成功打造了区域合作的"金色样板"。大力推动沿边地区加快融入新发展格局、实现高质量发展，加大沿边县城、沿边中心城和边境小康村镇建设，创新实施"边民互市＋落地加工"、"互联网＋边民互市"、"边民互市＋互助组"等多种模式，有序合规开展边民跨境劳务合作，促进边民增收、激活发展动能成效明显。

2. 区域性经贸辐射力明显提升

抢抓机遇保持对外贸易稳步增长。用好用足国家外贸稳增长政策，出台促进外贸回稳向好政策措施，大力培育跨境贸易竞争优势和推动出口市场多元化，扎实推进外贸转型升级基地、出口基地建设，外贸出口品牌日益增多，出口商品质量和效益明显提升，进出口总额实现显著增长。2023 年，云南省外贸进出口额达 2588 亿元人民币，其中出口 926.1 亿元人民币，进口 1661.9 亿元人民币。[①] 与此同时，云南以智慧口岸建设为切入点，以推进基础设施"硬联通"和规则标准"软联通"为突破口，推动全省口岸进出口货值达 2242 亿元，同比增长 8.7%；进

---

① 《2023 年云南省外贸进出口简况》，中华人民共和国昆明海关网站，2024 年 1 月 18 日。

出口货运量达 3903.6 万吨，同比增长 32.2%；出入境人员达 1428.4 万人次，同比增长 890%；出入境交通工具达 248.1 万辆（架、列、艘）次，同比增长 168.1%。①

参与中国—东盟自由贸易区建设成绩喜人。积极参与中国—东盟自贸区 3.0 版建设，充分运用中国—东盟自贸协定，主动服务和融入我国与东盟的务实合作。近年来，东盟一直保持云南第一大贸易伙伴地位，双边贸易额实现了连年稳步增长。2023 年，云南与南亚、东南亚国家贸易额达 1258 亿元，相较 2013 年的 725 亿元增加了 533 亿元，增幅达 73.5%。② 与此同时，云南与东盟的相互投资均初具规模且有序开展。截至 2023 年 6 月，云南在东盟国家共设立非金融类对外直接投资企业 705 家，占全省非金融类对外直接投资企业总数的 73.13%，累计实际投资总额 86.13 亿美元，占全省累计实际投资总额的 59.13%，主要涉及农业、商务服务业、能源生产和供应业等投资领域；东盟国家在云南累计设立投资企业 921 户，实际到位外资 14.09 亿美元，主要涉及房地产、制造、交通运输、仓储和邮政等投资领域。③

省内优势企业的海外发展空间进一步开拓。大力支持云南企业走出国门赴海外投资兴业，与共建"一带一路"国家特别是南亚东南亚国家开展多领域全方位的务实合作。截至 2022 年 11 月，云南企业在全球 62 个国家和地区累计设立境外投资企业 908 家，实现非金融类直接投资 128 亿美元；对外承包工程签订合同额 207 亿美元，完成营业额 230

---

① 《历史性突破！2023 年云南口岸进出口货值 2242 亿元、货运量 3903.6 万吨》，云南网，2024 年 1 月 19 日。

② 《云南：描绘高质量发展多彩画卷》，《光明日报》2024 年 6 月 1 日。

③ 《云南省充分发挥区位优势　积极服务和融入我国与东盟合作》，云南网，2023 年 6 月 26 日。

亿美元；承担国家援外成套项目 36 个、物资援助项目 161 个，组织实施了 262 个省级对外援助项目，外派劳务人员超过 13 万人，涉及 25 个国家。①

3. 推进 RCEP 行动计划落地见效

高度重视主动对接 RCEP 前期筹划。牵头成立了 RCEP 研究专班，开展 RCEP 专项研究工作，推出了一批高质量的研究专报、信息专刊、汇编资料和书籍读物，既为云南如何提升开放水平、企业如何抢抓 RCEP 机遇提供了大量务实具体的对策建议，也为云南在 RCEP 生效实施后主动对接奠定了坚实基础。

及时建立加快对接 RCEP 工作体系。RCEP 正式生效实施后，相继印发《云南省加快对接 RCEP 行动计划》、《关于成立云南省加快对接 RCEP 工作领导小组的通知》等文件，跟进建立工作体系，加快对接 RCEP 工作体系正式建立。

积极助力企业用好 RCEP 协定红利。出台《RCEP 重点规则运用指引（2023）》等政策指南，多渠道开展 RCEP 减税、通关便利化、原产地规则等内容宣介和信息服务工作，帮助企业等经营主体快速弄通弄懂、用足用好 RCEP 各项条款。RCEP 云南企业服务中心线上平台自 2022 年 1 月 21 日正式启动以来，云南企业利用 RCEF 稳订单、拓市场能力持续增强。2023 年 1—4 月，为出口企业签发 RCEP 项下优惠原产地证书共计 506 份，货值达 2.26 亿元，同比分别增长 14% 和 70%，企业可凭证书获进口国关税减让约 452.9 万元。同期，还为输往 RCEP 缔约国的货物签发各类优惠原产地证书 2.36 万份，货值 43.8 亿元，同比

---

① 《云南对外投资合作简况》，中国—南亚博览会网站，2022 年 11 月 16 日。

分别增长 65% 和 6%，企业可凭证书获进口国关税减让约 1.14 亿元。[①]

大胆探索形成制度创新丰硕成果。发布《中国（云南）自贸试验区参与〈区域全面经济伙伴关系协定〉（RCEP）行动方案》，坚持围绕市场痛点、经贸重点、产业支点、开放难点，聚焦周边一体化和沿边特色化，探索一揽子先行先试政策支持，全力打造云南对外开放的制度创新高地，努力提升"为国家试制度"的能力、"为地方谋发展"的实绩和"为人民谋福祉"的水平。截至 2023 年 10 月，在云南自贸试验区，159 项国家和省改革试点任务实施率达 100%，累计形成 339 项制度创新成果，上报商务部 90 项，省内复制推广 104 项，有 80 项成果为沿边跨境特色案例、66 项成果为全国首创案例。[②]

4.现代化口岸建设持续发力

口岸开放举措创新突破。坚决贯彻落实国家对外开放方针政策及工作部署，作出昆明市正式托管西双版纳州磨憨镇的决策，推动省、市、州协同打造磨憨国际口岸城市，使昆明成为全国唯一一个拥有边境线和边境口岸的省会城市。发挥昆明省会城市的龙头带动作用和西双版纳边境门户的开放窗口示范作用，一体推进口岸功能提升、口岸经济发展、口岸城市建设，进一步发挥"四区"政策叠加优势，形成以"两头"带"中间"发展格局，更好吸引物流、人流、资金流向中老铁路沿线集聚，将磨憨打造成为中老铁路上的重要开放门户、我国对东盟的第一大铁路口岸。

---

① 《云南省加快对接 RCEP 工作领导小组办公室组织召开联络员会议》，云南省商务厅网站，2023 年 6 月 14 日。
② 《云南自贸试验区突出特色亮点优化营商环境　引领沿边开放发展作用不断增强》，中国（云南）自由贸易试验区网站，2023 年 10 月 19 日。

口岸开放布局日益优化。拥有各类口岸 27 个，口岸总数与黑龙江省并列全国第二，是同时拥有水运、航空、公路、铁路四类口岸的 5 个省（区）之一，还有国家批准予以保留的 30 条边民通道和 14 条确有必要保留的特殊通道，已初步形成集航空、铁路、公路和水运口岸于一体，国家级口岸、省级口岸和边境通道相互补充的立体化口岸开放体系，各类口岸的开放布局不断优化、辐射效应持续提升。①

口岸功能提升稳步向前。大力实施口岸功能提升工程，出台《云南省智慧口岸建设总体方案》、《云南省口岸建设发展三年行动（2023—2025 年)》等政策措施，同步推进口岸智慧化改造与基础设施建设，着力打造河口、磨憨、瑞丽 3 个重点口岸城市，推进猴桥、清水河两个重要口岸建设，完成磨憨、河口智慧口岸项目一期建设，实现瑞丽（含畹町）智慧口岸项目一期上线试运行，持续深化国际贸易"单一窗口"平台应用服务，企业进出口货物平均申报时间从 2018 年的 10 分钟缩减至 2023 年的 5 分钟，智慧口岸建设走在全国前列，全省口岸进出口货运量增长 32.2%，磨憨铁路口岸成为我国对东盟的第一大铁路口岸。②

口岸经济发展动能澎湃。紧盯口岸经济提质增效的目标，组织实施优化口岸布局、口岸交通建设提升、口岸基础设施补短板、口岸通关能力提升、口岸经济壮大、口岸营商环境优化提升等 6 个专项行动，努力形成"口岸＋通道＋城镇＋产业＋物流"协同联动发展格局，促进区域跨境产业链、供应链、价值链深度融合发展，实现了"通道经济"向"口岸经济"、"产业经济"的转型升级。全省口岸进出口环节需要验核的监管证件精简至 41 种，推动近年来全省进口、出口整体通关时间在

---

① 《云南省参与共建"一带一路"倡议十周年新闻发布会》，云南省人民政府网站，2023 年 10 月 26 日。
② 《云南省人民政府工作报告（2024 年)》，云南省人民政府网站，2024 年 1 月 29 日。

全国的排名均保持前列，通关便利化程度显著提升。

（四）有序推进资金融通

真金白银有序流动，金融合力不断聚集。云南聚焦资金融通这一共建"一带一路"的重要支撑，着力培育多层次宽领域开放合作的金融市场格局，通过深化沿边金融综合改革、创新跨境人民币业务、拓展跨境金融业务合作等一系列务实举措，与南亚东南亚国家金融合作走深走实，为推进金融对外开放探索了有益经验，区域性国际金融服务能力显著提升。

1.跨境金融创新成果丰硕

沿边金融综合改革有力推进。全面贯彻落实《云南省广西壮族自治区建设沿边金融综合改革试验区总体方案》，制定出台《云南省人民政府关于建设沿边金融综合改革试验区的实施意见》，成立由省长担任组长的云南省建设沿边金融综合改革试验区领导小组，推动建立试验区省部际联席会议机制，建立滇桂两省区的联络机制，在试验区推动建立省、州、市上下联动、条块结合、以块为主的地方金融监管体系。

跨境人民币结算业务持续增长。自跨境贸易人民币结算试点以来，全省跨境人民币使用范围、结算领域不断扩大，从边境贸易拓展到经常项目和资本项目投融资领域，结算主体从企业扩大至个人。推动人民币周边化、区域化进程加快，人民币在全省涉外经济中的地位不断提升，成为仅次于美元的第二大跨境结算货币以及对东盟的第一大跨境结算货币。截至 2023 年 10 月，已同 120 个国家（地区）建立了跨境人民币结算渠道，跨境人民币累计结算金额 7000 多亿元，人民币跨境支付系统

（CIPS）业务对已建交的南亚东南亚国家实现了全覆盖。①

多层次区域货币交易模式加快推进。推动完善以银行间市场区域交易为主、银行柜台交易为辅、特许兑换为补充的全方位、多层次人民币与周边国家货币区域交易的"云南模式"。银行柜台挂牌币种已涵盖周边国家货币，本外币兑换特许机构挂牌交易货币达40余种，本外币现钞调运渠道不断拓宽，推出的首例人民币对泰铢区域交易试点在全国银行间市场成功挂牌，搭建了两个越南盾现钞直供平台和西南地区第一条泰铢现钞直供平台，开通了中国昆明—老挝万象人民币现钞跨境空中调运通道。

跨境投融资高效通道加快建设。不断丰富经营主体融资渠道，大力

◎ 2022年11月21日，中国建设银行云南省分行以新金融行动为云南企业海外项目合作提供跨境融资支持（胡好雅／摄）

---

① 《"中国这十年·云南"主题新闻发布会》，云南省人民政府网站，2022年7月21日。

推广人民币跨境支付系统（CIPS），广泛建立跨境人民币结算渠道，试点个人经常项下跨境人民币业务，圆满完成跨境人民币贷款试点任务，成功试水跨国企业集团境内外成员企业之间开展跨境人民币资金余缺调剂和归集业务，实现了经常账户项下向资本及金融账户项下的延伸。

外商直接投资外汇管理大幅简化。大幅减少行政审批事项，优化简化跨境业务办理流程，外商投资企业外汇资本金意愿结汇、直接投资外汇登记全面下放。加强对外直接投资分类管理，推进资本项目外汇收支便利化、跨国公司本外币一体化资金池等业务试点落地云南，精准推进面向"一带一路"的资本项目高水平开放。同时，稳步推进外债规模管理方式改革，在有效防控风险的基础上，进一步为境内机构跨境融资提供便利。截至 2023 年 9 月末，全省外债余额 27.8 亿美元，其中，中长期外债余额 19.6 亿美元。[①]

投融资便利化举措创新升级。在中国（云南）自由贸易试验区开展更高水平的跨境人民币贸易投资便利化试点，并推出九项外汇创新业务；推出"中缅通"系列产品，提升企业对缅支付和跨境融资效率；创新"跨境直通、电子批量"边民互市结算模式，优质企业贸易外汇收支便利化试点"扩面提质"，试点覆盖 11 个州（市），实现了政策"直达边境地区、直惠边境企业"新突破。

2. 金融服务能力持续优化

大力支持辐射中心重大项目建设。加大对"五网"和"五出境"等重大基础项目的金融支持，设立个性化、专业化金融服务中心，积极发

[①] 《云南省参与共建"一带一路"倡议十周年新闻发布会》，云南省人民政府网站，2023 年 10 月 26 日。

挥出口信用保险风险保障作用，支持外向型企业"走出去"发展。中国银行沿边金融合作服务中心推出"东盟七国产品体系"、"越老缅产品体系"、"南亚国产品体系"等；农业银行泛亚业务中心、建设银行跨境金融服务中心积极开展周边外汇业务办理；浦东发展银行离岸业务创新中心形成离岸业务前中后台有效融合，集产品推广、客户营销、运营延伸服务于一体的组织管理体系。截至 2023 年 6 月末，云南辖内银行机构支持"一带一路"企业"走出去"项目达 1300 多个，贷款余额 8400 多亿元；支持云南省内"大通道"、"互联互通"基础设施建设项目 1200 多个，贷款余额 7800 多亿元，金融助力"一带一路"项目的力度呈不断加大之势。[1]

跨境金融服务平台建设初见成效。建立健全统计监测、风险评估等监管工作机制，实施全口径跨境融资宏观审慎管理政策，积极宣传便利政策，简化办理流程，优化服务措施，加强跨境融资事中事后监管，不断健全完善跨境投融资管理服务长效机制。截至 2022 年 12 月，云南共计 18 家银行 214 个分支机构加入"出口应收账款融资场景"及"企业跨境信用信息授权查证"场景试点，在 11 个州（市）实现了融资试点业务的落地，2022 年全年实现各币种融资折合人民币 6777.83 万元，同比增长 252%，支持中小企业融资主体占比超 70%。[2]

银行机构境外服务能力明显提升。老中银行成为国内银行机构在老挝开展业务的首选代理行；中国银行与中银香港联动，开通人民币直汇业务，实现东南亚人民币业务全覆盖；中国工商银行云南省分行与仰光

---

① 《云南省参与共建"一带一路"倡议十周年新闻发布会》，云南省人民政府网站，2023年 10 月 26 日。

② 《便利外贸企业跨境资金收付　云南跨境金融服务平台初现成效》，云南网，2023 年 2月 9 日。

◎ 老中银行两国职员在银行前合影（富滇银行／供图）

工行联动推出"中缅通"产品，打通了中缅两国经贸往来人民币结算通道。与此同时，不断简化涉外企业的服务贸易对外支付税务备案环节，将全线上办理的"服务贸易支付便利化场景"推广至全省所有外汇业务指定银行，平均办理时间从过去的 1 到 2 个工作日缩减至 15 分钟左右，企业跨境资金收付手续大为简化。2022 年全年，累计为 216 家企业办理了 742 笔服务贸易支付税务备案，总金额达 15.35 亿美元。[①]

3. 金融对外合作不断深化

境内外银行同业合作稳步发展。支持银行业金融机构加强与境内外同业在跨境结算、投融资、金融创新和服务等领域交流合作，搭建与缅甸、老挝、泰国等国家央行的双边协调沟通平台。2011 年以来，在人

[①] 《便利外贸企业跨境资金收付　云南跨境金融服务平台初现成效》，云南网，2023 年 2 月 9 日。

民银行总行授权下，与缅甸、老挝、泰国等国家央行开展常态化会谈，推动货币互换、NRA 账户等政策效用持续发挥，畅通双边本币结算渠道。中国人民银行与老挝银行签署了双边本币合作协议，缅甸央行允许外汇持牌银行进行人民币和日元的外汇买卖，并放宽了边境地区使用人民币直接结算的政策限制。在此基础上，进一步优化沿边网点布局，在全省 25 个边境县设立银行网点超 700 个、保险网点超 400 个，增强了沿边地区金融服务覆盖性和普惠性，推动跨境金融务实合作持续发展。

地方银行率先走出国门。充分利用澜湄合作、大湄公河次区域经济合作等机制，依法合规推动符合条件的省内金融机构到境外设立分支机构，同时支持国内银行驻滇机构加强与本行海外机构对接，共同向总行争取将南亚东南亚相关业务落地云南。2013 年 6 月，太平洋证券与老挝农业促进银行和老挝信息产业公司合资创建了老中证券有限公司，是经中国证监会批准在国外设立的第一家合资证券公司，开创地方法人金融机构"走出去"全国先例。2014 年，富滇银行在老挝设立合资银行老中银行，成为全国第一家在境外设立子行的城市商业银行。2017 年，老中银行在磨丁经济专区设立分行。随后，富滇银行与老中银行通过"母子联动"模式开展人民币现钞跨境调运业务，实现了"人民币—基普"直通清算。2019 年，云南建投与老挝吉达蓬集团合资组建的老挝万象中心大众公司，在万象市老挝证券交易所上市，成为云南国有企业在老挝证券交易市场的第一家上市公司。

跨境金融合作成绩显著。积极引进外资金融机构入滇发展，八家外资银行、五家外资保险公司省级分公司来滇设立了分支机构，其中外资银行来滇设立分支机构的数量居西部省区第三位。同时，跨境保险业务发展迅猛，已基本形成由出口信用保险、交强险、商业车险、出入境货物运输险、关税保证险、出入境旅游险、出入境务工人员意外险等多险种构成的跨境保险服务体系，并在全国首创临时入境机动车超短期限保单业务。

跨境人民币反假工作走在全国前列。加大跨境反假人民币工作力度，推动跨境反假币打击合作。2017年1月10日，昆明正式挂牌成立"跨境反假货币工作（昆明）中心"，成为全国首个设立跨境人民币反假工作中心的城市。2019年6月，在全国建立了第一家货币鉴定分析实验室，开展假人民币跨境流通监测。在此基础上，依托中国人民银行昆明中心支行，积极推进沿边县区工作站建设，构建"省、州（市）、县（市、区）"三级跨境反假货币工作组织体系，净化人民币流通环境，强化跨境反假货币力度。

（五）持续深化民心相通

国之交在于民相亲，民相亲在于心相通。云南聚焦民心相通这一共建"一带一路"的社会根基，深入贯彻落实"亲、诚、惠、容"周边外交理念，坚持把人文交流作为一项长期性、基础性、战略性的工作来抓，持续深化与周边国家在教育、文化、卫生等领域的合作，形成了更多接地气、聚人心的合作成果，搭建起一座座"心联通"桥梁，绘就了面向南亚东南亚辐射中心建设最温暖的底色。

1. 教育合作成效明显

做强做优"留学中国、学在云南"品牌。云南高校加快国际化办学水平提升，"请进来"和"走出去"持续发力，面向南亚东南亚办学的特色十分鲜明。云南大学在加快建设"双一流"高校的过程中，大力实施"留学云南大学计划"，生源国数量达70个，实现来华留学生南亚东南亚国家全覆盖。云南民族大学开齐了南亚东南亚各国的 15 个官方语种，是全国 2000 多所高校中除北京外国语大学之外的唯一一家，先后与柬埔寨、老挝、缅甸、泰国、越南等 20 多个国家 80 多所大学建立了合作关系。①

教育高水平开放合作平台建设特色鲜明。持续推进华文教师培训、华文教材发行、华裔青少年文化体验、海外华文学校帮扶、网络华文教育"五大工程"。云南大学南亚东南亚国际传播学院、云南民族大学南亚东南亚国际传播学院、澜沧江—湄公河国际职业学院、澜沧江—湄公河职业教育基地、澜沧江—湄公河职业教育联盟等一批区域性国际人才培养基地相继建成，"南亚东南亚大学联盟"、"南亚东南亚教育合作昆明论坛"、"澜湄职业教育联盟"、"南亚东南亚留学生创新创业基地"等一批标志性交流平台落户云南，"云南财经大学曼谷商学院"等一批合作办学项目落地实施，"南亚东南亚大学校长论坛"、"澜湄职业教育联盟圆桌会议"等一系列活动成功举办，高水平教育交流合作载体建设和对外服务平台建设扩容增效。

合作办学和境外办学工作成效显著。截至 2023 年 12 月，云南经教育部备案批准的中外合作办学项目达 38 个，其中硕士项目 3 个、本科项目 19 个、专科项目 16 个，② 境外办学覆盖泰国、老挝、柬埔寨、缅甸、越南、伊朗、肯尼亚等国家，中文的国际影响力不断扩大。其中，云南机电职业技术学院与老挝乌多姆塞省教育体育厅联合实施"中老机电人才共育项目"，荣获"中国—东盟高职院校特色合作项目"称号，

---

① 《"云南这十年"系列新闻发布会·教育体育专场发布会》，云南省人民政府网站，2022 年 9 月 15 日。
② 《本科及以上层次中外合作办学机构和项目名单》、《高等专科教育中外合作办学机构和项目名单》，中华人民共和国教育部中外合作办学监督工作信息平台，2023 年 12 月 13 日。

已培养近百名老挝留学生，为中老铁路输送了一大批高素质技术技能人才。此外，云南积极赴南亚东南亚国家建设孔子学院（课堂）和从事汉语国际推广，与国外学校合作创办了 18 所孔子学院（课堂），大多数均在南亚东南亚国家，开展汉语教学和推广中国文化受到所在国民众的普遍欢迎，促成"汉语桥"世界中学生中文比赛连续多年在滇成功举办。

援外教育和专业技术培训活动全面开展。截至 2023 年 6 月，共承接执行国家援外项目 197 项，共培训 94 个国家的 6756 名政府官员和技术管理人员，共开展省级援外项目 338 项。[①] 云南国际经济技术交流中心成功获批为商务部国际商务官员研修基地，即云南援外官员培训基地，是

◎ 第十六届"汉语桥"世界中学生中文比赛选手来到喜洲，一同体验非遗的传承与创新（段苏杭／摄）

---

① 《云南省参与共建"一带一路"倡议十周年新闻发布会》，云南省人民政府网站，2023年 10 月 26 日。

全国唯一设在沿边省份的国家级援外培训基地。截至 2023 年 9 月，该基地已举办 178 期由商务部和云南省政府主办的援外培训项目，共培训来自 104 个国家的 4463 名各级政府官员和技术专家。其中，涉及南亚、东南亚国家的培训项目达 135 期，占基地援外培训项目总数的 75.84%；共培训来自南亚、东南亚国家的学员 2615 名，占基地培训总人数约 58.59%。① 昆明铁道职业技术学院承担了援老挝铁道职业技术学院项目的教育技术合作任务，已完成教育能力建设的第一阶段即老挝籍师资培养工作，今后将继续分批派出师资，对老持续进行教育能力帮扶。

2. 文旅交流日趋活跃

旅游合作稳步复苏。相继出台《云南省人民政府关于贯彻新发展理念推动旅游高质量发展的意见》、《云南省"十四五"旅游业发展实施方案》等政策文件，组织承办中国国际旅游交易会、跨境旅游合作论坛、大湄公河次区域旅游工作组会议、中老柬历史古迹自驾游等活动，努力提振旅游市场信心，大力推进与周边国家的旅游合作稳步复苏，全方位展示"七彩云南·旅游天堂"形象。中老铁路国际旅客列车开行以来，截至 2023 年 12 月 5 日，磨憨口岸共计查验国际旅客列车 474 列次，验放来自 6 大洲 75 个国家和地区出入境旅客突破 10 万人次，达到 100186 人次，其中外国籍旅客出入境约 14900 人次，占总人数的 14.9%，老挝、泰国、新加坡籍旅客出入境人数排名前列。②

文化交流蓬勃开展。官民并举推动对外文化交流活动蓬勃开展，鼓

---

① 《云南援外官员培训基地做好对外开放"大文章"》，中国商务新闻网，2023 年 10 月 18 日。
② 《中老铁路跨境旅客发送量突破 10 万人次》，云南省文化和旅游厅网站，2023 年 12 月 7 日。

励和支持全省尤其是沿边州（市）的各级各类文化艺术团队，利用地缘和人文优势与南亚东南亚国家频繁往来，积极开展涉及文化旅游、广播影视、民族工艺、文化教育、音像图书、节庆会展等各个领域的对外文化交流活动，不断提升对外文化交流合作水平。通过官方和民间的同向发力，2022 年以来成功举办了面向越、老、缅的 4 次"边民大联欢"活动，营造了"亲"、"暖"、"欢"的友好氛围，讲述了"好"的云南故事；连续两年举办"爱云南 iYurman"活动，邀请不同年龄、行业领域和文化背景的外国友人用镜头和笔头抒写心底浓浓的云南情缘，唱响"爱云南"主旋律。积极推动文艺演出走出国门，开展"七彩云南·文化周边行"等访演活动，走进尼泊尔、孟加拉国、斯里兰卡和阿曼等南亚及环印度洋国家，以人文交流为拓展友好合作注入了活力。沿袭"乒乓外交"传统，组派云南省乒乓球教练团赴马尔代夫开展短期培训交流，助力马尔代夫乒乓球选手在环印度洋岛国运动会上获得优异成绩，以"小球"为媒推动滇马合作及人文交流合作迈上新台阶。

3. 科技合作有声有色

成功举办两届腾冲科学家论坛。2022 年 12 月 1—3 日，首届腾冲科学家论坛在云南腾冲成功举办，发布《腾冲科学家论坛宣言》，成为年度科技界现象级盛事。2023 年 1—11 月，举办各类月度讲坛、季度论坛及系列活动 21 场次，涵盖生物医药与大健康、生命科学、文旅融合、绿色能源、基础前沿科学、现代农业等领域。2023 年 12 月 1—3 日，2023 腾冲科学家论坛在腾冲市举办，采用"1+10+X"模式，组织 1 场开幕式暨主旨论坛，设置校长论坛、产业创新论坛等 10 个分论坛，以及学术研讨、项目推介、合作洽谈、校园科普等 60 多场配套活动，揭晓首届"腾冲科学大奖",聚焦云南省重点产业、重点领域、重点项目,挖掘征集 1000 余个重大科技合作需求,开展"双招双引"系列活动,签约人才引进项目 166 个,柔性引进 205 名科技人才,签约招商引资项目 105 个,协议投资总额超 620 亿元,成功打造了"月有讲坛、季有论坛、年有盛会"的"科技达沃斯"办会模式,参与单位达 100 余家,论坛市场化运营总收入达 2000 万元。

科技合作工作组机制进一步健全完善。先后与老挝北部九省、泰国北部及越南北部四省建立了科技合作工作组机制。经过中外双方的共同努力,农林、生物医药、新能源等领域的科技合作已逐步融入合作工作组例行的沟通、协调内容,使合作内容不断扩大、合作机制日益完善。近年来,与泰国、老挝每一年半轮流主持召开合作工作组会议,对包括科技合作在内的重点合作事项进行研究磋商,确定了双方开展科技合作的重点领域,促成了一批合作项目。成立了"大湄公河次区域农业科技交流合作组",与越老缅柬泰五国农业科研机构签订了双边和多边合作协议,推动了粮经作物新品种、关键技术的输出和品种资源的引进。

参与"中国—东盟科技伙伴计划"成效明显。推动"中国—东盟科技论坛"被纳入"中国—东盟科技伙伴计划"总体规划,成为云南乃至全国各相关省(自治区、直辖市)与东盟开展科技交流与合作的重要平台。自设立"中国—东盟科技论坛"以来,成功举办了新能源与可再生能源开发利用、太阳能与建筑一体化技术推广运用、种业技术和贸易等一系列主题论坛,为促进科技项目的务实合作奠定了坚实基础。在此基础上,推进云南国际科技特派员认定和派出工作,在发达国家创建科技合作站(点)工作,与科技部共同推动与东盟国家共建联合实验室、建立中国东盟技术转移中心、建设中国东盟科技合作产业园和启动国际科技特派员等科技合作重大专项工作。此外，"中国—东盟教育培训中心"、"云南国际技术转移中心"相继建立，并均已成为国家级国际科技合作基地。

多个国际科创合作平台相继落户云南。"中国—南亚技术转移中心"、"中国—东盟创新中心"、"中国—南太平洋岛屿国家技术转移中心"相继落户云南，成为支撑面向南亚东南亚的区域性国际科技创新中心建设的重要载体，促成了"中国—南亚技术转移与创新合作大会"等重要活动的成功举办，推动签署了关于成立中国—巴基斯坦、中国—尼泊尔、中国—孟加拉国、中国—阿富汗、中国—斯里兰卡、金砖国家等一批技术转移中心的合作协议。截至 2023 年底，云南已与南亚东南亚国家共建了 39 个联合实验室、14 个国家级国际科技合作基地和 74 个省级国际科技合作基地。此外，还选派了 128 名国际科技特派员到周边国家开展服务，立项支持 14 个国家 107 名青年科学家、企业家来滇开展科学研究和创新创业。[①]

4. 卫生合作彰显真情

医疗对外开放力度不断加大。通过有层次、有计划地引进国外的新理念、新知识和新方法，带动各级医疗卫生机构医疗和科研工作与国际水平接轨，与南亚东南亚国家开展了医疗理念、护理技术、行政管理、医养结合等领域的广泛交流合作。倡导并建立了中国云南—南亚东南亚医院合作联盟、中国—南亚东南亚传统医药交流合作中心，牵头发布"中国云南—南亚医院合作联盟"倡议，与南亚东南亚 10 国 20 所医

---

① 《"云南这十年"系列新闻发布会·建设面向南亚东南亚辐射中心专场发布会》，云南省人民政府网站，2022 年 8 月 15 日。

疗机构签署《关于医疗卫生合作的谅解备忘录》，进一步整合与优化区域卫生资源，实现了与南亚东南亚国家医疗卫生工作的优势互补、共同发展。

对外医疗合作援助持续开展。不断拓展与南亚东南亚国家的卫生交流合作。与越老缅三国合作建立传染病联防联控机制，并推动该机制扩展到上述三国的 22 个边境县；先后派出多批医疗队在老挝、缅甸、斯里兰卡等周边国家举办"光明行"、"爱心行"公益医疗活动，对超过 5000 名患者实施免费白内障复明手术，为 5 万多名儿童进行先天性心脏病筛查，已成为中国对周边卫生合作的典范。[①] 其中，2017 年 11 月在老挝万象开展的"光明行"活动配合了习近平总书记国事访问，意义重大；缅甸"光明行"已列入历届"滇缅合作论坛"纪要重要合作项目。

跨境传染病联防联控不断深化。建立与周边国家传染病联防联控工作机制，先后与老挝、越南、缅甸、泰国、柬埔寨签订了湄公河流域六国跨境传染病防控合作备忘录、急性传染病联合处置预案框架等合作协议，与越南、老挝、缅甸等国家建立了边境地区疟疾联合防治的合作框架，推动澜沧江—湄公河跨境艾滋病联防联控等项目落地实施，与越老缅三国联防联控工作例会连年举办，与老挝、越南等国在边境地区联合开展急性传染病应急处置桌面演练形成惯例。同时，在境外建立跨境传染病监测哨点和联合工作站，强化口岸传染病监测，依托边境一线疾控机构和医疗机构开展传染病监测和救治，通过上述举措建立"三道防线"、实现关口前移，有效提升了边境地区传染病防治能力。

---

① 《"云南这十年"系列新闻发布会·卫生健康专场发布会》，云南省人民政府网站，2022 年 9 月 9 日。

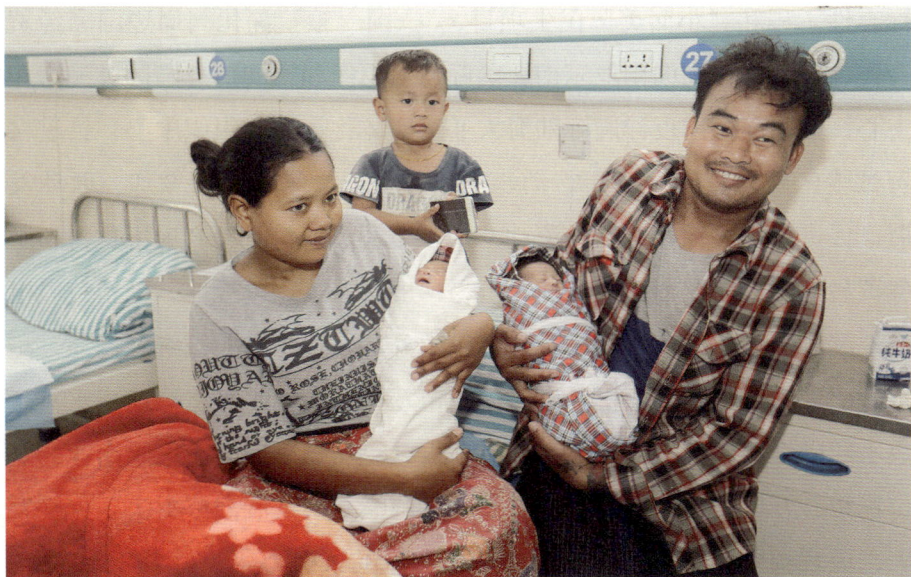

◎ 德宏瑞丽畹町国境线上的国际医疗站"胞波医院"，来自缅甸马圭省迈市皎朵村的贴玛喜生双胞（杨崚 / 摄）

　　只有坚持大开放，才能促进大发展。建设我国面向南亚东南亚辐射中心，是以习近平同志为核心的党中央赋予云南的历史使命和政治责任，也是云南推动高质量跨越式发展的重大机遇和重要平台。在新时代新征程上，云南将坚持以习近平外交思想为指导，认真贯彻落实党的二十大和二十届二中、三中全会精神，准确把握在全国对外开放大格局中的地位和作用，举全省之力切实做好内外统筹、双向开放这篇大文章。围绕我国支持高质量共建"一带一路"八项行动在云南和周边的落地落实，创造性落实国家支持云南加快建设辐射中心的意见和承接产业梯度转移等重大政策，深度融入全国统一大市场，有序有效承接产业转移，一体推进营商环境优化和经营主体倍增，提高开放型经济发展水平，着力畅通大通道带动大物流，打造沿边开放新高地。统筹推进重大标志性工程和"小而美"民生项目,"一国一策"深化同周边国家经贸合作,加快建设面向南亚东南亚国际通信枢纽和空间信息国际交流合作中心,搭建面向印度洋国际陆海大通道实体化运营和组织中心,推进自贸试验区高质量发展三年行动,推动各类开放平台政策叠加、联动发展,促进各类关键要素高效流动、交汇循环。深挖 RCEP 项下货物和服务贸易潜力,持续创建国家加工贸易梯度转移重点承接地,创新跨境电商"展仓播"一体化发展模式,实施内外贸一体化企业领跑者行动,拓宽吸引外资渠道,全面提升会展活动市场化专业化水平。推动高水平开放不断向全方位、多领域、深层次迈进,更加凸显面向南亚东南亚的区位优势、开放优势,在主动服务和融入国家重大发展战略中实现更好发展、展现更大作为,不断增强对周边国家的吸引力、辐射力、带动力、影响力。

六、坚持党的领导、人民当家作主、依法治国有机统一，民主法治和平安建设得到新加强

民主是全人类的共同价值，是中国共产党和中国人民始终不渝坚持的重要理念。习近平总书记指出："必须坚定不移走中国特色社会主义政治发展道路，坚持党的领导、人民当家作主、依法治国有机统一，坚持人民主体地位，充分体现人民意志、保障人民权益、激发人民创造活力。"[①] 云南深入学习贯彻习近平总书记关于社会主义政治建设的重要论述，深入贯彻落实习近平总书记考察云南重要讲话精神，坚持党的领导、人民当家作主、依法治国有机统一，中国特色社会主义民主政治建设和民主法治建设在云岭大地焕发出蓬勃生机，民主政治建设之路越走越宽广，平安云南、法治云南建设扬帆提速，不断筑牢云南实现高质量跨越式发展的政治基石。

---

① 习近平：《高举中国特色社会主义伟大旗帜　为全面建设社会主义现代化国家而团结奋斗——在中国共产党第二十次全国代表大会上的报告》，《人民日报》2022 年 10 月 26 日。

（一）切实保障人民当家作主

社会主义民主的本质是人民当家作主，云南认真贯彻落实习近平总书记关于坚持和完善人民代表大会制度的重要思想，全面加强和改善党对人大工作的领导，支持和保证人民通过人民代表大会行使国家权力，人大法定职权得到进一步发挥，人民代表大会制度和人大工作得到与时俱进的推进，人民当家作主的权利得到更好的规范和保障。

1. 坚持和加强党对人大工作的全面领导

健全完善党全面领导人大工作的制度机制。坚持把党的全面领导作为开展人大工作的最高政治原则，深入学习贯彻习近平总书记关于坚持和完善人民代表大会制度的重要思想，确保人大工作正确政治方向。先后出台《关于加强新时代人大工作的意见》和《关于新时代坚持和完善人民代表大会制度、加强和改进人大工作的实施意见》，保障和推动新时代人大工作高质量发展。

严格执行向省委请示报告制度。制定修订并落实向省委请示报告报备重大事项清单等制度，保证党的领导在人大工作中得到全面贯彻和有效执行。云南省人大常委会坚持在省委领导下制定五年立法规划和年度立法、监督、代表工作计划，每年向省委全面汇报人大工作，及时请示报告工作中的重大问题，依法任免国家机关工作人员，确保党的主张通过法定程序成为国家意志，确保党组织推荐的人选通过法定程序成为国家政权机关领导人员。2012—2022 年，云南省人大及其常委会先后讨论决定重大事项 98 项，选举任免国家机关工作人员 1714

人（次）。①

2. 充分发挥人大在发展全过程人民民主中的重要作用

在换届选举中体现全过程人民民主。各级人大牢牢把握全过程人民民主的实践要求，修改县乡两级人大代表选举实施细则，增加县乡人大代表名额，确保人大代表具有广泛的代表性。探索建立选民登记信息系统，推进选民登记信息化录入，保障流动人口的民主选举权利。指导基层人大依法做好换届选举工作，保证选举具有广泛、有序、坚实的民主基础。

在立法工作中体现全过程人民民主。通过座谈、论证、咨询等方式确定立法项目、审议法规案、作出决议决定，保证最大限度地吸纳民意、汇聚民智。不断建立完善地方立法、备案审查、预算联网监督、代表履职服务等人大民主民意表达平台，保证人民的知情权、参与权、表达权、监督权。加强基层立法联系点建设，修订省人大常委会基层立法联系点工作规定，按照"上下结合、通畅基层渠道"的原则，推进全省人大系统建设基层立法点共 165 个，组织开展新一届省人大常委会基层立法联系点遴选工作，推进确定省人大常委会基层立法联系点 18 个。

在强化监督中体现全过程人民民主。各州（市）人大常委会坚持在执法检查、专题询问、专题调研中采取召开五级代表座谈会、线上线下问卷调查等多种方式，充分听取人民群众意见建议。推动人民群众参与重要事项决定，部分州（市）制定惠民实事人大代表票决制实施办法，

---

① 《"云南这十年"系列新闻发布会·省人大常委会专场发布会》，云南省人民政府网站，2022 年 6 月 27 日。

实现州（市）、县（市、区）、乡（镇）三级民生实事项目人大代表票决制工作全覆盖，推动民生实事项目由"为民作主"向"由民作主"转变。

3. 深入推进高质量立法

以立法保障中心工作。紧扣云南"三个定位"，紧扣省委"3815"战略发展目标，紧扣发展壮大"三大经济"，主动服务和融入国家重大发展战略，把立法规划编制工作放到全省工作大局中去谋划去推动，以法治力量解决好人民群众急难愁盼问题，为云南高质量发展提供有力法治保障。完善立法体制机制，坚持完善党委领导、人大主导、政府依托、各方参与的立法工作格局，统筹推进立法重点工作任务，及时协调解决立法中的重大问题。不断丰富立法形式，积极探索"小切口"、"小快灵"立法，着力增强立法的针对性、适用性、可操作性。持续探索协同立法，按照全国人大常委会的工作部署，与贵州、四川两省人大常委会同步通过关于加强赤水河流域共同保护决定和各自省份的赤水河流域保护条例，开创了我国地方流域共同立法的先河。协同四川省人大常委会，立法保护泸沽湖，实现"一湖两治"、"一湖分治"向"一湖共治"、"一湖合治"转变。2012—2022 年，省人大及其常委会共制定省的地方性法规 45 件、修改 95 件（次）、废止 30 件，批准州（市）地方性法规 134 件，批准民族自治地方自治条例和单行条例 142 件。[①]

4. 依法监督"一府一委两院"

聚焦党中央重大决策部署和省委工作要求开展监督。组织开展全省

---

① 《"云南这十年"系列新闻发布会·省人大常委会专场发布会》，云南省人民政府网站，2022 年 6 月 27 日。

优化营商环境工作、全省"三大经济"、省委系列三年行动计划实施情况等专题调研，助力云南高质量发展。加强预决算审查和国有资产监督。审查批准专项预算调整方案，专题调研基层财政运行情况，对27个政府部门的预算执行情况进行审查监督，为全省重大项目实施提供保障。建成覆盖省、州（市）、县（市、区）三级的人大预算联网监督系统，打造预算联网监督系统"云南样本"。构建了一套评价指标体系，全面评价企业国有资产管理绩效。2012—2022年，云南省人大及其常委会审议"一府一委两院"专项工作报告183项，开展执法检查55次，组织专题询问15次，开展专题调研52次。①

创新监督方式方法。2022年，就招投标领域隐性壁垒等问题开展首次质询，以"长牙齿"的刚性监督方式，推动营商环境持续优化。2023年，针对人民群众反映强烈的基层卫生服务能力达标滞后、农村污水治理不力等问题开展质询，加大质询力度、增加质询次数。扎实开展九大高原湖泊河（湖）长制和林长制工作督察，用最严格制度最严密法治保护生态环境。针对法院诉讼服务体系建设及检察机关行政检察工作，对"两院"工作开展专题询问。强化监督跟踪问效，对招投标领域隐性壁垒问题质询整改落实情况开展跟踪调研，开列安全生产"一法一条例"执法检查问题清单，进行跟踪督办，提升执法检查实效。

5. 丰富人大代表联系人民群众的内容和形式

健全常委会联系代表机制。先后出台《关于完善云南省人大常委会组成人员联系省人大代表机制的意见》和《关于建立健全省人大专门委

---

① 《"云南这十年"系列新闻发布会·省人大常委会专场发布会》，云南省人民政府网站，2022年6月27日。

员会和常委会工作委员会联系省人大代表工作机制的意见》，落实好代表列席人大常委会会议、召开列席代表座谈会、主任会议成员赴基层召开五级人大代表座谈会等机制，为人大代表深度参与各委员会工作搭建好平台和载体。

着力提升代表履职能力。出台《关于加强全省人大代表活动阵地规范化建设的指导意见》，推动代表活动阵地高标准建设、高效率运转。强化代表履职服务保障和管理监督，提升代表培训工作系统化、规范化、专业化水平，完善代表履职考评体系和激励机制，出台《云南省人民代表大会履职评价办法（试行）》，不断提高代表工作质量和水平。建立代表建议重点督办机制，每年选取部分综合性强、涉及面广、问题反映比较集中的代表建议，由主任会议组成人员牵头重点督办，确保建议办理提质增效。

◎ 2024 年 1 月 28 日，云南省十四届人大二次会议人大代表选举投票（杨峥 / 摄）

6. 把各级人大及其常委会打造成为"四个机关"

强化思想武装和人才保障。深刻把握让人大成为自觉坚持中国共产党领导的政治机关、保证人民当家作主的国家权力机关、全面担负宪法法律赋予的各项职责的工作机关、始终同人民群众保持密切联系的代表机关的"四个机关"定位，通过开展党组理论学习中心组集中学习，举办机关学习教育讲堂等方式，用党的创新理论坚定理想、锤炼党性和指导实践、推进工作，提升机关依法履职能力和水平。优化人才队伍结构，及时作出关于重新确定省人大常委会及 16 个州（市）人大常委会组成人员名额及选举问题的决定，依法增加省、州（市）人大常委会组成人员名额，全省各级人大常委会和专门委员会组成人员的年龄、专业、知识结构进一步优化。

建立健全制度体系。各级人大常委会制定完善会议服务、公文处理、文件流转、会议简报等制度规定，全面开展机关制度"立改废"工作，切实完善制度体系，推进管理制度化、规范化、体系化。云南省人大常委会机关先后被评为"省级文明单位"和"云南省模范机关创建示范单位"。

（二）大力推进协商民主

社会主义协商民主是中国特色社会主义民主政治的特有形式和独特优势。云南认真贯彻落实习近平总书记关于发展社会主义协商民主的重要论述，认真把党的十八大以来关于健全社会主义协商民主制度的新要求落在实处，切实加强党对政协工作的全面领导，不断创新协商形式、规范协商程序、丰富协商内容、提高协商质量，形成了协商议政新格局，推进协商民主制度化建设。

1. 坚持和完善中国共产党领导的多党合作和政治协商制度

强化工作机制制度建设。省委出台《关于新时代加强和改进人民政协工作的实施意见》等一系列文件，坚持把政协工作纳入全局加以部署推进。每届省委召开一次政协工作会议、每年专题研究一次省政协工作、定期听取省政协党组工作情况汇报，省委主要领导带头参加政协重要会议活动，对政协协商成果、重要信息作出批示，带头做好党的统战工作。

强化思想引领。省政协深入学习贯彻习近平新时代中国特色社会主义思想，建立健全学习机制，推进党组会议、主席会议、常委会会议以上率下"领学"，机关党组和专门委员会分党组主动跟进"促学"，机关党支部结合业务"研学"，依托"深入学习贯彻习近平新时代中国特色社会主义思想学习座谈会"、"委员讲坛"等平台"讲学"，深学细悟党的创新理论。

强化政协党的建设。坚持以党的政治建设为统领推进政协党的各项建设，成立省政协党建工作领导小组，建立省政协机关党的建设工作专题会议制度，定期研究党的建设工作。成立专委会分党组，构建起包括省政协党组、机关党组、专委会分党组、机关党委、党支部在内的上下贯通、执行有力的组织体系，实现了党的组织对党员委员的全覆盖、党的工作对政协委员的全覆盖。

2. 提高人民政协政治协商、民主监督、参政议政水平

围绕"成为我国民族团结进步示范区"出谋划策。围绕民族地区精准扶贫、民族地区基础设施建设情况、突出民族文化产业特色、改善少

数民族地区生产生活条件、深化中小学铸牢中华民族共同体意识教育等专题，开展深度调研，组织重点协商，把推进云南省边疆民族地区文艺繁荣发展等提案列入重点提案进行督办。

围绕"成为我国生态文明建设排头兵"献计出力。就国家公园建设、自然保护区管理情况等进行重点调研视察，围绕加快云南绿色生态农业和林业发展、高黎贡山生物多样性保护、物种资源保护与开发利用等专题开展集中议政，对加强生态文明制度建设等重点提案进行督办。对全省"六大水系"及牛栏江、赤水河、黑惠江流域（云南段）河长制的落实情况开展督察，对 8 个州（市）和相关部门推行林长制的工作开展民主监督。

围绕"成为我国面向南亚东南亚辐射中心"建言献策。就重点开发开放试验区建设、跨境经济合作区建设、加快云南教育科技"走出去"进程进行重点调研视察，围绕推进中老铁路沿线产业发展、提升口岸城镇功能、加快边贸创新发展等开展协商议政，召开周边国家华文教育发展情况对口协商会，为加快推进面向南亚东南亚金融中心建设献计献策。

积极助力实现云南"3815"战略发展目标。紧紧聚焦省委中心工作，围绕壮大资源经济、推动乡村产业振兴、壮大园区经济、壮大口岸经济等开展专题协商，提出一批高质量可操作的意见建议。组织"千名香港企业家云南行"五年行动，成功举办首届滇商大会、2023 全球华商聚云南等活动，促成一批投资项目的签约落地，积极助力全省招商引资工作和经济社会高质量发展。

全力助推打赢脱贫攻坚战。自 2018 年起，连续三年组织全省三级政协和三万委员开展脱贫攻坚助推行动，全省政协委员参与率达到99%，办成了一批民生实事好事，聚焦 57 个国家和省级重点帮扶县，接续开展助推巩固拓展脱贫攻坚成果和全面实施乡村振兴战略"双助推"行动。省政协扶贫职能部门被表彰为"全国脱贫攻坚先进集体"。①

3. 加强人民政协专门协商机构建设

构建起协商议政新格局。不断丰富协商形式、增加协商频次，形成了以全体会议为龙头，专题议政性常委会议、专题协商会议和主席会议重点关注问题情况通报为重点，提案办理协商、远程协商、界别协商、对口协商、专家协商为常态的协商议政新格局，提升政协协商成效。目前，省政协每年举行专题议政性常委会议 2 次、专题协商会议不少于 8 次。

深入开展"协商在基层"工作。坚持协商主体以基层群众为主、协商议题以民生实事为主，完善工作格局、制定工作规则、统一工作标识、评选典型案例，指导县级政协走进乡村、走进社区、走进企业开展协商议事，推动政协协商向基层延伸、与社会治理有机结合，推动解决基层群众困难问题 8100 多件，创造了临沧"边寨协商"等亮点经验。2023 年聚焦党委和政府工作的重点、群众关心的热点、社会治理的难点，组织"开展院坝协商·建设文明村寨"行动，推动"协商在基层"工作范围进一步向农村拓展、协商平台进一步向村寨延伸、协商重点进一步向基层治理聚焦，有效助推农村普法强基、移风易俗、文明进步。

大力推进"数字政协"建设。积极以数字化赋能政协协商议政，按照"边建边用、以用促建，先试点后推广、以点带面"原则，建立起覆盖全省州（市）、县（市、区）政协的远程协商系统。打造了委员履职、

---

① 《"云南这十年"系列新闻发布会·省政协专场发布会》，云南省人民政府网站，2022 年6 月 29 日。

◎ 2023 年 4 月 19 日，南涧县政协到公郎镇板桥村委会易地搬迁集中安置点裕谷村开展院坝协商会，共同探讨建设宜居、宜业、生态和谐的美丽乡村（适志宏/摄）

委员学习、机关工作、政协宣传四个功能矩阵，建成了提案管理、社情民意反映、议政协商、委员档案管理、委员学习等 20 个业务系统，提供 226 项功能服务，覆盖了委员履职和机关工作的方方面面，100%覆盖全省州（市）、县（市、区）政协，推动政协协商从"面对面"向"键对键"、"端对端"的远程协商、网络议政拓展，从程序性的会议协商向不受时空限制的网上交流延伸。

4. 加强政治思想引领，广泛凝聚共识

形成广泛参与的工作格局。着力筑牢坚持党的领导这个政治圆心，注重有主导、有重点、有层次地开展思想政治引领工作，坚持把凝聚共识融入调研、视察、协商议政等各方面。在协商过程中增加交流互动环节，在政协提案、大会发言、反映社情民意信息中提高凝聚共识内容的

比重，使委员在履职实践中增进对党委政府决策部署的理解和认同。建立起党员委员联系党外委员、常委联系委员、委员联系界别群众的工作链条，使化解矛盾、理顺情绪、促进和谐的工作经常化制度化。

增进各族各界群众的大团结大联合。每年至少召开一次各民主党派省委、省工商联座谈会，共同协商重要议题，共同组织重大活动，共同开展重大活动。注重加强对民族宗教界群众的思想引领，建立定期走访慰问民族宗教界代表人士制度，深入宣传党的民族宗教政策，进一步铸牢中华民族共同体意识。引导和支持港澳委员站稳立场、主动发声，以实际行动坚决维护"一国两制"。加强与周边国家的华侨社团、侨领、侨胞的联系，积极帮助解决在滇台企的实际困难。从 2019 年起，每年选取不同主题，分批次组织民主党派委员、民族宗教界委员和港澳委员，开展以自我教育为主旨的专题学习考察活动。

创新凝聚共识的途径和载体。积极探索委员联系服务界别群众的有效路径，省政协 600 多名委员与 3000 多名有代表性的界别群众建立起常态化联系，更好地把党的主张转化为各界人士的共识和行动。在昭通"扎西会议"旧址、怒江"易地扶贫安置点"、普洱"民族团结园"创设 3 个委员学习教育基地，同步建立网上展厅，组织政协委员和各界人士开展体验式教育和线上自主学习，把学习教育基地建设成为教育引导广大政协委员的实践体验场所。大力推进委员工作室建设，各专门委员会、各界别依托高校、医院、商会、社团、科研院所建立 60 个"委员工作室"。发挥好委员工作室知民情、办实事、聚民心的重要平台作用。①

---

① 《"云南这十年"系列新闻发布会·省政协专场发布会》，云南省人民政府网站，2022 年 6 月 29 日。

5. 改革创新推进自身履职能力建设

激发政协委员履职责任感。按照"懂政协、会协商、善议政，守纪律、讲规矩、重品行"的要求，教育引导委员增强责任感和使命感，积极参与政协各项工作。切实保障委员参与协商、平等协商、有序协商的民主权利，不断完善多层次联络服务机制，积极搭建委员履职平台，强化委员责任担当。作出委员责任担当的具体规定，建立并落实委员分批次列席政协常委会议等制度，促进委员更好履职尽责。深入开展"书香政协"委员读书活动，建立具有政协特色的读书群制度、导读制度、辅导员制度，提升政协委员的履职能力。

强化履职保障。全面加强政协制度建设，构建起以协商工作规则为主干，覆盖政协履职、组织管理、队伍建设等制度体系，政协工作制度化、规范化、程序化水平明显提高。充分发挥专门委员会在政协工作中的作用，健全联系服务委员和界别的机制，推动专委会工作提升。持之以恒抓作风建设，持续深化一流干部队伍和一流模范机关建设，有力保障了政协高质量履职。

增强履职合力。落实全国政协工作部署，参与远程联动协商以及重点调研视察活动等工作，促进了一些关系云南发展的重大问题得到党中央、国务院的重视。加强工作统筹，强化对州（市）、县（市、区）政协工作的指导，聚合全省政协力量，有效发挥政协的整体效能。注重与其他省（区、市）政协的联动协作，先后围绕加快左右江革命老区经济社会发展、提升滇黔桂三省区交通基础设施建设水平、推进赤水河流域生态文明建设等问题，开展联合建言，服务经济社会发展。

（三）积极发展基层民主

基层民主制度是全过程人民民主的重要体现。云南认真贯彻落实习近平总书记对发展基层民主提出的新要求，不断坚持和发展基层民主制度，健全基层党组织领导的充满活力的基层群众自治机制，促进群众在城乡社区治理、基层公共事务和公益事业中依法自我管理、自我服务、自我教育、自我监督，保障人民享有更多更切实的民主权利。

1. 健全基层党组织领导的基层群众自治机制

全面贯彻落实基层群众自治制度，多举措保障基层群众实施自治。仅"十三五"期间，先后出台了 20 多个文件，为城乡基层群众自治实践提供了有力的法律和制度保障。新修订《云南省实施〈中华人民共和国村民委员会组织法〉办法》，进一步细化村务监督委员会的组成和职能、村民代表会议职责，进一步完善民主选举、民主管理和民主监督等制度，为云南基层民主创新发展提供重要制度保障。圆满组织实施村委会、居委会换届选举工作，强化了各环节工作，依法保障选民的选举权和被选举权，使发展全过程人民民主具体体现到换届选举的全过程，"两委"班子得到选齐配强，基层政权进一步夯实。

完善基层民主管理监督机制。行政村 100% 建立健全重大事项村民民主议事制度，全面实施"一事一议"、"四议两公开"等重大事项决策机制，全省村（社区）100% 建立自治章程、村规民约、居民公约，决策事项不断丰富充实，决策程序逐渐科学规范，在城乡社区治理中的积极作用日益凸显。健全了基层选举、议事、公开、述职、问责机制，以及村务监督委员会工作机制，全省 100% 建立村务监督委员会，全面推行村级"小微权力"清单制度。探索建立了村（居）务情况分析、村（居）务监督工作报告、评议考核等制度，村（居）务公开工作逐步规范化、制度化，建立起权责清晰、衔接配套、运转有效的基层民主监督机制。

保障基层群众的权利。以扩大有序参与、推进信息公开、加强议事协商、强化权力监督为重点，拓宽范围和途径，丰富内容和形式，切实保障基层群众享有知情权、参与权、管理权、监督权。深入推进基层党务公开、政务公开、司法公开、厂务公开、乡（镇）务公开、村（居）务公开，充分发挥人民群众的监督作用。在 129 个县（市、区）推进城乡社区治理，通过村（居）议事会、恳谈会、听证会等协商方式，广泛开展民主协商，最大限度形成共识。

推动基层社会治理与群众自治深度融合。完善基层社会治理体系，纵向划分省市县乡村五级治理责任，横向构建党委领导、政府负责、群团助推、社会协同、公众参与的社会治理格局，把管理服务网格划分到村村寨寨，建好各级综治中心和社会治理信息系统，推动基层社会治理与群众自治融合发力。

2. 健全基层群众自治组织

健全群众自治组织。通过民主选举，以村（社区）党组织为核心、村（居）民委员会为日常工作机构、村民会议和村民代表会议为议事决策机构、村务监督委员会为监督机构的村级组织体系逐步完善，基层党组织的领导作用充分发挥，村（社区）党组织书记和村（居）民委员会主任"一肩挑"比例逐步提高。同步健全扶贫搬迁安置点自治组织，新设立 13 个村委会、111 个社区居委会，其余搬迁点纳入当地所属村组管理。绝大多数村（居）民委员会设立了人民调解、治安保卫、公共卫生等下属委员会，建立了共青团、民兵、妇代会等群众组织。部分社区居民委员会下设物业委员会。

加强基层干部队伍建设。开展分类分级培训，实现村（社区）"两委"干部培训全覆盖。持续开展村（社区）"两委"干部、村（居）民小组干部任职资格联审，严把"入口关"，清理受过刑事处罚、存在"村霸"和涉黑涉恶等问题的村（社区）"两委"班子成员，并按程序及时补齐配强。建立村干部岗位补贴长效机制，落实村（社区）干部和村（居）民小组干部岗位补贴，支持村（社区）干部参加社会保险；探索健全村（社区）干部奖励激励机制，在全省村（社区）党组织书记中选树"好支书"，激发干事活力。

3. 规范基层群众自治工作运行

全面推行"一站式"服务。依托乡镇（街道）便民服务中心、村（社区）便民服务站，运用信息化手段推动"就近办、网上办、掌上办、指尖办"向基层延伸，以党务带动村务、商务、公共服务一体推进，"一站式"、"一门式"服务全面开展，社会保障、教育、卫生、文化、体育、扶贫、救助等政府公共服务在社区实现全覆盖。

明确基层群众自治组织责权。全部村（居）民委员会取得统一社会信用代码，由县级民政部门颁发基层群众性自治组织特别法人统一社会信用代码证书。确定村（居）民委员会特别法人资格，为村（居）民委员会明确责、权、利，依法开展活动奠定了基础。建立健全印章管理制度，清理工作机构和挂牌，改进和规范基层群众性自治组织出具证明工作，开展"社区万能章"专项整治，进一步厘清了基层政府与村（社区）的权责边界，社区准入制度逐步得到落实。推行"小微权力"清单制度，以县（市、区）为单位编制村级"小微权力"清单，明确村级事务办理

◎ 临沧市临翔区玉龙社区党群服务中心（陈飞／摄）

主体、办理方式、时间期限、纪律规定等要求，形成"按清单办事、规范村（社区）干部用权"的运行机制。[①] 所有村（居）民小组活动场所实现全覆盖，落实社区运转经费保障，确保城乡社区工作正常运转。

（四）巩固和发展爱国统一战线

云南始终坚持大团结大联合的主题，深入学习贯彻习近平总书记关于做好新时代党的统一战线工作的重要思想，贯彻落实中央统战工作会议及全国统战部长会议精神，牢牢把握团结奋斗的时代主题，切实加强党对统战工作的领导，不断巩固和发展最广泛的爱国统一战线，做好民

---

① 《云南省情》编委会编：《云南省情（2021 年版）》，云南人民出版社 2022 年版。

主党派和无党派人士工作、党外知识分子工作、新的社会阶层人士统战工作、非公有制经济人士统战工作、港澳台海外统战工作和侨务工作，最广泛地凝聚各族人民团结奋斗的力量。

1. 构建和完善大统战工作格局

加强和改进党对统战工作的领导。省委始终从战略和全局的高度，把做好统战工作作为事关全省改革发展稳定大局、事关祖国西南边疆长治久安的大事来抓，坚决贯彻落实党中央关于新时代统战工作的重大决策部署，省委常委会及时传达学习、贯彻落实习近平总书记重要讲话和中央统战工作会议等精神，研究部署民主党派民主监督、涉藏维稳等重点工作。先后召开省委统战工作、民族工作会议和全省宗教工作会议，制发贯彻《中国共产党统一战线工作条例》的实施意见、加强新时代统一战线工作的实施意见等重要文件，以项目化、清单化、具体化的举措细化落实党中央决策部署。各级党委（党组）坚持"四个纳入"、"四个带头"，切实履行好统战工作的政治责任和领导责任，形成了党管统战、加强统战的良好氛围。

大统战工作格局进一步完善。省委坚持把统战工作领导小组作为加强党对统一战线工作领导、构建大统战工作格局的重要抓手，2015 年省委统战工作领导小组成立，全省各州（市）、县（市、区）党委相继成立了统战工作领导小组，党委统一领导、统战部门牵头协调、有关方面各负其责的大统战工作格局进一步完善，统战领域长期存在的一批重点难点问题得到有效解决，大统战工作格局的优势充分彰显。

2. 坚持好完善好发展好中国新型政党制度

加强自身建设，切实履职尽责。支持各民主党派践行"四新"、"三好"要求，协助加强思想政治、组织、履职能力、作风和制度建设，进一步加强代表人士队伍建设，努力建设政治坚定、组织坚实、履职有力、作风优良、制度健全的中国特色社会主义参政党地方组织。协助各民主党派省委、指导省工商联顺利完成换届，一批与中国共产党同心同德、素质过硬的党外人士进入各民主党派、工商联领导班子，确保多党合作事业根基永固、薪火相传。省委制定贯彻落实《中国共产党政治协商工作条例》的实施意见，落实政党协商计划，定期召开情况通报会和协商座谈会，健全约谈协商、对口联系制度，省委主要负责同志主持召开各民主党派省委、省工商联、无党派代表人士参加的各类协商会，各民主党派通过"直通车"等形式直接向省委和各州（市）、县（市、区）党委提出意见建议，推动了党委和政府决策的科学化、民主化。

民主党派、无党派人士积极发挥优势作用。支持各民主党派持续发挥人才荟萃、智力密集的优势，围绕经济社会发展重大问题、人民群众关注的难点热点问题，深入调查研究，积极建言献策，一大批调研成果得到中央和省委、省政府领导肯定，提交加强中缅互通交通建设方面的建议得到中央肯定，提交把握COP15重大机遇着力推进我国生态文明建设的措施建议获党和国家领导人肯定，提交关于加快建设面向南亚东南亚科技创新中心的相关建议在科技、农业等领域发挥引领和助推作用，推动参政议政成果直接服务于经济社会发展，获国务院、中央统战部表彰。各民主党派省委开展脱贫攻坚民主监督，各民主党派省委、无党派人士开展九大高原湖泊保护治理民主监督，有力促进了脱贫攻坚和生态环境保护。

3. 加强新时代民营经济人士、党外知识分子、新的社会阶层人士统战工作

围绕促进"两个健康",实施"梧桐树工程",强化民营经济人士思想政治引领,建立司法、行政机关与工商联、商会组织经常性沟通交流机制,构建多元化的解决纠纷机制,保护民营企业合法权益。推动支持民营经济发展系列政策措施落实,广泛开展"大调研、大走访、解难题"活动,每年走访民营企业和商协会7000多家,每年推动和协助解决企业反映的各类问题超1000个,帮助解决民营企业最关心、最直接、最现实的困难,坚定民营企业发展信心。着力构建亲清政商关系,推动各级各部门及民营经济人士严格落实政企交往正负面清单要求。支持民营经济人士积极投身供给侧结构性改革、产业转型升级、服务社会民生,做爱国敬业、守法经营、创业创新、回报社会的典范。

加强对民营经济人士、党外知识分子、新的社会阶层人士的团结教育引导,通过座谈、沙龙、培训、考察等多种形式,充分运用"两微一端"等新媒体平台,深入开展"喜迎二十大同心跟党走"主题教育,持续开展"凝聚新力量·筑梦新时代"主题教育,不断增进政治共识。举办"云岭同心·服务社会"、"寻美·云南"系列活动,组织"云品丰收季"等公益直播助农活动,《我们是云南新阶人》原创作品破圈走红,迅速掀起为云南代言打CALL的热潮。加强省党外知识分子联谊会工作,成立省新的社会阶层人士联谊会,完成省留学人员联谊会群团改革和换届工作,建设"海归之家"、党外知识分子工作站,建立255个新的社会阶层统战工作实践创新基地、607个工作站(联系点),最大限

◎ 2023 年 9 月 27 日，昆明市盘龙区举办铸牢中华民族共同体意识主题活动"月圆中秋　福聚中华"——盘龙区统一战线中秋联谊会（龙舟 / 摄）

度把他们组织起来、发挥作用。①

4. 做好港澳台海外争取人心工作

突出联络交流互动。加强与港澳台地区和海外爱国同乡社团的联系，做好联谊交友工作，不断巩固壮大爱国友好力量。充分利用云南历史文化、民族文化和旅游资源优势，做好"请进来"、"走出去"工作，邀请 130 多个国家和地区 3 万多人（次）港澳台同胞和海外侨胞来滇交流参访，增进感情和友谊，拓展海外工作渠道。连续多年举

---

① 《"云南这十年"系列新闻发布会·省委统战部专场发布会》，云南省人民政府网站，2022 年 6 月 15 日。

办"世界云南同乡联谊大会"、"东盟华商会"、"云台会"等大型活动，积极开展国情省情研修班、海外侨领云南行、华裔青少年技能培训、华文教师培训等活动，推动面向南亚东南亚华文教育中心建设，助力云南与周边国家文化互鉴、民心相通。[①] 召开云南省归侨侨眷代表大会，倾心为侨服务，协调解决实际困难，切实维护华侨和归侨侨眷合法权益。

（五）稳步推进法治云南建设

全面推进依法治国，是国家治理领域一场广泛而深刻的革命。云南认真贯彻全面依法治国战略，把全面推进依法治省作为加强边疆治理体系和治理能力现代化建设的重大任务，全面加快法治云南建设，不断筑牢边疆和谐稳定、长治久安的法治根基。

1. 推进法治云南、法治政府、法治社会一体建设

坚持加强党的领导。把习近平法治思想列入各级党委（党组）理论学习中心组学习重要内容、纳入各级党校（行政学院）重点课程，组建巡回宣讲团深入基层宣讲，推进习近平法治思想入脑入心。出台党政主要负责人履行推进法治建设第一责任人职责实施办法、述法办法、约谈办法，建立健全省、州(市)、县(市、区)三级法治建设工作体制机制，制定完善工作规则和督察考评制度，形成省委全面依法治省委员会牵头抓总、4个协调小组积极推动、依法治省办统筹协调、各级各部门齐头

---

① 《"云南这十年"系列新闻发布会·省委统战部专场发布会》，云南省人民政府网站，2022 年 6 月 15 日。

并进的组织领导体系。

搭建起法治云南建设的"四梁八柱"。认真贯彻落实党中央决策部署，制定出台《中共云南省委关于贯彻落实〈中共中央关于全面推进依法治国若干重大问题的决定〉的意见》、《法治云南建设规划（2021—2025 年）》、《云南省法治政府建设实施纲要（2021—2025 年）》、《云南省法治社会建设实施纲要（2021—2025 年）》，以及《省委宣传部、省司法厅关于开展法治宣传教育的第八个五年规划（2021—2025 年）》等文件，扎实有序推进法治云南、法治政府、法治社会一体建设，全省法治建设群众满意率呈逐年上升趋势，从 2017 年度的 91.09%上升到 2023 年度的 97.09%。①

2. 提升立法质量和效果

围绕民族团结进步示范区建设立法。通过《云南省民族团结进步示范区建设条例》，批准 36 个民族自治地方自治条例修改，制定《云南省非物质文化遗产保护条例》、《云南省少数民族教育促进条例》、《云南省少数民族语言文字工作条例》。

围绕争当全国生态文明建设排头兵立法。出台《云南省创建生态文明建设排头兵促进条例》、《云南省土壤污染防治条例》、《云南省固体废物污染环境防治条例》等法规，推进九大高原湖泊保护条例新一轮修订，有力促进全省生态环境质量改善。

围绕建设中国面向南亚东南亚辐射中心立法。开展《云南省面向南亚东南亚辐射中心建设促进条例》、《中国（云南）自由贸易试验区条例》

---

① 《2023 年度云南省法治建设群众满意度调查新闻发布会》，云南省人民政府网站，2024 年 4 月 18 日。

立法调研，制定批准《云南省边境管理条例》、《昆明市建设区域性国际中心城市促进条例》等一批地方性法规和单行条例。

推进教育、文化、旅游、社会治理等地方立法。聚焦服务改善民生，出台《云南省非物质文化遗产保护条例》、《云南省少数民族教育促进条例》、《云南省旅游条例》、《云南省宗教事务条例》、《云南省矛盾纠纷多元化解条例》等地方性法规。

3. 扎实推进法治政府建设

健全依法决策机制。制定完善《云南省重大行政决策程序规定》，将公众参与、专家论证、风险评估、合法性审查、集体讨论决定确定为重大行政决策法定程序。修订《云南省行政规范性文件制定和备案办法》，全面推行行政规范性文件合法性审核和备案审查机制，备案审查率达到100%。云南省行政规范性文件制定标准和备案审查体系荣获第五届"中国法治政府奖"，楚雄州牟定县、红河州开远市被中央依法治国办命名为"全国法治政府建设示范县（市）"。

深化综合行政执法改革。在州（市）级农业、文化市场、交通运输、生态环保、市场监管等领域，完成综合行政执法队伍组建，大力推行跨区域、跨部门联合执法和综合执法。在乡镇（街道）推行"一支队伍管执法"试点，推进行政执法权限和力量向基层下沉。加强执法规范化建设，全面落实行政执法"三项制度"，严格行政执法人员资格管理。加强食品药品、公共卫生、生态环境、安全生产等重点领域执法，严格规范公正文明执法水平不断提升。

打造法治化营商环境。出台《云南省优化营商环境条例》、《云南省打造市场化法治化国际化一流营商环境实施方案》、《关于进一步优化营商环境降低市场主体制度性交易成本的若干措施的通知》，出台法治化营商环境全面提质 23 条措施，构建优化营商环境法规和政策保障体系。扎实开展涉企"挂案"清理、涉案企业合规改革试点等专项行动，依法平等保护各类经营主体合法权益。全省经营主体培育发展保持良好势头，截至 2023 年 6 月底，实有经营主体 542.41 万户、较 2022 年底净增 51.39 万户，其中：企业 116.06 万户、净增 12.37 万户、同比增长 25.31%。①

4. 深化司法体制综合配套改革

推进司法人员分类管理。按照"让审理者裁判，由裁判者负责"的司法责任制要求，加强法院检察院政法专项编制动态管理和法官检察官员额动态调整，完善人员分类管理、职业保障等机制。建立健全法官、检察官遴选制度，落实入额领导干部办案责任制，全省法院院庭长办案占比达 29.26%、检察院院领导及部门负责人办案占比达 31.67%。独任法官和合议庭签发裁判文书占比达到 98%，基层检察院检察官决定起诉的一审刑事案件占全部案件的 80% 以上。

推进审判制度改革。审级职能定位改革，围绕矛盾纠纷分层解决、有效过滤、精准提级要求，改革案件级别管辖制度，进一步推动审判重心下移，同时，改革提级管辖制度，将一些重大案件提级审理。推进以审判为中心的刑事诉讼制度改革，坚持罪刑法定、疑罪从无、罪责刑相适应原则，落实庭前会议、非法证据排除、法庭调查"三项规程"，全面强化人权司法保障。

---

① 《"开好局　强信心　促发展——贯彻落实党的二十大精神"系列新闻发布会　优化营商环境专场发布会》，云南省人民政府网站，2023 年 7 月 18 日。

5. 加快法治社会建设

深入推进普法强基补短板专项行动。聚焦法治宣传工作的短板弱项，聚焦重点区域和重点对象精准发力，深入开展普法强基补短板专项行动，着力提升普法针对性、实效性，夯实普法基层基础，增强全民法治意识，进一步夯实基层社会治理基础，有效提升公民法治素养和依法维权意识，实现刑事发案率、信访总量、命案数同比下降，扭转恶性命案高发多发态势的"三下降一扭转"目标。

"用民族干部宣讲法治、用民族语言传播法治、用民族文字诠释法治、用民族节庆展示法治、用民族文化体现法治"的边疆民族地区普法"五用工作法"得到广泛运用。建成以云南普法网和云南普法微信公众号为龙头，各类普法微信公众号和微博等新媒体普法平台为延伸，政务

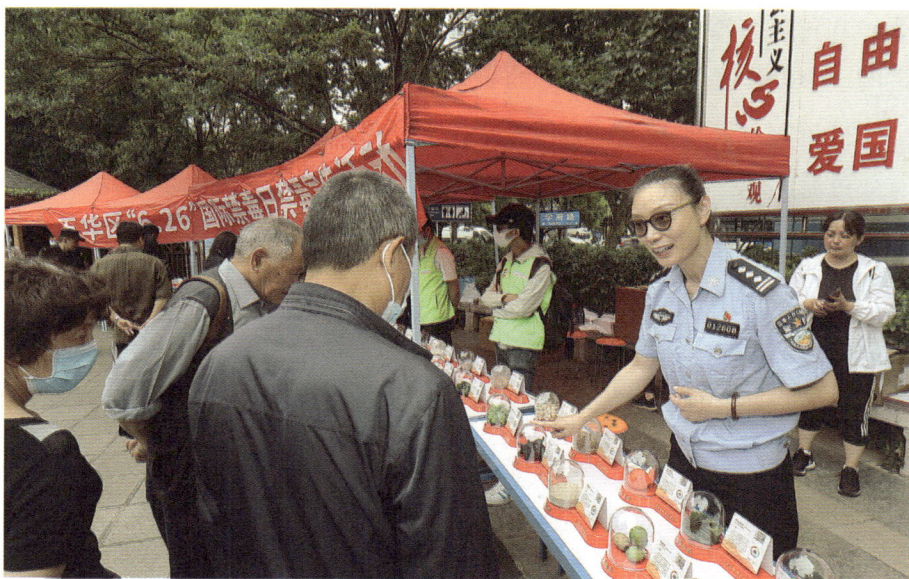

◎ 2020 年 6 月 26 日，昆明市五华公安分局禁毒宣传进社区（杨峰／摄）

类法治栏目微信、微博为补充的新媒体普法宣传矩阵。深入开展"民主法治示范村（社区）"创建工作，建成全国民主法治示范村（社区）101 个、省级示范村（社区）845 个。① 全面推进公共法律服务体系建设。加快推进公共法律服务实体、热线、网络平台相关数据融合一体化，提供全天候一次申请、三台互查、多项联动的一站式集成法律服务，智慧公共法律服务云平台被评为全国"智慧司法十大创新案例"。组建法律服务团为民营企业进行法治体检，推动律师事务所与商会建立合作机制。在美国、德国、老挝、缅甸、柬埔寨、泰国、斯里兰卡等国设立 15 家境外分支机构，为维护我国公民、法人在海外的正当权益发挥了重要作用。十年来，全省律师事务所发展到 1042 家，执业律师 1.41 万余人，每万人拥有律师数位居西部省区第二，彻底消除"无律师县"。②

（六）筑牢祖国西南安全稳定屏障

国家安全是民族复兴的根基，社会稳定是国家强盛的前提。云南深入学习贯彻习近平新时代中国特色社会主义思想，认真践行总体国家安全观，自觉担起筑牢祖国西南安全稳定屏障的重大政治责任，边民富、边关美、边疆稳、边防固的良好局面不断巩固。

1.坚持党对国家安全工作的绝对领导，推进构建大安全格局

坚定不移贯彻中央国安委主席负责制。始终坚持以习近平同志为核

---

① 《"云南这十年"系列新闻发布会·司法工作专场发布会》，云南省人民政府网站，2022年 9 月 14 日。
② 《"云南这十年"系列新闻发布会·司法工作专场发布会》，云南省人民政府网站，2022年 9 月 14 日。

心的党中央对国家安全工作的集中统一领导，制定出台《党委（党组）国家安全责任制实施细则》，健全完善习近平总书记重要指示批示精神和中央国安委决策部署落实情况的跟踪督办机制，将国家安全责任制落实情况纳入巡视巡察重要内容，严密国家安全工作责任链条和督促检查考评体系，层层压实党委（党组）维护国家安全主体责任。

坚定不移强化总体国家安全观理论武装。将总体国家安全观纳入各级党委（党组）理论学习中心组学习的重要内容，滚动实施总体国家安全观专题培训三年行动计划，在省各级党校（行政学院）全面开设总体国家安全观专业课程，教育引导广大党员干部自觉用总体国家安全观武装头脑、指导实践、推动工作。扎实开展全民国家安全宣传教育，创新宣传教育方式方法和平台载体，不断增强边境群众国家、国民、国土、国门、国界意识，人人有责、人人尽责的国家安全人民防线越筑越牢。

坚定不移构建大安全工作格局。健全高效权威的国家安全领导体制，实现省、州（市）、县（市、区）三级党委国家安全领导机构及其办事机构全覆盖。完善重点领域国家安全工作体系，做到平时"分兵把口"、急时"统一调度"、定时"联合推演"，全面筑牢各领域安全防线。健全重要领域国家安全法规、政策、制度，严密国家安全风险监测预警、应急响应指挥、协同处置保障、社会疏导稳控的工作链条，推动构建全域联动、立体高效的"全省一盘棋"国家安全防护体系。

2. 加强和创新基层社会治理，推进市域社会治理现代化

健全党领导的城乡基层治理体系。坚持关口前移，凡是推出涉及群众切身利益的重大决策，都把社会稳定风险评估作为"前置程序"、"刚

性门槛"，努力使重大决策的过程成为倾听民意、改善民生、化解民忧的过程，最大限度预防和减少社会矛盾的发生。紧扣边疆民族地区实际，组织各州（市）参加全国市域社会治理现代化试点工作，着力打造具有云南特点、边疆特色、时代特征的社会治理新模式，参加试点的昆明、曲靖、玉溪、保山、楚雄、大理 6 个州（市）均顺利通过验收，被命名为"全国市域社会治理现代化试点合格城市"，昆明、曲靖两市的典型经验做法被命名为"全国市域社会治理现代化试点优秀创新经验"。坚持"五社联动"、"两工互动"社区治理思路，社区各类主体参与城乡社区治理的机制逐步健全，以社区为平台、社会组织为载体、社会工作者为支撑、社区志愿者为辅助、社会慈善资源为补充的新型社会治理体系基本形成，共建共治共享形成共识。

探索推动"省级负责顶层设计，市级负责统筹协调，县级负责整体推进，乡镇负责固本强基，村社负责落细落小"的分层治理格局。坚持强基导向，按照"多网合一、一网通建、一网统管、一网贡献"的标准，深入推进"全科网格"建设，网格化服务管理精细化水平进一步提升。全省所有乡镇（街道）100%配备政法委员或政法副书记，州（市）、县（市、区）、乡镇（街道）三级综治中心建设达 100%，网格化服务管理实现全覆盖，有效夯实了社会治理"底座"。配合国家举行高山峡谷地区地震救援演习，建立重特大地震灾害"123"快速响应机制，科学应对隆阳 5.2 级、芒市 5.0 级地震。全力抗大旱防大汛，无重大灾害损失。基本建成覆盖省市县乡村的应急广播体系。

完善城乡社区公共服务。编制实施《云南省"十四五"城乡社区服务体系建设规划》，城乡社区公共服务设施不断改善，城市社区专业社会工作普遍开展，农村社区开展驻村社工服务试点，志愿者服务形成常态，服务体系进一步完善，"小社区、大服务"格局初步形成。

3. 坚持和发展新时代"枫桥经验"

持续深化新时代"枫桥经验"云南实践，突出问题导向，立足预防、调解、法治、基层四项要求，完善社会矛盾纠纷源头预防、排查预警、多元化解三项机制，努力提升矛盾纠纷预防化解法治化水平。建强做实用好乡镇（街道）综合中心，深入开展矛盾纠纷大排查大化解，有效化解了一批重复信访和信访积累。加强对八大类特殊群体的帮扶救助、关心关爱、教育引导，切实保障其基本生活和合法权益。从 2012 年到 2022 年，全省共调解矛盾纠纷 596 万余件，调解成功率 95% 以上，近 90% 的矛盾纠纷都化解在基层一线，实现"小事不出村、大事不出乡、矛盾不上交"。[①]

强化调解网络建设。巩固 1.6 万余个村（社区）、乡镇（街道）人民调解委员会基层阵地，推动建立涵盖医疗卫生、道路交通、物业管理、旅游消费、劳动争议等领域的行业性、专业性调解组织，打造"个人调解工作室"，在人民法院、信访部门、公安派出所建立人民调解组织，在 8 个涉边州（市）建立民间纠纷联合调解中心和调解室，形成以村（社区）调委会、调解小组为基础，乡镇（街道）调委会为主导，行业性专业性调委会为骨干，个人调解工作室为补充，多层次、宽领域、广覆盖的调解网络。

发挥人民调解员作用。组织全省人民调解员开展了"筑牢第一道防线、助推平安云南建设"、"万人进千村帮万户"、"促稳定、迎国庆"等 10 余个专项活动，聚焦征地拆迁、工程建设、环境保护、金融保险等

---

① 《"云南这十年"系列新闻发布会·司法工作专场发布会》，云南省人民政府网站，2022 年 9 月 14 日。

领域，集中力量化解了大量矛盾纠纷。

4. 常态化开展扫黑除恶斗争

严打黑恶势力犯罪。扎实开展为期三年的扫黑除恶专项斗争，共打掉涉黑组织 166 个，涉恶犯罪集团 296 个、团伙 508 个，抓获犯罪嫌疑人 13658 人，缉拿目标逃犯 207 人，破获涉黑涉恶刑事案件 13924 起，破获多年未能侦破的积案 5000 余起，依法严厉查处了孙小果案、乔氏家族案等一批在全国有影响的重大案件，维护了公平正义。强力推进"打伞破网"。共立案查处涉黑涉恶腐败和"保护伞"案件 4026 件，给予党纪政务处分 3689 人，移送司法机关 668 人，清除了党员干部队伍中的一批害群之马。①

推进扫黑除恶长效常治。省委专题研究部署，出台关于常态化开展扫黑除恶斗争、巩固专项斗争成果的实施意见，建立健全高位推动的组织领导机制、源头治理的防范整治机制、涉边黑恶势力违法犯罪打击整治机制、规范高效的线索处置机制、打早打小的依法惩处机制、务实精准的督导督办机制、群众满意的长效评价机制"七大机制"，为全省常态化扫黑除恶斗争提供制度支撑。2021—2023 年 8 月底，全省共打掉涉黑组织 18 个，涉恶犯罪集团 49 个、团伙 52 个，刑拘犯罪嫌疑人 1946 人，缉拿本省籍目标逃犯 14 人，破获涉黑涉恶刑事案件 1937 起。②

5. 推进突出治安问题常态化综合治理

持续加强社会治安综合治理。严厉打击黄赌毒、盗抢骗、食药环、

---

① 《"云南这十年"系列新闻发布会·省委政法委专场发布会》，云南省人民政府网站，2022 年 6 月 13 日。
② 《云南省常态化扫黑除恶斗争新闻发布会》，云南省人民政府网站，2023 年 9 月 26 日。

涉枪涉爆等违法犯罪，持续推动社会治安形势好转，人民群众安全感满意度再创新高。坚持严打方针不动摇，全省刑事案件立案数和全省命案发案数逐年下降，打击整治电信网络诈骗犯罪实现发案数和损失数同比下降、破案数和抓获数同比上升的"两降两升"目标，全力保护群众生命财产安全。开展重大事故隐患专项排查整治行动，起底整治交通安全和社会治安风险隐患，防范化解各类风险隐患的能力不断提高，全省各类生产安全事故以及道路交通事故发生起数、致死人数均明显下降，人民群众安全感综合满意率再创新高。

健全社会治安防控网。全面推进社会治安巡逻防控网、城乡社区治安防控网、单位行业场所治安防控网、重点人员治安防控网、公共安全视频防控网、信息网络防控网"六张网"建设，着力构建点线面结合、网上网下结合、人防物防技防结合的立体化社会治安防控体系，有效提升了治安要素动态管控、预防打击违法犯罪的能力，社会治安防控体系更加健全。深入推进"雪亮工程"建设，加强国家禁毒大数据云南中心、云南智慧边境大数据中心建设应用，推动智慧安防小区建设，视频监控实现城乡重点区域、主要道路、口岸通道全覆盖，信息化条件下驾驭社会治安局势的能力大幅提升，社会治安智能化防控能力不断增强。

6. 防范化解金融风险，打好经济金融安全稳定战

用发展的办法解决发展中的问题。在如期打赢脱贫攻坚战、坚决守住不发生规模性返贫底线的基础上，大力推进乡村振兴，谋划实施产业强省建设、中老铁路沿线开发、打造一流营商环境等系列三年行动，推进构建现代化经济体系，做特做强资源经济、做优做活口岸经济、做大做实园区经济，高质量跨越式发展迈出新步伐。

打好防风险化债务主动仗。健全财政风险防控体系和金融稳定保障体系，全省地方政府隐性债务规模、银行贷款不良率持续下降，多个重大金融风险点化解出列。采取针对性措施抓好相关省属企业防风险化债务并取得阶段性成效，国企改革发展开始步入良性循环。坚持"房住不炒"定位，一手抓风险化解、一手抓行业脱困，制定稳定房地产市场政策、落实金融支持房地产市场发展系列政策措施，促进房地产市场平稳健康发展。地方债务风险有序化解，守住了不发生区域性系统性风险的底线。

7. 持续推进强边固防，确保边疆稳定

完善边境立体化防控体系。坚持体系推进、突出科技强边、深化军民合作，压实"五级书记抓边防"责任，实行边境线"五级段长制"，

◎ 德宏盈江县弄璋镇古里卡文明村傈僳族妇女组织成立的护边队（杨峥／摄）

全面推进边境立体化防控设施建设，健全边境联防体制机制，选配联防员入驻边境联防所，基本建成人防、物防、技防相融合的边境立体化防控体系，云南边境管控格局发生根本性变化。推进辖区派出所、警务室、边境联防所一体化运作，全面落实网格化服务管理，深化"五户联防"、"十户联保"等邻里守望模式，创建 60 个强边固防示范村，边境地区干部群众守边护边意识不断增强，联防联控机制逐步完善。全面推进 374 个现代化边境幸福村建设，不断加强"三非"人员、跨境婚姻等问题治理，形成了边民富、边关美、边疆稳、边防固的良好局面。

着力打击整治跨境违法犯罪。聚焦打击偷越国（边）境、电信网络诈骗、跨境赌博"三大战役"，常态化部署开展打击整治跨境违法犯罪专项行动，持续推进边境警务执法合作，坚决打击电信网络诈骗违法犯罪取得显著战果，非法出入境和走私、贩毒、越境赌博等违法犯罪发案数大幅下降，深入开展禁毒人民战争，边境安全稳定局面更加巩固。

（七）不断加强党的群团工作

党的群团工作是党组织动员广大人民群众为完成党的中心任务而奋斗的重要工作。云南深入学习贯彻习近平总书记关于群团工作的重要论述，始终坚持党对群团工作的统一领导，健全组织制度，完善工作机制，引导和支持群团组织更好服务工作大局。

1. 不断加强党对群团工作的领导

健全制度机制。根据《中共中央关于加强和改进党的群团工作的意见》和中央党的群团工作会议精神，制定出台《中共云南省委关于加强和改进党的群团工作的实施意见》，始终坚持党对群团工作的统一领导，健全组织制度，完善工作机制，从上到下形成强有力的组织领导体系，引导和支持群团组织更好服务全省工作大局。

强化理论武装。群团组织始终强化理论武装，紧抓思想引领，牢牢把握学习宣传贯彻习近平新时代中国特色社会主义思想这条主线，着力抓实理论学习，切实增强政治意识、大局意识、核心意识、看齐意识，切实增强做好新形势下群团工作的责任感和使命感。坚持学思用贯通、知信行统一，充分发挥各自特点和优势，服务大局、服务群众，主动作为、扎实进取，把学习成效转化为锐意进取、担当有为的精神状态，转化为做好本职工作、推动事业发展的生动实践，转化为奋进新征程、建功新时代的务实行动。

◎ 2021 年 6 月 1 日，武成小学教育集团围绕开展"红领巾心向党"主题活动，组织举办校园"百年奋斗　童心向党"入队仪式（杨峥 / 摄）

2. 深化群团组织改革和建设，不断增强群团组织政治性先进性群众性

深入贯彻落实深化群团组织改革的各项要求。各级群团组织贯彻落实习近平总书记关于群团工作和群团改革的重要指示精神，落实中央党的群团工作会议精神，精心谋划部署，大力推进机构设置、管理模式、运行机制、工作方式改革创新，加快推进数字化进程，制定出台一系列推动改革的文件，推进全省群团组织改革创新从试点先行到整体推进，不断向基层延伸、向实践拓展，基层群团组织机构联盟建设有序推进，群团组织的吸引力凝聚力战斗力得到提升，群团事业展现新气象。

增强群团组织政治性、先进性、群众性。牢牢把握政治性这一灵魂、先进性这一根本要求、群众性这一基本特点，各级群团组织发挥各自优势，凝聚各方力量，找准切入点，深入学习贯彻习近平总书记关于工人阶级和工会工作的重要论述，充分发挥桥梁纽带作用，深入开展了各类群众性劳动和技能竞赛、岗位练兵、技能比武、科技创新、科学普及、技能培训和典型选树等活动，扎实推进新时期产业工人队伍建设改革，大力推动建成了一批职工（劳模、工匠）创新工作室、技师工作站、青年创新创业基地、妇女创业孵化基地、院士（专家）科技工作站，通过提供创业辅导、终端对接、项目服务等，积极引导广大群众通过互联网在线就业创业，建设高素质劳动大军。通过开展生动活泼、特色鲜明、富有成效的群众性实践活动，把社会主义核心价值观建设引向深入，引导群众自觉培养和践行社会主义核心价值观。把群团工作纳入党政主导的维护群众权益机制，群团组织维护人民群众利益的能力明显增强。群团组织特别是人民团体成为广大群众依法、

有序、广泛参与管理国家事务和社会事务、管理经济和文化事业的重要渠道。

3. 完善党建带群建制度机制

压紧压实主体责任。省委对完善党建带群建制度机制提出明确要求，落实责任，明确任务，强化措施，健全制度，确保群团组织始终听党话、跟党走，充分发挥桥梁纽带作用。全省各级党组织深刻认识加强和改进"党建带群建"工作的重要意义和工作要求，党组（党委）定期研究部署群团工作，机关党组织协助部门党组（党委）完善党建带群建制度机制，一体推进党群组织建设，不断提升党建带群建工作质量，努力把党建优势转化为群团事业的发展优势，推动群团组织依法依章程开展工作、发挥作用。

充分发挥先进典型的示范引领作用。开展"云岭先锋党建带群建示范单位"评选工作，以全面争创、组织推荐、严格评选的原则，对全省涌现出的一批"带准政治方向、带优组织体系、带强干部队伍、带动作用发挥、带严作风建设、带深群团改革"的党建带群建先进基层党组织予以命名，放大典型示范效应，进一步促进全省各级党组织党建带群建、群建促党建，统筹基层党群组织工作资源配置和使用，实现了党建和群建工作共建互促、整体推进。

人民民主是社会主义的生命，是全面建设社会主义现代化国家的应有之义。新征程上，云南必须高扬民主法治旗帜，认真贯彻落实习近平法治思想和习近平总书记考察云南重要讲话和重要指示批示精神，深刻把握全过程人民民主是社会主义民主政治的本质属性，是最广泛、最真实、最管用的民主，以更加昂扬的姿态奋斗新时代、奋进新征程、担当新使命，毫不动摇坚持和巩固中国特色社会主义制度，全面加强社会主义民主政治建设，着力筑牢安全防线，维护社会和谐稳定大局，确保在法治轨道上推进边疆民族地区治理体系和治理能力现代化，不断推进社会主义民主政治建设在边疆民族地区的全面实践，充分彰显我国政治制度的显著优势和强大生命力。

七、大力发展社会主义文化，文化强省建设迈出新步伐

文化是民族的血脉，是人民的精神家园。一切国家和民族的崛起，都要以文化创新和文明进步为先导和基础。习近平总书记在文化传承发展座谈会上的讲话中指出："在新的起点上继续推动文化繁荣、建设文化强国、建设中华民族现代文明，是我们在新时代新的文化使命。"①云南深入学习贯彻习近平文化思想，认真贯彻落实习近平总书记考察云南重要讲话和重要指示批示精神，立足独特的历史文化、红色文化、民族文化、自然文化优势，加快推进文化强省建设，党的创新理论在云岭大地落地生根，主流舆论不断巩固壮大，社会主义核心价值观深入人心，文化事业和文化产业持续繁荣发展，公共文化服务供给不断丰富，群众多层次多样化文化需求得到有效满足，各族人民文化自信明显增强，为谱写好中国式现代化的云南新篇章提供了有力思想保证、精神支撑和文化条件。

（一）持续深化理论武装

坚持马克思主义在意识形态领域指导地位的根本制度，坚持不懈用

---

① 习近平：《在文化传承发展座谈会上的讲话》，《求是》2023 年第 17 期。

习近平新时代中国特色社会主义思想凝心铸魂，在推动学习宣传贯彻往深里走、往心里走、往实里走上持续用力，以"关键少数"带动"绝大多数"，把 4700 万全省各族人民用习近平新时代中国特色社会主义思想武装起来、凝聚起来，坚定不移用党的创新理论坚定理想、锤炼党性、指导实践、推动工作、引领发展。

1. 常态化抓好理论学习教育

把理论学习教育贯穿党的群众路线教育实践活动、"三严三实"专题教育、"两学一做"学习教育、"不忘初心、牢记使命"主题教育、党史学习教育、学习贯彻习近平新时代中国特色社会主义思想主题教育、党纪学习教育全过程，推动广大党员干部深化对党的创新理论的理解把握，以理论滋养初心、以理论引领使命。制定出台《深入学习贯彻习近平总书记考察云南重要讲话精神推进理论武装工作实施意见》、《党委（党组）理论学习中心组学习实施办法》、《党委（党组）理论学习中心组学习巡听旁听工作办法（试行）》等一系列制度文件，提升理论武装工作科学化、规范化水平，提高理论学习针对性实效性，推动党的创新理论在云岭大地落地生根。构建以党委（党组）理论学习中心组学习为龙头，以党校（行政学院）、干部培训基地为阵地，以党支部为载体，以习近平总书记重要讲话、文章、著作为重点教材的理论武装体系，多形式、分层次、全覆盖开展党员干部理论学习教育。抓好《习近平谈治国理政》、《习近平著作选读》、《习近平新时代中国特色社会主义思想学习纲要》等重要著作和辅导读物学习使用工作，为全省干部群众学思想、悟思想、用思想提供原著原典。结合边疆民族地区实际，把党章、党的二十大报告等重要文本翻译成傣文、景颇文、傈僳文等少数民族文字出版发行，免费提供给全省少数民族干部群众学习使用，为少数民族干部

◎ 2020 年 8 月 27 日，在首场"张桂梅思政大讲堂"报告会上，张桂梅讲述自己和华坪女高的故事（陈飞／摄）

群众学习党的创新理论提供便利、创造条件。构建以课堂教学为主体、实践教学与网络教学为辅助的思政课教学体系，精心打造高校和中小学思想政治示范课，创办"张桂梅思政大讲堂"，实施大中小学思政课"手拉手"计划等，推动党的理论创新成果进教材、进课堂、进学生头脑。以学习宣传贯彻习近平新时代中国特色社会主义思想为第一要务，做强做精"学习强国"云南学习平台，实现 16 个州（市）级平台全覆盖，成为全国首批地市级平台全覆盖的省份之一，云南学习平台订阅量超 4166 万人次。

2. 广泛开展理论宣传宣讲

聚焦用党的创新理论武装全党、教育人民这个首要政治任务，先后组建学习贯彻党的十八大、党的十九大、党的二十大以及历次全会精神党委宣讲团，推动习近平新时代中国特色社会主义思想和党的重要会议精神进企业、进农村、进机关、进校园、进社区、进网络、进边寨、进千家万户，实现全省城乡全覆盖。创新开展"习近平新时代中国特色社会主义思想百县千乡万村行"宣讲活动，充分发挥各地基层理论宣讲队伍作用，深入开展大众化、通俗化、对象化的理论宣讲，有力推动学习贯彻习近平新时代中国特色社会主义思想主题教育走深走实。精心打造"云岭百姓宣讲团"、"聂耳社区宣讲团"、"红色小蜜蜂宣讲队"、"苍洱品牌宣讲团"、"理润丘北宣讲团"等基层宣讲品牌，采取农民夜校、院坝会、火塘会等方式，广泛开展分众化、互动化宣讲活动，推动党的创新理论"飞入寻常百姓家"。持续开展"共筑中国梦·同绘彩云南"高校百场形势政策报告会、"双百双进"活动、"学习新思想千万师生同上一堂课"活动等，成立习近平新时代中国特色社会主义思想云南高校宣讲团，推动党的创新理论在师生心中落地生根。开设"牢记嘱托，把总书记交办的事情办好"特色专题专栏，组织专家学者、领导干部等在《人民日报》、《求是》、《光明日报》、《云南日报》等中央和省级媒体刊发系列理论文章。持续打造"党的创新理论我来讲"等理论宣讲品牌，自 2020 年起连续举办 4 届全省"党的创新理论我来讲"理论宣讲大赛，发现和推出一批基层理论宣讲优秀人才和作品；创新推出《自信中国说》、《用实践回答》、《三分钟讲理论》、《学思践悟在云南》等一批特色理论宣传产品，理论融媒体产品《自信中国说》2022 年、2023 年连续两年获得国家广电总局表彰。

3. 深入推进理论研究阐释

围绕习近平新时代中国特色社会主义思想和习近平总书记考察云南重要讲话和重要指示批示精神，组织重大课题研究、开展系列研讨活动，推出一大批有分量的研究成果，编写出版《灯塔——沿着习近平总书记指引的方向奋勇前进》、《云南脱贫攻坚战纪实》、《谱写中国梦云南篇章——砥砺奋进的五年》、《辉煌云南 70 年》等一批理论书籍，用边疆民族地区的生动案例，深刻揭示中国特色社会主义的历史逻辑、理论逻辑、实践逻辑。加强马克思主义理论研究和建设工程、云南省中国特色社会主义理论体系研究中心、马克思主义学院、报刊网络理论宣传阵地等理论工作平台建设，持续深化拓展马克思主义理论研究和阐释，云南大学马克思主义学院入选全国重点马克思主义学院建设单位，实现云南省全国重点马克思主义学院"零"的突破。编制实施《云南省"十四五"时期哲学社会科学发展规划》，组织制定《云南省哲学社会科学发展三年行动计划（2023—2025)》，实施哲学社会科学创新工程，紧扣重大理论和重大现实问题，创新开展"揭榜挂帅"重大项目、"三边三好"、智库项目等专项研究，组织实施《传承发展中华优秀传统文化 云南文库·大家文丛》项目，推动理论研究阐释向纵深发展。2023 年国家社科基金立项 140 项，立项数列全国第 13 位、西部第 4 位。颁布实施《云南省社会科学普及条例》，以省委、省政府名义高规格评选云南省社会科学奖，全省社科理论界深受鼓舞与振奋。成立中国（昆明）南亚东南亚研究院，与求是杂志社在云南共建国情研究基地，与中国社会科学院共建国情调研云南基地，聚焦云南高质量跨越式发展等重大理论和实践问题，聚焦群众普遍关注的社会热点难点问题，深入开展重大理论和现实问题研究、重大实践经验总结，充分发挥"思想库"、"智囊团"的作用。

（二）巩固壮大主流舆论

坚持团结稳定鼓劲、正面宣传为主，围绕中心、服务大局，统一思想、凝聚力量，紧扣云南经济社会发展的生动实践，发挥宣传思想文化工作的先导性和保障性作用，鲜明有力地弘扬主旋律、传播正能量，把党的声音传递好，把社会进步主流展示好，把人民群众心声反映好，巩固壮大奋进新征程、建功新时代的主流思想舆论，引导广大干部群众把思想和力量凝聚到推动云南高质量发展、奋力谱写中国式现代化的云南新篇章上来。

1. 开展重大主题宣传

聚焦习近平总书记考察云南重要讲话和重要指示批示精神，在各级各类媒体持续推出"牢记嘱托，把总书记交办的事情办好"专题专栏，策划组合系列报道，打造现象级产品，"把总书记交办的事情办好"不仅成为网络热词，更成为"党的光辉照边疆、边疆人民心向党"的生动写照。聚焦庆祝改革开放40周年，在主流媒体统一开设"壮阔东方潮 奋进新时代——庆祝改革开放40年"专题专栏，围绕"三大战略定位"、"边境地区看40年变化发展"等推出一批特色专栏节目和新媒体产品，编写出版《中国改革开放全景录·云南卷》、《云南改革开放口述史》、《七彩云南40年》等书籍，创作推出《都是一家人》、《落地生根》、《云上的村落》等改革开放题材影视作品，举办"我与改革开放共成长"等系列网络互动活动，全面展示改革开放40年来全省发展成就。聚焦庆祝新中国成立70周年，开展"壮丽70年·奋斗新时代"、"记者再走长征路"、"寻找共和国同龄人"等大型主题采访宣传活动，举办庆祝新中国成立70周年系列新闻发布会和"辉煌70年——云南省庆祝中华人民共和国成立70周年成就展"，创作推出《为国而歌》、《梭罗花开》、《同心云聚》、《山水云南》等一批赞美祖国、歌颂人民的优秀文艺作品，编著出版《辉煌云南70年》、《辉煌云南70年大事记》、《七彩云南70瞬间》等书籍，开展"云岭飞歌颂中华"、"祖国在我心中——千里边疆同升国旗同唱国歌同看盛典"等群众性活动，充分展示新中国成立70年、改革开放40年特别是党的十八大以来党和国家事业取得的历史性成就、发生的历史性变革。聚焦庆祝中国共产党成立100周年，大力宣传全省各界对习近平总书记"七一"重要讲话精神的热烈反响和对美好生活的向往，在全省各级媒体开设"奋斗百年路　启航新征程"总栏目，制作推出《中国共产党与边疆少数民族的100个故事》等栏目节目，精心策划举办庆祝中国共产党成立100周年成就展、理论研讨会、座谈会，广泛开展知识竞赛、征文演讲、志愿服务等活动，组织开展庆祝中国共产党成立100周年文艺晚会、美术书法摄影展、广播影视剧展播展演展映、主题出版物展销等系列活动，全景展示中国共产党百年奋斗历程，充分展示中国共产党领导和中国特色社会主义制度显著优势在云南的生

◎ 2023年第七届中国—南亚博览会文化旅游馆"有一种叫云南的生活"主题展区
（杨峥／摄）

动实践。2023 年、2024 年全国两会期间，省委主要负责同志两次通过人民网致信网友，向大家推介和分享"有一种叫云南的生活"。联动 20 余省开展"霞客行之江山多娇·有一种叫云南的生活"内宣活动，持续开展"花好月圆·有一种叫云南的生活"6 个子系列活动，全方位、立体化打造"有一种叫云南的生活"网络 IP。截至 2024 年 4 月，阅读量超 295 亿人次，入选 2023 中国正能量网络主题活动精品，成为云南形象、云南文化、云南品质的代名词，彩云之南成为广大网友心驰神往的"诗和远方"。

2. 强化正面宣传引导

围绕决战脱贫攻坚、决胜全面建成小康社会，深入宣传习近平总书记给贡山县独龙江乡群众回信，大力宣传云南省脱贫攻坚取得的显著成效，选树"西畴精神"群体、怒江脱贫攻坚"背包"工作队、张顺东和李国秀夫妇等脱贫攻坚先进典型，彰显向上向善的价值取向，生动反映人民群众的获得感、幸福感。围绕抗击新冠疫情，在媒体统一开设"众志成城　团结奋进　抗击疫情"、"统筹推进疫情防控和经济社会发展"等专题专栏，组织召开疫情防控工作新闻发布会，推出原创 MV《生命之春》、《山河无恙在我胸》、《命运共同体的战斗》等一系列文艺作品，营造强信心、暖人心、聚民心的浓厚氛围。围绕"3815"战略发展目标、系列三年行动计划、发展"三大经济"、优化营商环境、"六稳"、"六保"等省委、省政府重大重点工作，用好经济宣传工作联席会议制度，扎实开展成就宣传、典型宣传、形势政策宣传，坚定信心、鼓舞士气、激发干劲。围绕南博会、中国产业转移发展对接活动、"5·19 中国旅游日"主会场活动、中国国际旅交会、COP15、亚洲象"北上南归"、丽香铁路通车、中老铁路通车、第五届世界媒体峰会（云南分会场）等重大活

◎ 2023 年 11 月 7 日，2023 中国国际旅游交易会在昆明举行（雷桐苏／摄）

动，开展精彩纷呈的正面宣传，展示好形象、唱响主旋律、传播正能量，"我家云南美"阅读量破 47 亿人次，亚洲象"北上南归"、中老铁路通车深受国内外关注、数次登上网络热榜，"奋进的春天"网上宣传激扬奋进，"我在云南过大年"网络互动温暖喜庆，"我在边疆望北京（第二季）"、"茶香中国"、"书写中国"等跨省联动、传播量上亿的融媒体爆款"破壁出圈"，一大批作品入选中国正能量网络精品。持续筑牢祖国西南意识形态领域安全屏障，牢牢掌握党对意识形态工作领导权，全面落实意识形态工作责任制，建立系列制度机制，加强各类阵地管理，开展有力有效舆论引导，意识形态领域保持向上向好态势。

3. 推动媒体深度融合发展

印发《关于加快推进媒体深度融合发展的实施意见》，依托《云南日报》、云南广播电视台、《云岭之窗》杂志、《云岭先锋》杂志、云南网等主流媒体，融合微博、微信、客户端，构建集"一报一台二刊一网"与"两微一端"于一体的省级主流媒体融合发展格局，更好发挥宣传群众、教育群众、引领群众、服务群众的作用。创办由省委主管主办、省委办公厅具体承办的综合性时政期刊《云岭之窗》，宣传党的主张、传递省委声音、讲好云南故事、凝聚奋进力量。全力打造"云南发布"政务媒体品牌，推进"云南发布"与省级政务服务平台、县级融媒体中心与县级政务服务平台贯通联动。挂牌成立云南首个媒体融合生产领域的省级重点实验室，3 个州（市）被列入全国地市级融媒体中心建设试点，云报客户端跻身全国党报自有 App 传播力 20 强。成立并常态化运行云南省新媒体报道小组，建立与央媒常态化沟通联系机制，与经济日报社、中国日报社、中国新闻社等央媒签订战略合作协议，整合力量打造精品。全省各级媒体开设"推进作风革命 建设效能机关"专题专栏，设置网络信箱和问政专区，公布热线电话，开展"转作风 看发展"媒体基层调研行，推出《金色热线》系列专题，媒体问政成为畅通百姓诉求的重要渠道平台。

4. 加强全媒体传播体系建设

按照构建省、州（市）、县（市、区）三级联动的全媒体传播体系的布局，推动"新闻＋政务发布"权威聚合平台——"云报客户端云南号"于 2022 年 3 月 28 日正式上线，已有超过 260 家号主入驻云南号，覆盖全省 129 个县（市、区）级融媒体中心及政法委、法院、检察院、公安、司法、消防等系统，共同发出云南"好声音"。建设省级媒体融合共享指挥平台，打造省、州（市）、县（市、区）三级媒体信息相互联通、相互授权、相互拓展的融媒体矩阵，形成了网上网下一体、内宣外宣联动，有力有效服务国家发展战略和云南高质量发展的全媒体传播格局。加强县级融媒体中心建设，129 个县（市、区）级融媒体中心全面建成，基层宣传舆论阵地不断巩固。推动全媒体传播阵地建设，打造

"七彩云"融媒体平台，全省16个州（市）广电台和105个县（市、区）融媒体中心已入驻。各州（市）党的新闻媒体、县级融媒体大力推进机构整合、硬件改造、软件升级，逐步形成一次采集、多种生成、多元发布的格局，主流意识形态阵地在基层不断巩固壮大。

（三）广泛弘扬主流价值

坚持物质文明和精神文明协调发展，两手抓、两手硬，以社会主义核心价值观为统领，把培育时代新人作为着眼点，统筹推进文明培育、文明实践、文明创建，促进物的全面丰富和人的全面发展，不断提升各族群众文明素质和城乡文明程度，推动形成适应新时代要求的思想观念、精神面貌、文明风尚、行为规范。

1. 培育和践行社会主义核心价值观

印发《关于建立社会主义核心价值观入法入规协调机制的实施意见》，坚持把社会主义核心价值观融入国民教育全过程、贯穿经济发展和社会治理各方面，用社会主义核心价值观引领社会思潮、凝聚社会共识，形成共同推进社会主义核心价值观培育和践行的良好局面。创作"图说我们的价值观"公益广告，编写出版《社会主义核心价值观教育读本》等，开展"我们的价值观·我们的中国梦"主题活动，开展"永远跟党走"、"强国复兴有我"、"党的光辉照边疆、边疆人民心向党"等群众性宣传教育活动和"自强 诚信 感恩"主题教育，积极推动学雷锋志愿服务工作，大力营造培育和践行社会主义核心价值观的浓厚氛围。建设社会主义核心价值观主题公园、主题广场、主题街道，加快"诚信云南"建设，把社会主义核心价值观融入法治建设中，贯穿到市民公约、村规民约、学生守则、团体章程和各行各业的规章规范中，使社会主义核心价值观内化为人们的精神追求、外化为人们的自觉行动。

2.加强公民思想道德建设

持续深化社会主义和共产主义、中国特色社会主义和中国梦、"五史"宣传教育，加强革命历史类纪念设施、遗址和爱国主义教育基地建设管理，实施云南省全民国防教育三年行动计划，组建全民国防教育专家库，充分发挥全国爱国主义教育示范基地、省级爱国主义教育基地作用，推动理想信念教育常态化、长效化。深入实施公民道德建设工程和时代新人铸魂工程，持续加大"云岭楷模"、"云南好人"、"最美"系列等先进典型选树力度，组织学习杨善洲、高德荣、杜富国、朱有勇、张桂梅、鲍卫忠等全国重大先进典型，在全省上下形成学习先进、崇尚先

◎ 2024 年 4 月 19 日，"时代楷模"鲍卫忠先进事迹报告会（黄兴能／摄）

进、争当先进的浓厚氛围。坚持常态化宣传先进典型，形成发现、挖掘、推荐、选树、发布、学习、宣传等常态化工作机制，组建张桂梅先进事迹宣讲报告团、张子权张从顺先进事迹宣讲报告团、鲍卫忠先进事迹宣讲报告团等在全省巡回宣讲，推出电影《我本是高山》、《农民院士》、《你是我的一束光》、《杨善洲》、《独龙之子高德荣》，滇剧《张桂梅》，话剧《农民院士》，报告文学《桂梅老师》等一系列宣传先进典型的文艺作品，"学英模、担使命、建新功"成为云岭儿女的共同心声。不断加强青少年思想道德建设，把立德树人贯穿未成年人思想道德建设全过程，常态化开展"新时代云南好少年"推荐和学习宣传活动，积极引导广大未成年人扣好"人生第一粒扣子"。

3. 深入推进精神文明建设

着力拓面提质，深入推进文明城市、文明村镇、文明单位、文明家庭和文明校园创建工作；着力优化提升，持续推进城乡精神文明建设融合发展，在全省巩固提升精神文明建设成果，形成抓常、抓细、抓实的工作格局，不断提升人民群众的获得感、幸福感、安全感。截至 2023 年 8 月，全省共有全国文明城市 9 个、全国文明村镇 178 个、全国文明单位 244 个、全国文明家庭 21 户、全国文明校园 57 所，全国文明城市总数居全国第 13 位、西部第 2 位；共有省级文明城市（城区）70 个、省级文明村镇 1064 个、省级文明单位 2555 个、省级文明家庭 231 户、省级文明校园 315 所。实施农村精神文明建设三年行动计划，广泛开展"普及法律知识、普及科学技术、普及市场意识、普及通用语言、普及文明习惯"等文明实践活动，持续开展"寻找最美村规民约"、"五大习惯养成行动"、爱国卫生"7 个专项行动"、农村精神文明建设和移风易俗工作典型案例评选等，推选云南省"十佳最美村规民约"，大力开展整治高价彩礼、厚葬薄养、封建迷信、黄赌毒等专项行动，全面倡导"社交距离、勤于洗手、分餐公筷、革除陋习、科学健身、控烟限酒"6条健康文明生活新风尚，破除陈规陋习、传播文明理念、涵育文明乡风。持续引导文明旅游，围绕旅游六要素发布《云南文明旅游倡议书》，制作一批符合云南文化特征、具有云南文化符号的公益广告和宣传海报，在"两微一端"、交通枢纽和旅游景区灯箱广告位大面积投放，推动精神文明建设和旅游形象同步建设。

4. 广泛开展文明实践

印发《云南省新时代文明实践中心建设试点工作测评体系（试行）》、《云南省深化拓展新时代文明实践中心建设实施意见》，建立省级负总责、市级抓推进、县乡村抓落实的工作机制，党委统一领导、宣传部门组织协调、有关部门分工负责、社会力量广泛参与的文明实践工作格局逐步形成。充分整合运用博物馆、科普基地、警示教育基地、红色教育基地、科技馆、体育中心、乡镇（街道）党群服务中心、文化站、妇女之家、乡村学校少年宫、村（社区）图书室、村史馆、农家书屋等各级各类宣传文化阵地和资源，织密文明实践阵地网络，建成新时代文明实践中心129个、所1416个、站15374个，学雷锋志愿服务站（点）16824个，组建志愿服务队6万余支，实名注册志愿者867万人。常态化组织开展内容丰富、形式多样的文明实践活动，按照"建设一批、规范一批、推广一批"的总要求，打造云南省"九个十"志愿服务项目品牌，举办新时代文明实践志愿服务项目大赛和云南省学雷锋志愿服务"五个一批"先进典型宣传推选活动，志愿服务在云岭大地蔚然成风。

（四）加快发展文化事业

把促进人民精神生活共同富裕作为文化事业发展目标，点线面结合，上下联动、城乡统筹，实施"文化兴滇"工程和文化惠民工程，深入推进千里边疆文化长廊建设，深入实施"云岭文化名家工程"、"云南文化精品工程"，加强物质文化和非物质文化遗产保护利用，推进建设文化基础设施，推动公共文化服务数字化，丰富群众性文化活动，持续构建普惠性、保基本、均等化、可持续的现代公共文化服务体系，不断满足人民群众精神文化需求。

1.完善现代公共文化服务体系

出台《云南省公共文化服务保障条例》，印发《关于加快构建现代公共文化服务体系的实施意见》、《关于做好政府向社会力量购买公共文化服务工作的实施意见》、《关于推进基层综合性文化服务中心建设的实施意见》等系列文件，为公共文化服务体系建设提供法律保障和政策保障。推进重大文化基础设施建设，滇西抗战纪念馆、云南省博物馆、云南典籍博物馆、云南亚广影视传媒中心、云南省大剧院、云南文苑、云南广播电视集成播控中心、云报传媒广场、云南省少数民族语言节目译制中心等一大批重大文化基础设施相继建成并投入使用。按照"政府主导、社会参与、重心下移、共建共享"的原则，注重有用、适用、综合、配套，统筹建设、使用与管理的思路，构建省、州（市）、县（市、区）、乡镇（街道）、村（社区）五级公共文化服务设施网络。目前，全省共有公共图书馆 151 个、文化馆 149 个、博物馆 186 个、美术馆 9 个、乡镇(街道) 文化站 1458 个、村(社区) 级综合性文化服务中心 14652 个，县（市、区）级基本公共文化服务标准化建设完成率达 100%。公共美术馆、图书馆、文化馆（中心）、博物馆全部向社会公众免费开放。保山、楚雄、曲靖、昆明先后创建国家公共文化服务体系示范区，8 个项目被列为国家公共文化服务体系示范项目。实现广播电视由村村通向户户通升级，广播、电视综合人口覆盖率分别达到 99.6%、99.63%。制定出台《云南省新型公共文化空间建设指导意见（试行）》，打造"乡愁书院"、"文化院落"等新型公共文化空间 400 个，遴选推广 20 个全省"最美公共文化空间"、20 个乡村文化振兴示范项目典型案例。采取政府购买、项目补贴、定向资助、贷款贴息等政策措施，鼓励和支持社会各界，通过投资或捐助设施设备、兴办实体、资助项目、资助活动、提供产品和服务等方式，参与公共文化服务体系建设。

2. 提升公共文化服务能力

实施"互联网＋公共文化服务"战略，结合国家文化大数据体系建设，制定符合云南实际情况的公共文化服务总体规划，建设省级全域性"文化数字化服务管理平台"，推动文化数字化服务管理从"局部"拓展到"全域"，构建覆盖城乡、高效便捷的公共文化数字服务体系。依托"云南公共文化"、"文化云南云"等云平台，建设省、州（市）、县（市、区）、乡镇（街道）、村（社区）"全省一张网、五级一朵云"的智慧化服务网络平台，灵活运用宽带互联网、移动互联网、广播电视网、卫星网络、移动网络等手段，拓展公共文化资源传输渠道，提高公众对公共文化服务的获得感。加快全省公共文化服务机构、文物普查数据、爱国主义教育基地、文化遗产、文化体验场馆、新闻出版、广播影视等数字化发展步伐，加强数字文化内容资源和管理服务大数据资源建设，通过大数据手段助力行业监管部门对公共文化服务全过程进行实时监管、预警、分析，推动公共文化服务智能化、规范化。加强特色公共数字文化资源建设应用，加大公共数字文化资源共建共享，推动公共文化机构优质资源智慧化升级，打造新一代"智慧型"文化场馆，通过线上与线下互联互通打造优质文化 IP，让场馆成为文化消费新地标、文化休闲新场所。

3. 持续推进文化惠民

深入实施文化惠民工程，广泛开展文化科技卫生"三下乡"、"文艺轻骑兵"、"文艺小分队"、"文化大篷车·千乡万里行"惠民演出、"云之南"民族团结艺术团慰问演出等群众性文化活动，让文化热在基层、亮在基层、暖在民心。加快推进省、州（市）、县（市、区）、乡镇（街道）、村（社区）五级贯通的应急广播体系建设，实施智慧广电乡村工

◎ 2022 年 12 月 25 日，大理州 2022 年"三下乡"活动在南涧县乐秋乡米家禄红兴村易地搬迁集中安置点举办文化惠民专场演出（适志宏 / 摄）

程，建成有线、无线、卫星等多种方式并用的广播电视综合传输覆盖网，为农村居民提供集新闻资讯、社会服务、医疗健康、数字娱乐、教育培训、智能家居于一体的智慧化广播电视服务，全省直播卫星用户超过 1100 万户，用户量居全国第 1 位。成功举办第三届全民阅读大会，持续深化全民阅读工作，大力推进书香云南建设，加大阅读内容引领，丰富重点阅读活动，加强优质内容供给，完善公共阅读服务网络，加快公共阅读服务现代化、数字化建设，年均开展"书香九进"等读书活动 1 万余场次，大力营造爱读书、读好书、善读书的浓厚氛围。加强城市对农村、民族地区文化建设的帮扶，开展城乡"结对子、种文化"活动，推动老少边贫地区公共文化健康发展。开展农村公益电影放映活动和"文化进万家"活动，加强少数民族语言频率频道和涉农节目建设，推进少数民族语言文字网站建设、"三农"出版物出版发行、广播电视涉农节目制作和农村题材文艺作品创作，培育积极健康的群众文化形态。

4. 大力推出文艺精品

坚持"二为"方向和"双百"方针，深入实施"云南文化精品工程"、"云岭文化名家工程"，坚持重点作品重点扶持、重点人才重点培养、重点项目重点公关、重点主体重点培育，推出一大批思想精深、艺术精湛、制作精良、滇味十足的文艺精品。加强对重大主题创作实践的组织引导力度，推动文艺精品创作迈出坚实步伐。近年来，先后有《九零后》、《再见土拨鼠》等电影获"金鸡奖"，话剧《桂梅老师》获"文华奖"，群舞《摆出一个春天》获"群星奖"，纪录电影《落地生根》获"金红棉奖"，电影《一点就到家》获"华表奖"，电影《郑和下西洋》、《扫黑·拨云见日》被国家电影局列入"五年五十部重点影片"，电视剧《去有风的地方》入选首届"金熊猫奖"最佳音乐奖提名，出版物《李大钊年谱》荣获第五届中国出版政府奖，等等。大型音乐剧《绽放》亮相第二届全国优秀音乐剧展演及第 18 届中国戏剧节，广播剧《我的老师张桂梅》荣获国家广播电视总局 2022 年度优秀网络视听作品推选活动优秀作品，原生态舞蹈、版画、摄影以及地方民族戏曲等在全国有较大影响，一批美术、雕塑作品被中国美术馆、中国国家博物馆、人民大会堂等收藏。秉持"人才是创意设计的第一资源"的观念，充分发挥云南优质的自然资源和文化资源优势，探索建设"文化基地＋创意园区＋人才高地"的"艺术家第二居所"，评选推出首批试点单位 19 家、培育单位 18 家，为文创人才提供肥沃的"创意土壤"。

5. 加大文物和文化遗产保护传承

坚持创造性转化、创新性发展，健全文化遗产保护体系与传承机制，推动文化遗产保护传承与现代科技深度融合，提升文化遗产保护传承利用水平。认真贯彻落实习近平总书记关于讲好聂耳和国歌的故事等"五个故事"的重要指示要求，加快推进革命文化保护传承发展，构建作品体系、产品体系并做好宣传推介工作，保护利用好全省革命遗址、烈士墓（陵园）、纪念馆等革命纪念设施，深度挖掘云南革命故事，推动红色资源有效转化，传承红色基因，弘扬革命精神。认真贯彻落实习近平总书记关于积极支持和发展云南少数民族文化的重要指示要求，加快推进民族文化保护传承发展，实施少数民族优秀文化保护传承工程和少数民族文化精品工程，突出彰显云南少数民族诸多典籍中共有共享的中华文化符号和形象，促进各民族铸牢中华民族共同体意识。认真贯彻落实习近平总书记关于保护好文化古迹的重要指示要求，加快推进历史文化保护传承发展，实施中华文明探源工程元谋猿人生命起源科学探寻、"西南夷考古"等重大项目，加快长征、长江国家文化公园（云南段）和考古遗址公园项目建设。认真贯彻落实习近平总书记关于利用好丰富的生态旅游和民族文化旅游资源的重要指示要求，加快推进自然文化保护传承发展，景迈山古茶林文化景观成功申遗，红河哈尼梯田"世界文化遗产保护传承助推乡村振兴"案例入选全国首批"文物事业高质量发展十佳案例"。截至 2023 年底，全省共有 3 个世界文化遗产和 3 个世界自然遗产；国家级历史文化名城 8 座、中国传统村落 777 个，分别居全国第 3 位、第 1 位；全国重点文物保护单位 170 个，居全国第 12 位；国家级非遗代表性项目 127 项、传承人 125 人，分别居全国第 9 位、第 8 位。

（五）着力壮大文化产业

实施文化产业高质量发展工程，立足云南丰富的民族文化资源，把握好文化产业的意识形态属性和产业属性、社会效益和经济效益的关系，突出云南民族文化鲜明特色，健全文化产业和市场体系，培育文化发展新业态，提升文化产业规模化、集约化、专业化水平，推动云南文化产业转型升级、提质上档，实现社会效益和经济效益相统一。

1. 加快文化产业转型升级

坚持党委、政府引导扶持，持续吸纳社会资本参与，完善配套政策，培育一批省级文化产业园区，创建一批国家级文化产业园区，全省文化产业规模化、集约化、专业化水平明显提升，全省文化产业快速发展。截至 2022 年底，全省有国家文化产业园区 1 个、国家广告产

◎ 创意云南文化产业博览会在昆明开幕（杨峥／摄）

业园 1 个、国家文化出口基地 1 个、国家版权园区 2 个、国家文化和科技融合示范基地 2 个、国家夜间文旅消费集聚区 10 个，在培育文化出口重点项目、推动文化产业数字化转型升级方面发挥了重要的示范带动作用。制定《省级文化产业园区认定管理办法》，累计评选认定省级文化产业园区 49 个、省级文化产业示范基地 28 个。2012 年以来，共有 34 家企业入选国家文化出口重点企业，44 个项目入选国家文化出口重点项目。大力支持以"金木土石布"为核心的民族民间工艺品及相关民营企业，建水紫陶、鹤庆银器、个旧锡器、剑川木雕、开远根雕等具有浓郁特色的民间工艺品产值均在 10 亿元以上，正从大山走向世界；楚雄彝绣推动"指尖技艺"转变为"指尖经济"，一针一线绣出亿元产业，带动 5.7 万名"绣娘"增收，惊艳亮相米兰时装周。"创意云南文化产业博览会"、"丝路云裳·七彩云南民族赛装文化节"等影响力不断扩大，形成鲜明文化品牌。加快建设云南影视产业基地，依托"游云南"智慧旅游平台打造"云南影视"智慧服务平台，发布《云南影视拍摄服务指南》，为入滇摄制剧组提供优质服务。

2. 推动文旅融合发展

出台《云南省文旅融合发展实施方案》，推进文旅融合重点示范项目建设，打造昆明等 6 个国家文化和旅游消费示范城市、试点城市。提升改造博物馆、美术馆、文化馆等公共文化设施，建设城市"文旅＋"综合体。持续加大红色文化景区项目提升、红色文化旅游线路开发力度，打造红色旅游示范项目，支持红色旅游景区创建 A 级旅游景区、红色旅游小镇创建旅游名镇、红色旅游村创建旅游名村。深入推进文旅深度融合和全域旅游发展，成功创建 9 个 5A 级旅游景区和一批国家级旅游度假区、国家级全域旅游示范区，打造 30 余个文旅融合示范景区、30 余个文旅融合示范小镇、60 余个文旅融合示范村，推出 10 条精品非遗体验线路、50 条乡村旅游精品线路、60 条红色旅游线路。新推出 32 条非遗、历史文化旅游线路，新打造 30 多台精品旅游演艺，成功举办 46 项国际性文旅活动、100 多项体育旅游赛事，保山市启迪科学家小镇入选国家体育旅游示范基地，实现"文化、艺术、体育＋旅游"的互促互融。经过多年精心培育，云南文旅融合发展产品业态更趋多元，以民族舞蹈、节庆为主的民族文化娱乐，以民族服饰、地方工艺为主体的旅游商品开发，以民族风味餐饮为主的饮食文化等成为中外游客体验云南民俗风情的重要载体。2023 年，全省共接待游客 10.42 亿人次，旅游总收入达 1.44 万亿元，以文塑旅、寓文以旅成为云南旅游的鲜明标识。

3. 完善国有文化资产管理体制机制

巩固经营性文化单位转企改制成果，立足云南民族文化资源优势，把民族文化元素与现代文化特征紧密结合起来，整合优化资源配置，以新理念、新体制、新业态、新模式、新产品改造提升重组现有省属文化企业，做强做优做大骨干文化企业。全面深化公益性文化单位改革，以实行全员聘用制和岗位责任制为重点，优化内部人事、收入分配、社会保障制度；以激发活力为重点，改变文化事业单位管理行政化状况，扩大服务范围，提高服务效益。加快转变政府职能，完善管人管事管资产管导向相统一的国有文化资产管理体制，建立国有文化资产经营管理绩效考评机制，确保国有文化资产保值增值。理顺监督管理体制机制，建立健全国有文化企业主业监管制度，逐步清理和退出非文化主营业务。按照中央关于"五个一批"文艺院团改革路径，完成国有文艺院团阶段性改革任务，支持非国有文艺院团发展壮大。

4. 推进新闻出版、版权产业发展

坚持把习近平新时代中国特色社会主义思想出版宣传作为出版战线的首要政治任务，聚焦建党百年、党史学习教育、决胜全面建成小康社会等大事要事，策划推出多批优秀主题出版物，推出党的领袖重要讲话、党的创新理论成果的民族语言文字版本，高标准做好《习近平新时代中国特色社会主义思想学习问答》和党史学习教育用书等重点图书印刷发行工作。认真贯彻落实习近平总书记关于讲好聂耳和国歌的故事等"五个故事"的重要指示要求，策划出版《西南联大教育救国》、《闻一多舍生取义》、《聂耳为国而歌》等系列精品图书。深入实施滇版精品出版工程，《决不让一个兄弟民族掉队——图说怒江扶贫与跨越 50 年》、《农民院士》、《山花怒放》、《独龙相册——从刀耕火种到全面小康》、《张桂梅》、《纽带——中老铁路纪行》、《"独龙江样本"——人类减贫史上的奇迹》、《"纪录小康工程"丛书（云南卷）》、《大象》等入选中央宣传部主题出版重点出版物选题，《李大钊年谱》、《阿佤法官鲍卫忠》等精品出版物产生较大影响，有 3 种出版物获中国出版政府奖、7 种出版物

获中国出版政府奖提名奖、6 种出版物获中华优秀出版物奖、20 种出版物获中华优秀出版物奖提名奖。推出《什么是云南》、《短鼻家族旅行记》等一批独具云南特色的精品出版物，深受各族群众喜爱。推进出版领域改革，实行出版业务网上办理，严格执行限时办结制，落实"三审三校"、重大选题备案等制度。全省现有 8 家图书出版单位、9 家音像出版单位、6 家电子出版单位、19 家网络出版单位，平均每年新出版图书 4200 余种，年均总印数达 7000 万册。举办首届"云南昆明（国际）版权博览会"，实现云南省版权专业展会"零"的突破。深入开展"扫黄打非"，大力扫除涉黄涉非有害信息和各类文化垃圾，坚决做到守土有责、守土负责。

5. 推进文化产业数字化

深入贯彻落实国家文化数字化战略，运用"互联网 +"促进文化与科技有机融合，推动内容创新、科技创新，提升文化产业自主创新能力。扎实做好国家文化大数据南亚区域中心、文化专网建设，开发云南民族文化资源数据资产，有效促进文化大数据交易。推动云南网综合能力提升、云南日报报业集团媒体融合全数字化、云南广播电视台数字化、广播电视有线无线卫星融合覆盖等文化新兴产业基础工程建设。开展智慧城市、智慧乡村、智慧家庭建设，发展高清互动电视终端智能化、移动多媒体广播电视、交互式网络电视、高清电视、手机电视、数字广播、回看点播、电视院线、网络电商等新兴业务。推动数字科技应用、东南亚小语种在线翻译、少数民族语言在线翻译、动漫、移动平台服务等领域取得突破。运用新技术改造提升传统业态，培育以移动泛在、智能交互、沉浸体验、高清视频等为特征的新业态、新产业。鼓励科研机构、文化企业加强文化创作、生产、传播和消费等环节共性关键技术研究。

（六）积极开展国际传播

依托云南独特区位优势，主动服务和融入国家发展战略，以南亚东南亚国家为重点，以高端覆盖、本土覆盖、口岸覆盖、边境覆盖为着力点，开展国际传播和对外文化交流合作，成立云南省南亚东南亚区域国际传播中心，构建立体化对外传播体系，建立全省对外宣传联席会议机制，向世界讲好美丽中国、七彩云南故事，推动中华文化"走出去"，不断扩大云南对外影响力。

1. 做好优质内容传播推送

把习近平新时代中国特色社会主义思想及习近平总书记大党大国领袖形象对外宣介，作为外宣工作的重中之重。依托云南大学等高校非通用语言文字资源和人才优势，与中国外文局合作，做好《习近平谈治国理政》缅甸语、印地语、尼泊尔语、孟加拉语、老挝语等语种的翻译出版，习近平总书记治国理政的思想、方法、成效在周边国家引起强烈反响。发挥外宣期刊、《中国·云南》新闻专刊、中国文化中心、多语种网站云桥网、云南澜湄国际卫视等外宣阵地作用，生动鲜活对外宣介习近平新时代中国特色社会主义思想，讲好中国共产党治国理政的故事，讲好中国坚持和平发展合作共赢的故事。云南卫视成功进入越南河内和胡志明市有线电视网，成为国内首家在东盟国家落地的省级电视媒体。泰文《湄公河》、缅文《吉祥》、老挝文《占芭》、柬文《高棉》外宣期刊进入对象国主流社会，与中新社合作推出中国第一种在南亚落地的英文外宣刊物《桥时代》。

2. 构建立体化对外传播体系

按照围绕 1 个重点（面向南亚东南亚国家传播）、建立 1 个中心（云南省南亚东南亚区域国际传播中心）、擦亮 1 个品牌（美丽中国七彩云南品牌）、彰显 2 个特点（周边外宣、多样性外宣）、突出"3 化"（精准化、专业化、社交化）、构建 8 大对外传播矩阵（阵地建设、媒体合作、社交互动、文体交流、智库咨询、舆情监测、人才培育、民心相通）的"111238"思路，构建立体化对外传播体系，开展全方位、多语种、融媒体、多终端的对外传播。云南省南亚东南亚区域国际传播中心效能日益彰显，聚合中央在滇及云南对外传播主体力量，发挥龙头、带动、示范、整合作用，努力拓展平台、拓展人脉、拓展影响，打造服务中国面向南亚东南亚辐射中心建设的主阵地、中国面向南亚东南亚国际传播的试验田、讲好美丽中国七彩云南故事的新高地，为提高国际传播

◎ 2022 年 5 月 31 日，云南省南亚东南亚区域国际传播中心成立（杨峥／摄）

影响力、中华文化感召力、中国形象亲和力、中国话语说服力、国际舆论引导力，迈出云南外宣"一盘棋"关键一步，把文明云南、活力云南、开放云南、团结云南、绿美云南、温暖云南的新形象传播出去。

3. 强化跨国文化交流

精心举办"跨国春晚"、"有一种叫云南的生活"、澜湄国际电影周、澜湄视听周、"一马跑两国"、"美丽中国·七彩云南"、"花好月圆"跨国中秋晚会、"澜沧江·湄公河流域国家文化艺术节"、"中老越三国丢包狂欢节"等对外文化交流活动，深受对象国民众欢迎和喜爱，生动展示了良好形象，有力推动了中华文化"走出去"。云南亚洲象"北上南归"聚焦全球目光、温润世人心灵，中老铁路通车深受国内外关注、数次登上网络热榜。以国际减贫为主题的"怒江论坛"、以生态文明建设为主题的"洱海论坛"等高端国际论坛成为与世界分享中国方案、中国智慧的平台窗口。2012年以来，成功举办7届"中国与大湄公河次区域国家媒体定期互访"活动、8届"南亚东南亚主流媒体云南行"活动、2届中缅媒体双城论坛、COP15第一阶段会议等重要活动。2023年举办的第五届世界媒体峰会（云南分会场）暨第二届大象国际传播论坛，共有来自近30个国家和地区的80多家媒体、国际组织、智库等机构的300多名代表出席，拉近了云南与世界的距离。2023年举办的第六届澜湄国际电影周，柬埔寨、老挝、缅甸、泰国等国家的32名电影官方机构代表、15名国外知名电影企业代表和22名剧组代表全程参加，组织电影企业签约2个国际合作电影项目、3个国内电影合作项目，签订2个国际合作协议。深入实施"边境之窗建设工程"，持续开展"国门文化"建设，建设一批国门学校、国门书社、国门文化交流中心、国门文化友谊广场，在周边实施92个"小而美"民生项目，直接受益民众260余万人，增进外国民众对中国的认知认同，加深对中国的友好情感。

4. 深化跨国智库交流合作

成功举办9届南亚东南亚智库论坛、4届中缅高端智库论坛、首届中国—环印度洋地区智库论坛等高规格智库论坛，发布《关于建立中国—南亚东南亚智库网络机制的倡议》等智库倡议，积极参与我国与南亚东南亚国家重大问题的国际对话和交流，共同开展水资源开发利用、生态环境建设、能源建设、道路建设、文化旅游建设等研究。建立健全中外学者交流机制，与巴基斯坦、孟加拉国、泰国、缅甸、越南、老挝等南亚东南亚国家知名智库机构签署合作备忘录，加强与外国有影响的哲学社会科学机构、国外知名汉学家、中国问题专家及研究机构的交流与合作。着力增强云南学术的国际话语权和对外传播能力，加强中华优秀传统文化典籍和优秀滇版图书对外翻译出版工作，加强云南优秀外文学术网站和学术期刊建设，积极为省内专家学者参加国际学术会议、发表学术成果创造条件。

没有社会主义文化繁荣发展，就没有社会主义现代化。新时代新征程，云南将坚定不移以习近平新时代中国特色社会主义思想为指导，深入学习贯彻习近平文化思想和习近平总书记考察云南重要讲话和重要指示批示精神，认真贯彻党中央决策部署，始终坚持党的文化领导权，坚定不移把用党的创新理论武装党员、教育人民作为首要政治任务，积极发展壮大主流价值、主流舆论、主流文化，持续深化文化强省"十大工程"，不断满足人民日益增长的精神文化需求，为推进中国式现代化云南实践提供坚强思想保证、强大精神力量、有利文化条件，为推进文化自信自强、铸就社会主义文化新辉煌贡献云南力量。

八、坚持以人民为中心的发展思想，民生保障改善实现新突破

民生无小事，枝叶总关情。民生工作面广量大，要一件事情接着一件事情办，一年接着一年干，一任接着一任做，日积月累，久久为功，使民生工程真正成为民心工程。党的二十届三中全会指出，在发展中保障和改善民生是中国式现代化的重大任务。必须坚持尽力而为、量力而行，完善基本公共服务制度体系，加强普惠性、基础性、兜底性民生建设，解决好人民最关心最直接最现实的利益问题，不断满足人民对美好生活的向往。云南始终把实现各族人民对美好生活的向往作为现代化建设的出发点和落脚点，把造福人民作为最重要的政绩，坚持发展为民、发展惠民，不断增投入、建机制、保基本、补短板、兜底线、促公平，加快补齐教育、就业、卫生、社会保障等民生事业短板，解决好人民群众急难愁盼问题，牢牢守住不发生规模性返贫底线，让发展成果更多更公平地惠及各族人民，让各族人民获得感、幸福感、安全感更加充实、更有保障、更可持续。

（一）加快发展教育事业

教育是国之大计，党之大计。云南把教育作为民生之基，坚持以办

好让各族人民满意的教育为宗旨，以促进教育公平为重点，加快教育强省建设，实施"科教兴滇"战略，不断深化教育综合改革，统筹推进城乡义务教育资源均衡发展，着力提高民族地区和山区、贫困地区、边境一线教育发展质量，推进高等教育办学规模、质量和效益实现大的突破，教育公平和教育质量迈出坚实步伐。

1. 推进各级各类教育优质均衡发展

推进学前教育发展，实施学前三年行动，着力破解"入园难、入园贵"问题。截至2023年，学前教育毛入园率达到92.46%，比上年提高2.23个百分点，① 实现了"一县一示范、一乡一公办"全覆盖。

推进义务教育优质均衡发展，全面落实义务教育免试就近入学全覆盖，规范民办义务教育发展和"公参民"学校规范治理初见成效，129个县（市、区）全部实现县域义务教育发展基本均衡，顺利通过义务教育基本均衡发展督导评估。全面改善义务教育学校办学条件，全省义务教育学校办学条件"20条底线"全部达标。2023年，九年义务教育巩固率达到97.39%。②

推进普通高中教育，通过改扩建大幅增加学位供给，不断提升师资水平，按照"建成一所、投入一所、办优一所"的要求，采取名校办分校、集团化办学等方式谋划新建普通高中学校办学。统筹推进集中连片特困地区普通高中改善办学条件、民族地区教育基础薄弱县普通高中建设等项目，重点推进133所普通高中新建和改扩建项目，高中阶

---

① 《云南省2022/2023学年初全省教育事业发展统计公报》，云南省教育厅，2023年4月4日。

② 《云南省2022/2023学年初全省教育事业发展统计公报》，云南省教育厅，2023年4月4日。

◎ 云南楚雄彝族自治州楚雄市紫溪镇板凳山民族小学学生课间跳民族舞蹈操（陈飞／摄）

段教育普及攻坚取得重大突破。2023 年，高中阶段教育毛入学率达到 91.99%，比上年提高 0.75 个百分点。[①]

　　推进职业院校"双高"、"双优"建设，进一步优化职业教育布局结构，实施职业教育补短板项目，投入 200 多亿元建设 17 个州（市）职教园区（中心），建设中国特色高水平高职学校 1 所、高水平专业群学校 2 所，通过"3+2"贯通培养等模式实现了 16 个州（市）高等职业教育资源全覆盖。[②]职业教育办学规模进一步扩大，办学实力稳步提升，产教融合进一步深化，人才培养质量和服务能力不断提高，实现从"层次教育"到"类型教育"的重大转变。

---

① 《云南省 2022/2023 学年初全省教育事业发展统计公报》，云南省教育厅，2023 年 4 月 4 日。
② 《"云南这十年"系列新闻发布会·教育体育专场发布会》，云南省人民政府网站，2022 年 9 月 15 日。

推进高等教育高质量发展，全面贯彻党的教育方针。2022 年高校数量由 68 所增加到 83 所，在学人数从 73.77 万人增加到 161.66 万人，高等教育毛入学率达 55.61％，比上年提高 2.58 个百分点。[①] 云南大学"双一流"建设取得阶段性成效，西南联合研究生院 2022 年正式招生，共招收 310 名博士和 793 名硕士。党的十八大以来，全省高校累计培养输送 260 多万名高素质人才，为云南经济社会发展提供了有力的人才支撑和智力支持。2023 年 4 月，习近平总书记给云南大学建校 100 周年发来贺信指出，"在强国建设、民族复兴的新征程上，希望云南大学以新时代中国特色社会主义思想为指引，全面贯彻党的二十大精神和党的教育方针，全面提升办学水平，为党育人、为国育才，推动铸牢中华民族共同体意识，为建设教育强国作出新的更大贡献"[②]。云南认真贯彻习近平总书记重要指示精神，把高等教育作为加快建设教育强省的龙头和支撑，持续加强高校学科建设、人才培养能力和质量。

2. 深化教育领域综合改革

出台教育领域综合改革措施，持续深化教育领域综合改革，出台《云南教育现代化 2035》、《云南省"十四五"教育事业发展规划》、《云南省深化新时代教育评价改革实施方案》、《关于建立教师"省管校用"对口帮扶机制的实施方案（试行）》、《关于进一步推进教师"省管校用"对口帮扶扩面提质的实施方案》等一批涉及教育的重大法规、重大政策和重要文件，着力攻坚克难，破除体制机制障碍，向改革要活力，用改革促发展。

[①] 《云南省 2022/2023 学年初全省教育事业发展统计公报》，云南省教育厅，2023 年 4 月 4 日。

[②] 《习近平致信祝贺云南大学建校 100 周年》，《人民日报》2023 年 4 月 21 日。

认真落实义务教育"双减双升"政策，加强学生作业、睡眠、手机、课外读物、体质健康和考试管理，推动课后服务全覆盖，压减99%的义务教育阶段学科类校外培训机构，规范治理非学科类校外培训机构，学生过重的作业负担和校外培训负担明显减轻。

积极稳妥推进高考综合改革，围绕"分类考试、综合评价、多元录取"的改革目标和要求，结合云南实际，推进普通高中育人方式改革和高校人才选拔模式改革。体现育人为本，围绕"教、考、招"改革，注重对学生进行综合性、发展性评价，促进学生健康成长和个性发展。坚持科学选才，通过改革考试科目设置、招生录取机制、实施分类考试，增强普通高等学校、高职院校与学生双向选择的多样性和匹配度。

建立"省管校用"对口帮扶机制，针对县域普通高中存在优秀教师和优质生源流失、办学质量不高的"县中困境"问题，探索建立教师"省管校用"对口帮扶机制，以巩固脱贫攻坚成果、助力乡村振兴、阻断贫困代际传递，为县中培养一支"留得住、教得好"的教师队伍。帮扶工作依托全省一级一等和一级二等普通高级中学，创新教职工编制管理方式，建立组团式选派骨干教师开展学校管理和教育教学服务帮扶机制，以3年为一个实施周期，对口帮扶27个国家级和30个省级乡村振兴重点帮扶县普通中学。2023年，开展教师"省管校用"对口帮扶扩面提质，将帮扶延伸至初中，提升受帮扶县生源水平。截至2023年12月，选派957名(高中476人、初中481人)"省管校用"组团式帮扶教师团队成员，分赴57个乡村振兴重点帮扶县受帮扶学校开展教育帮扶工作，把优质教育资源送到最需要的地方去，成效明显。

统筹推进学分制改革，持续深化学分制改革，推进高校本科专业综合评价和学分制改革有机融合，全面开展本科专业"增A去D"行动，建设一流专业，逐步消除D类专业。通过五轮评价，C类专业占比逐年上升，D 类专业占比明显下降，本科专业建设水平明显提升。目前，拥有国家级一流本科专业建设点 220 个、省级一流本科专业建设点 334 个。

推进"1+X"证书制度试点改革，深入贯彻落实《国家职业教育改革实施方案》，积极探索中国特色学徒制人才培养模式，遴选 85 所学校的 390 个专业开展现代学徒制人才培养工作，组建第二届现代学徒制专家工作指导委员会并遴选入库专家。支持职业院校做好"1+X"证书制度试点工作，共有 120 所学校，10 万左右学生参与"X"证书培训。

3. 推进大中小学思想政治教育一体化建设

思想政治教育课是落实立德树人根本任务的关键课程，习近平总书记一直十分关心，强调推进大中小学思想政治教育一体化建设，提高思政课的针对性和吸引力。云南创新打造云南思政教育"第一金课"——张桂梅思政大讲堂，形成高校百场形势政策报告会、全省学校党组织书记校长"同讲一堂思政课"等一批"大思政课"品牌。推进大中小学思政课一体化建设，打造一批中小学学科德育特色课堂和高校思政示范课程，成为全国思政课改革创新先行试点地区。19 个中小学"道德与法治"案例入选全国中小学德育工作优秀案例，31 所学校获评第二届全国文明校园，临沧市沧源县的"背篓网球少年"等鲜活案例成为推动"五育并举"的生动缩影。

4. 推进教育数字化建设

认真贯彻落实党的二十大关于推进教育数字化建设战略部署，着力实施云南教育高质量发展三年行动计划教育数字化专项行动，以"两级建设，四级应用"的思路初步建成云南教育公共服务平台，实现与国家智慧教育平台融通。加强数字教育资源建设，建成基础教育、职业教育、高等教育、综合资源等模块，汇聚上线了一批优质数字教育资源。按照《云南省中小学数字校园建设指引》标准，围绕网络环境、数字教室、数字终端、管理应用等重点建设内容，全面推进全省数字校园建设。按照"万兆主干、千兆到校、百兆到班"的宽带标准，完成全省高校、中小学专网接入工作，基本实现全省"一张网"，全省义务教育阶段学校多媒体设备班级配备率达 94.6%。全面推广应用国家智慧教育平台，上线初中英语听力口语训练系统，持续深化音乐 AI 课堂、英语智师课堂等教学应用，助力乡村学校开齐开足英语、音乐课程。持续举办中小学师生信息素养大赛，全省师生信息化素养能力得到有效提升。

5. 教育保障能力得到全面提高

推动落实教育经费"两个只增不减"，建立从学前教育到高等教育全覆盖的生均财政拨款制度，教育经费总支出从 2012 年的 858.01 亿元提高到 2022 年的 1711.23 亿元，比上年增长 2.24%。[①] 持续推进高素质、专业化、创新型教师队伍建设，定向培养省级公费师范生，实施省级"优师计划"，全面推进义务教育教师"县管校聘"和基础教育学校校长职级制改革，深化教师职称制度改革，构建五级联动教师培训体系，实施"万名校长培训计划"和义务教育青年教师培训计划，全面落实义务教育教师工资待遇。加强和改进新时代学生心理健康工作，出台《全面加强和改进新时代学生心理健康工作专项行动计划（2023—2025 年）》，开展小学生心理健康测评，加快建立"一生一策"心理健康档案，全面提升学生心理健康素养，云南教育保障能力得到全面提升。

[①] 《云南省教育厅　云南省统计局　云南省财政厅关于 2022 年全省教育经费执行情况统计公报》，云南省教育厅，2023 年 12 月 29 日。

（二）切实提高就业质量

就业是最大的民生工程、民心工程、根本工程，是社会稳定的重要保障。云南坚持把稳就业、保就业摆在突出位置，以实施就业优先战略为引领，提供"覆盖全民、贯穿全程、辐射全域、便捷高效"的全方位就业公共服务，完善落实积极就业政策，抓实援企稳岗稳定就业，鼓励创业创新带动就业，大力实施就业服务质量提升工程，着力稳存量、扩增量、提质量、增收入，全省就业呈现稳定增长、稳中加固、稳中向好的良好态势，牢牢守住了民生基本盘。

1.实施就业优先战略

坚持把就业作为经济社会发展的优先目标，大力实施就业优先战略，完善落实积极就业政策，建立健全经济发展、产业结构调整与扩大就业良性互动的长效机制，先后出台《云南省人民政府关于进一步做好当前和今后一段时期就业创业工作的实施意见》、《关于进一步优化调整稳就业促发展惠民生 20 条措施》等政策文件，推动财政、金融、产业等政策积极支持稳就业，通过抓实援企稳岗稳定就业，推动就地就近就业，鼓励创业创新带动就业，支持新业态发展拓展就业，深化东西部劳务协作促进转移就业，不断扩大就业容量，就业保持了稳中有进、稳中向好的发展态势。2023 年度，全省全年城镇新增就业人数53.98 万人，全年全省城镇调查失业率均值为 5.3%[①]。

[①] 《云南省 2023 年国民经济和社会发展统计公报》，云南省统计局，2024 年 3 月 29 日。

2. 鼓励创业带动就业

实施就业优先战略和更加积极的就业政策，支持企业稳定岗位，促进就业创业，认真落实《云南省人民政府关于鼓励创业促进就业的若干意见》，每年安排就业专项资金用于促进就业。以国家创业担保贷款政策为主线，结合实际，出台《云南省鼓励创业贷免扶补实施办法（暂行）》、《云南省鼓励创业促进就业小额担保贷款实施办法》、《云南省鼓励创业"贷免扶补"实施办法》等政策，形成具有云南特色的"贷免扶补"创业小额贷款、个人创业担保贷款、小微企业创业担保贷款三种贷款模式。2017 年以来，新增贷款发放量连续五年位列全国第三，成为全国第三个发放贷款总量超过千亿元的省份。云南"贷免扶补"模式，入选地方就业创新样板。2021 年至 2023 年，通过"贷免扶补"和创业担保贷款，扶持创业 114 万人，发放贷款 1224 亿元，带动就业 316 万人次。[①]

3. 完善高校毕业生群体的支持体系

出台《云南省人民政府关于进一步做好当前和今后一段时期就业创业工作的实施意见》、《关于进一步引导和鼓励高校毕业生到基层工作的实施意见》等就业政策，充分运用就业补贴、扩岗补助等政策，鼓励企业更多吸纳高校毕业生就业。实施"特岗计划"、"西部计划"、"三支一扶"等基层项目，引导服务乡村振兴，不断拓展高校毕业生基层就业空间。提供担保贷款、社保补贴等政策支持，促进高校毕业生自主创业和灵活就业。实施高校毕业生就业创业促进行动，开展"高校书记校长访企拓岗促就业专项行动"，实施"万企进校园"计划。聚焦脱贫攻

---

① 《今日云南，大不同》，云南网，2022 年 12 月 7 日。

坚、低保家庭、零就业家庭和残疾等困难学生，建立"一人一档"、"一生一策"，实施"宏志助脱"计划，开展"4个100%"精准服务，做到100%登记入库、100%联系到人、100%个性化服务。开展"1311"精准服务，对困难毕业生优先推荐岗位信息、优先组织参加就业见习和职业培训，让困难学生感受到党和政府的温暖。坚决查处就业歧视、"黑中介"、虚假招聘等各类影响就业的违法违规行为，畅通投诉举报渠道，维护高校毕业生合法权益，为大学生求职就业营造良好市场环境。党的十八大以来，全省高校毕业生去向落实率始终保持较高水平，一直稳定在90%以上，毕业生就业总体平稳，有效促进社会和谐稳定。

4. 加强农村劳动力转移就业兜底帮扶

持续加大转移就业力度，扎实做好"动员、培训、转移、服务、维权"全链条服务，持续实施农村劳动力转移就业"百日行动"、稳岗促增收行动、收入增百计划，农村劳动力转移就业人数屡创新高。截至2023年底，农村劳动力转移就业实现量和质双提升，共转移就业1546.11万人，其中，脱贫劳动力转移就业327.21万人。①

5. 打造"幸福里"社区新模式助推就地就近就业

充分发挥"组织化"转移就业的作用，突出解决产业发展与劳动力资源供需匹配的问题，突出人社工作赋能产业发展，突出创新引领，聚焦当地产业发展和企业用工实际，在政府引导下，打造"用工企业＋用工平台＋务工人员"的新型就业服务模式，把供需两端的零散务工人员和企业用工需求有效对接起来，引导务工人员实现就地就近就业，切

---

① 《云南扎实推进基本公共服务提升三年行动》，《云南日报》2024年8月8日。

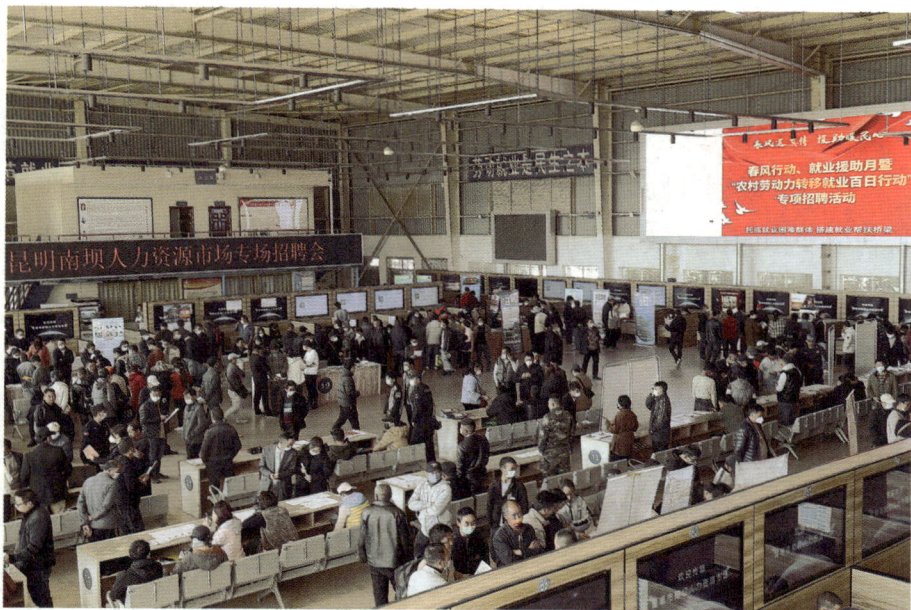

◎ 2023 年 2 月 1 日，昆明南坝人力资源市场春风行动、就业援助月暨"农村劳动力转移就业百日行动"专项招聘活动（杨峥 / 摄）

实解决产业发展、企业用工、群众就地就近就业增收"三难"问题，促进产业、企业、就业"三业"联动，推动巩固拓展脱贫攻坚成果和乡村振兴有效衔接。

6. 实施"七彩云南"劳务品牌促就业行动

坚持市场化运作、规范化培育、技能化开发、规模化输出、品牌化推广、产业化发展，扎实推进"云南过桥米线"、"云南特色小吃"、"云南生态咖啡"、"云南生态茶叶"等重点劳务品牌培育，全省形成"丘北纺织工"、"巍山乡厨"、"鹤庆银匠"等劳务品牌 115 个，有 5 个劳务品牌入围全国 100 强，吸纳从业人员约 180 万人，年收入约 1090 亿元。"滇字号"劳务品牌已成为重要的"就业名片"和"质量认证"。①

7. 打造"七彩云南·创业福地"创新创业新品牌

出台一系列鼓励创新创业政策，落实税收、用地、融资等方面支持初创实体的优惠政策，加大创业补贴、创业扶持项目等政策支持力度，用好"贷免扶补"、创业担保贷款政策，实施创业培训"马兰花"计划，搭建创业服务平台，提高创业孵化基地建设质量，打造创业培训、创业实践、咨询指导、跟踪帮扶等一体化创业服务体系，营造有利于创新创业创造的良好发展环境，激发市场活力和社会创造力，促进创业带动就业。实施"创业云南"建设三年行动，整合全省创新创业资源，建立统一的创业项目库、专家库、培训库、赛事库，统一评审、奖励、宣传等机制，建设高水平创业孵化基地和园区，健全一体化创业服务体系，优化创业服务流程，打造"七彩云南·创业福地"创新创业新品牌。

8. 支持和规范发展新就业形态

立足"高原特色农产品"以及文化旅游等特色服务类产品，积极推动新就业群体健康发展，激活新就业群体动能，发挥全省各州（市）网络主播作用，涌现"曲靖老村长"、"云南张嬢嬢"、"滇西小哥"、"屈屈有好茶"、"小尹有好茶"等网络直播达人，宣介云南"好物、好品、好生活"，深入打造"有一种叫云南的生活"网络 IP，进一步推动云品上行，促进"数商兴农"。

---

① 《云南已培育形成 115 个劳务品牌，新就业形态劳动者大幅增加》，《经济日报》2022 年 9 月 26 日。

9. 构建完备的职业技能培训体系

出台《关于加强新时代高技能人才队伍建设的实施意见》，实施"技能强省行动"、"技能提升行动"、"技能云南行动"等高技能人才支撑产业强省行动，整合各类培训资源，广泛开展订单式、套餐制培训，重点加强高校毕业生、农村劳动力、脱贫人口、就业困难人员等技能培训，突出高技能人才培训、急需紧缺人才培训，探索"互联网＋职业技能培训"，强化培训全过程监管，构建以公共实训基地、职业院校（含技工院校）、职业技能培训机构和行业企业为主的多元培训载体，强化培训供给，稳步扩大培训规模，提高培训针对性、实效性。累计投入培训资金 42.7 亿元、培训 1897.2 万人次。①

10. 着力维护劳动者合法权益

坚持把防范化解劳动关系领域风险作为底线任务，切实保障劳动者合法权益，积极构建和谐劳动关系。源头治理成效明显，大力实施劳动关系"和谐同行"能力提升三年行动，不断健全劳动关系协调机制，稳步推进劳动合同制度和集体合同制度建设，累计为 25.7 万户企业在线办理劳动用工登记备案等业务，帮助 1739.62 万名劳动者补签劳动合同。发挥典型示范作用，全省创建劳动关系和谐企业 1599 户，努力构建"规范有序、公正合理、互利共赢、和合共生"的新型劳动关系。根治欠薪成效明显，以工程建设领域为重点加强源头防范，出台工程建设领域进城务工人员工资保证金和进城务工人员工资专用账户等制度，健全根治

---

① 《非凡十年　云南答卷｜就业规模持续扩大　创新创业方兴未艾》，云南省人民政府网站，2022 年 10 月 22 日。

欠薪工作协调联动机制，狠抓责任落实、制度落实、惩戒落实。积极开展治理欠薪专项行动，严厉惩治违法行为，欠薪势头得到有效遏制，未发生因欠薪引发的群体性事件、极端事件和有负面影响的网络舆情事件。劳动纠纷有效化解。全省共建立劳动人事争议仲裁院 138 家，乡镇（街道）调解中心组建率达 100%，积极推行案件"快立、快调、快处、快结"。2013 年至 2023 年，共处理劳动人事争议 31.45 万件，仲裁结案率每年均保持 90% 以上。畅通农民工劳动争议"绿色通道"，推广劳动人事争议在线调解、劳动保障投诉平台微信小程序和手机 App，群众劳动维权更加便捷。

（三）建立健全社会保障体系

社会保障是治国安邦的大问题。云南始终把社会保障体系建设摆在更加突出位置，围绕全覆盖、保基本、多层次、可持续等目标，以促进基本公共服务均等化为引领，完善覆盖全民、统筹城乡、公平统一、安全规范、可持续的多层次社会保障体系，推进全民参保计划，稳步提高各项社会保障待遇，推动各项社会保险提质增效，全省社会保障事业发展进入了快车道，4700 万各族人民的获得感、幸福感、安全感显著增强。

1. 健全多层次社会保障体系

紧扣增强公平性、适应流动性、保证可持续性，加强社会保障制度体系建设，制度改革的系统性、整体性、协同性进一步增强。深化基本养老保险制度改革，顺利接轨企业职工基本养老保险全国统筹。改革机关事业单位工作人员养老保险制度，实现与企业职工基本养老保险制度并轨。统一城乡居民基本养老保险制度，实现新型农村社会养老保险和城镇居民社会养老保险两项制度合并，实现城乡居民基本养老保险和企业职工基本养老保险缴费档次无缝衔接，优化补贴制度，规范个人账户记账利率。完善工伤保险制度改革，建立调剂金模式的工伤保险省级统筹制度，推进预防、补偿、康复工伤保险制度体系建设，建立失业保险省级统筹制度，统一城乡劳动者失业保险政策。灵活调整失业保险政策，出台多项减轻用人单位负担、提高基金使用效率的社保新政，切实发挥失业保险稳岗位、提技能、防失业的功能作用。加快发展多层次、多支柱养老保险体系，扩大年金制度覆盖面。截至 2023 年 12 月末，参加企业年金人数 151.99 万人，参加职业年金人数 128.56 万人，推动个人养老金发展在玉溪市开展先行工作，建成"被征地农民个人信息实名库"，被征地农民社会保障政策不断完善。

围绕全民覆盖、人人享有社会保障的目标，通过实施全民参保计划，精准推进重点群体参保。参保人数逐年增加。全省基本养老保险参保人数从 2012 年底的 2468 万人增加到 2023 年 12 月末的 3374.66 万人，增幅达 37%；工伤保险参保人数从 295 万人增加到 606.57 万人，增幅达 106%；失业保险参保人数从 225 万人增加到 375.69 万人，增幅达 67%，失业保险金标准从 606 元 / 人·月提高到 1791 元 / 人·月，增幅达 196%。法定参保人员基本养老保险覆盖率达 93%。2023 年为150.76 万低保、特困、易返贫致贫等困难群体代缴基本养老保险费。实施基本养老保险扩面增效专项行动。以"八类群体"为重点，继续扩大覆盖面，调整优化参保结构，将更多人员纳入城镇职工养老保险，享受更充分更可靠的养老保障。

2. 健全分层分类、城乡统筹的社会救助体系

建立健全制度体系。出台《云南省社会救助实施办法》，全面建立

实施临时救助、特困人员救助供养制度，完善城乡最低生活保障制度，建立以基本生活救助、专项社会救助、急难社会救助为主体，社会力量参与为补充的具有云南特色的新型社会救助制度体系。中共云南省委办公厅、云南省人民政府办公厅印发了《关于改革完善社会救助制度的实施意见》，进一步完善最低生活保障、特困人员救助供养制度，加强和改进临时救助制度，社会救助政策短板不断补齐，政策间的衔接有效加强。专项救助逐步从原来的低保对象、特困人员、脱贫人口拓展到低保边缘家庭、支出型困难家庭等低收入人口，综合救助格局基本建立。建立社会救助联席会议制度和县级困难群众基本生活保障协调机制、"一门受理、协同办理"工作机制、社会救助信息共享机制以及省、州(市)、县（市、区）三级共担的社会救助资金筹措和保障机制、社会救助监督检查长效机制。

全面提升救助水平。累计投入中央和省级困难群众救助资金 1031.05 亿元，平均每年有 441 万困难群众得到经常性生活救助、75.8 万人次得到临时救助。农村低保年保障标准从 2012 年底的 1674 元提高到 2022 年的 5343 元，增长 219%；城市低保月保障标准从 288 元提高到 700 元，增长 143%；特困人员月生活标准从 104 元提高到 910 元，增长 7.75 倍；临时救助标准实现城乡统筹，乡镇审批额度和救助封顶线大幅提高。[①] 实施残疾人两项补贴制度，截至 2022 年 9 月，分别惠及 61.44 万困难残疾人和 48.53 万重度残疾人；救助流浪乞讨人员 23.17 万人次。进一步拓展申请渠道，先后推出"一部手机办低保"、"政府救助平台"，为困难群众提供"不出户、不求人"的申办服务。建立汇集低保对象、特困人员、

---

① 《"云南这十年"系列新闻发布会·社会保障专场发布会》，云南省人民政府网站，2022 年 9 月 13 日。

三类监测对象、低保边缘家庭等低收入人口数据库，通过主动监测、分析预警，第一时间落实救助政策，变"人找政策"为"政策找人"。持续保持低保工作监督检查高压态势，全力打造阳光低保。

3. 积极发展公益性社会慈善事业

完善慈善事业政策体系，大力培育扶持慈善力量，加强慈善组织规范管理，充分发挥慈善组织更具灵活性、有效对接群众需求、为群众提供多维度多层次服务等优势，积极引导慈善力量广泛开展公益慈善活动。截至 2022 年 8 月，全省共有慈善组织 112 个。[①] 据不完全统计，自 2016 年《中华人民共和国慈善法》颁布实施以来，全省各级各类慈善组织及红十字会累计募集慈善款物 27 亿余元，为脱贫攻坚、乡村振兴、疫情防控、基层社会治理、生态环境保护等方面作出了积极贡献。

社会工作服务能力稳步提升，全省共有社会工作专业人才队伍 8.45 万人、社会工作服务机构 393 家，实现 1419 个乡镇（街道）社会工作服务站全覆盖。组织实施支持边远贫困地区、边疆民族地区和革命老区社会工作专业人才计划，累计选派 165 家社会工作服务机构、940 名社会工作专业人才。全省志愿服务队伍不断壮大、志愿服务活动深入开展，截至 2021 年底，全省志愿者注册人数达到 681.9 万名，培育发展志愿服务组织 3.6 万个，服务时长达到 2.1 亿小时，志愿服务活动遍布生产生活的方方面面。[②]

---

① 《"云南这十年"系列新闻发布会·社会保障专场发布会》，云南省人民政府网站，2022年 9 月 13 日。
② 《"云南这十年"系列新闻发布会·社会保障专场发布会》，云南省人民政府网站，2022年 9 月 13 日。

4.保障妇女儿童合法权益

全面加强党对妇女儿童事业的领导，把党的领导贯穿于规划组织实施的全过程。将保障妇女儿童合法权益写入省第十一次党代会报告，纳入云南省国民经济和社会发展"十四五"规划，顺利实现第三轮妇女儿童发展规划全部目标，2022年颁布实施第四轮妇女儿童发展规划。高度重视妇女儿童合法权益，妇女儿童健康水平稳步提升，受教育程度明显提高，妇女参与决策和管理的水平显著提高、儿童参与的机制深入推进，关爱留守儿童、困境儿童，妇女儿童发展环境进一步改善，"三访四察五送"切实为妇女儿童解决急难愁盼问题，妇女儿童合法权益得到有效保障，妇女儿童的获得感、幸福感、安全感不断增强，全社会尊重妇女、保护儿童的良好氛围进一步增强。

◎ 昆明市弥勒寺社区儿童之家（陈飞／摄）

5. 保障残疾人合法权益

坚持政策托底、综合施策，全省建档立卡贫困残疾人如期实现脱贫，巩固残疾人脱贫攻坚成果推进乡村振兴迈出了坚实步伐。进一步织密织牢残疾人基本民生的安全网，不断加强贫困残疾人社会保障力度，政府代缴城乡居民基本养老保险的范围从一、二级扩大到三级残疾人，残疾人各项保险实现全覆盖。推动形成了覆盖全省的残疾人服务网络，残疾人康复水平稳步提升，残疾人接受基本康复服务，得到辅助器具适配服务。切实保障残疾人就学就业平等权利，全省形成了从学前教育到高等教育上下衔接的特殊教育发展体系，形成以集中就业安置、按比例就业和灵活自主就业为主要途径，公益性岗位、社区就业等为补充的就业体系。促进残疾人全面发展，残疾运动员在 2022 年北京冬残奥会上获得金牌数位居全国第二，"篮球女孩"钱红艳搏出了精彩人生。为残疾人群体提供方便可及的公共法律服务，残疾人法律权益得到有效保障。

6. 健全老龄养老服务体系

健全养老服务发展政策，聚焦养老服务发展的难点、重点、堵点问题，制定出台全省基本养老服务清单，聚焦老年人生存安全、生活需要、照护需求、社会参与等内容，建立省、州（市）、县（市、区）三级基本养老服务清单，建立健全政府购买养老服务制度。优先将经济困难的失能、重残、高龄、空巢、留守、计划生育特殊家庭等老年人纳入基本养老服务清单制度重点保障对象，推动逐步实现人人享有基本养老服务。着力提升养老服务网络覆盖率，构建城镇"街道—社区—小区—家庭"四级服务网络、农村"县—乡—村"三级服务网络，实现全省养老机构、乡镇（街道）综合养老服务中心、社区养老服务设施覆盖率不断提升。着力提升养老服务质量水平，健全养老服务市场规范和行业标准，推行"双随机、一公开"监管，建立养老机构备案信用承诺制度，加快推进养老服务领域信用体系建设，确保养老服务和产品质量。全面提升养老服务从业人员职业化、专业化水平，建立多层次的养老服务培训机制，落实"康养云师傅"培训工作计划，加强从业人员入职培训和定期轮训。深化公办养老机构改革，坚持公办养老机构公益属性，按照"宜公则公、宜民则民"的原则推进公办养老机构改革，完善公办养老机构委托经营机制。推动养老服务业融合发展。推动"养老＋行业"多元融合，探索发展旅居养老、文化养老、健康养老、养生养老等新兴业态，丰富养老服务内容，为老年人提供多样化、多层次的产品和服

◎ 昆明市五华区青年路社区为老人居家养老建新"家"，老人们有了社区爱心食堂（杨峥／摄）

务。深化医养结合改革，优化医养结合机构审批流程和发展环境，不断满足老年人医养结合服务需求。

7. 确保人民群众住有所居

坚持房地产开发和政策性保障住房双轨并行、租购并举，多主体供给、多渠道保障，优化住房供应结构，不断满足群众住房需求。党的十八大以来，截至 2022 年底，全省房地产开发投资累计完成 3.32 万亿元，城镇常住人口人均住房建筑面积提升至 40.7 平方米，共提供商品住宅 279.6 万套，满足近 805.34 万居民多层次的住房需求。加快推进公租房建设，从保障中低收入家庭住房困难入手，规范发展公租房，全力推进住房保障工作。2022 年 9 月，全省累计建成和在建公租房 91 万套，约 300 万住房困难群众住进公租房。努力解决新市民、青年人住房问题。为住房困难群众发放租赁补贴，让住房困难群众充分感受到党和政府的温暖。加快推进城镇老旧小区改造，截至 2022 年，全省累计开工改造城镇老旧小区 9600 个，惠及群众 72 万户；全省累计实施城镇棚户区改造 109.64 万套，约 330 余万群众"出棚进楼"圆了安居梦。深入推进农村危房改造和农房抗震改造工作，农村危房改造已实现动态清零。①

（四）加快推进健康云南建设

人民健康是民族昌盛和国家强盛的重要标志，也是广大人民群众的共同追求。云南坚持把保障人民健康放在优先发展的战略位置，贯彻新

---

① 《"云南这十年"系列新闻发布会·新型城镇化专场发布会》，云南省人民政府网站，2022 年 9 月 6 日。

时代党的卫生健康工作方针，坚持"保基本、强基层、建机制"原则，大力推进"健康云南"建设，实施卫生健康事业高质量发展三年行动，全力推动卫生健康事业高质量发展。

1. 建设省优县强、基层稳定的医疗卫生服务体系

建设心血管病、呼吸、肿瘤国家区域医疗中心，医院服务能力不断提升，累计开展新技术研发 176 项。确定"十四五"时期 40 个国家级临床重点专科建设项目及培育项目，235 个省级临床重点专科建设项目。公立医院高质量发展迈上新台阶，全国三级公立医院绩效考核中，全省西医、中医类考核分别排全国第 16 名、第 6 名，比上一年度分别前进了 2 名和 6 名。持续推进县级医院提质达标，全省累计有 125 家县医院达到国家基本标准，65 家达到推荐标准；92 家中医医院达到国家基

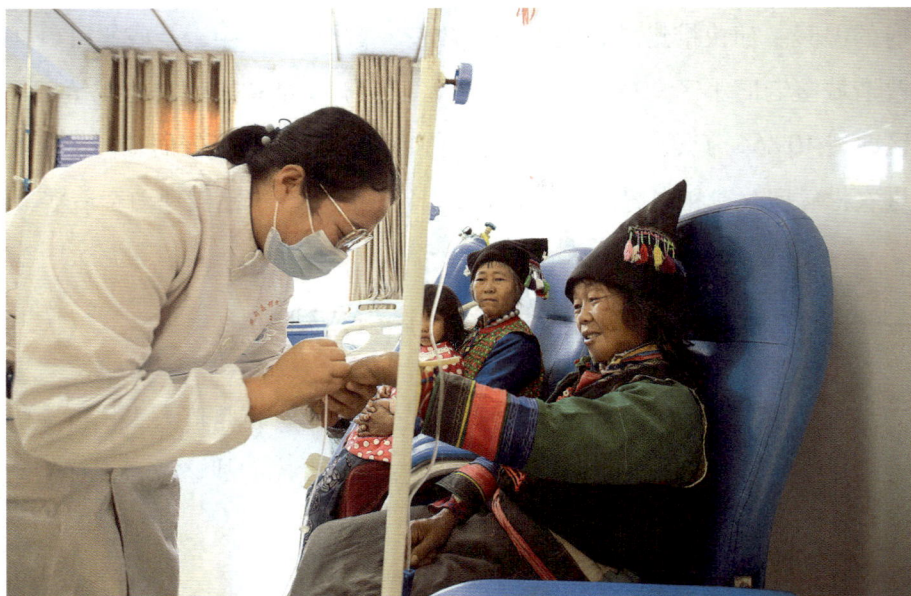

◎ 保山市施甸县群众在摆榔乡基层卫生院接受治疗（陈飞/摄）

本标准，20 家达到推荐标准；1123 家乡镇卫生院（社区卫生服务中心）服务能力达到国家基本标准，245 家达到推荐标准。126 个县（市、区）实施紧密型县域医共体建设，其中 77 个同步开展医保资金打包付费改革。县域内就诊率巩固在 91% 以上。

2. 促进"三医"协同发展和治理

始终将深化医改作为保障和改善民生的重大工程持续推进，制定实施《云南省卫生健康事业高质量发展三年行动计划（2023—2023 年)》、《关于进一步完善医疗卫生服务体系的实施方案》等一系列文件。深化部门协同，围绕医疗服务新技术、新项目立项、14 天患者住院天数限制等重点工作，建立医疗、医保部门同题共答机制。改革合力持续凝聚，改革成效更加凸显，累计落地 38 批次药品和医用耗材集中带量采购，600 种药品、127 种医用耗材价格平均降幅达 50% 以上。建立医疗服务价格动态调整机制，省级公立医院调整医疗服务价格 3 批次近 1800 项，16 个州（市）均完成一轮以上医疗服务项目价格调整。实施按病组和按病种分值付费改革三年行动，全面启动按病组和按病种分值付费改革。全省药物临床试验机构承接在研项目 1159 个，46 个仿制药药品批准文号通过一致性评价。全省公立医院医疗服务收入占医疗收入的比例达 31.07%，个人卫生支出占卫生总费用的比重降至 26.94%，群众就医负担不断减轻。

3. 健全公共卫生防控体系和跨境传染病联防联控体系

以发病率居前的结核病、艾滋病、疟疾、登革热等为防治重点，按照"重点疾病重点预防、重点地区重点防控、重点人群重点保护"的原则，实施扩大免疫规划，加大预防、筛查、治疗力度，持续开展全省防艾人民战争，艾滋病疫情下降趋势明显，进一步降低结核病、艾滋病等重点传染病发病率。健全跨境传染病联防联控机制，以疟疾、登革热等传染病为监测重点，充分发挥境外 21 个监测哨和 20 个联合工作站作用，加强与周边国家信息互通，开展防控合作，做到防线外移、关口前移，有效降低境外传染病输入风险。提升边境一线防治能力。以边境地区为重点，补充和更新 8 个边境州（市）和 25 个边境县（市）疾控中心实验室检测设备，提升边境地区疾病预防控制中心实验室重点传染病等核心检测能力。加快推进疾控体系改革，加强防治结合，创新医防协同、医防融合机制，优化完善疾控机构职能设置，实行岗位分级分类管理。强化传染病监测预警，优化监测哨点布局，提升边境地区疾控中心实验室核心能力，推进全省各级疾控机构达标建设，提升疾控机构核心能力。

4. 促进中医药、民族医药传承发展

出台《云南省人民政府关于贯彻落实中医药发展战略规划纲要（2016—2030 年）的实施意见》《云南省人民政府关于推进中药饮片产业发展的若干意见》《中共云南省委　云南省人民政府关于促进中医药传承创新发展的实施意见》《关于加快中医药特色发展的若干措施》《云南省"十四五"中医药发展规划》等一系列支持中医药传承创新发展的政策措施，共同推进中医药、民族医药传承发展。服务体系日益完善，拥有中医类医疗卫生机构 2116 所，其中中医类医院 184 所。拥有公立中医类医院 114 所，其中三甲中医医院 11 所，每千人口公立中医类医院床位数 0.84 张，有效提升中医药服务能力与水平，中医总诊疗量不断增多，出院病人数大幅度提升，中医药服务水平稳步提升。人才结构持续优化，中医药人才规模不断扩大，每千人口中医类别执业医师

数 0.44 人，中医医师中研究生学历占比、本科学历占比、专科学历占比不断优化，高层次人才培养卓有成效，国医大师、岐黄学者实现了零的突破，多人入选全国名中医、青年岐黄学者、全国临床优才，为促进云南中医药水平高质量发展奠定了人才基础。

5. 建立生育支持政策体系

出台《云南省人口与计划生育条例》、《中共云南省委　云南省人民政府关于优化生育政策促进人口长期均衡发展的实施方案》等政策，保障优生优育。降低群众养育成本，对新出生并户口登记在云南的二孩、三孩按年发放育儿补助；对新出生并户口登记在云南的婴幼儿购买意外伤害险给予参保补贴。积极发展普惠托育服务，出台保障托育服务健康持续发展的多个文件，将托育服务纳入云南"十四五"规划纲要和云南卫生健康"十四五"规划，基本建立了托育服务政策法规体系、服务标准规范体系、服务供给网络体系。截至 2022 年底，全省共有托位数 10.87 万个，千人口托位数为 2.32 个。制定母婴安全行动提升计划和健康儿童行动提升计划，每年设立 2000 万元危重孕产妇和新生儿救治补助专项资金，对通过等级评审和能力达标的县级妇幼保健机构给予激励，妇幼保健机构的医疗质量和安全管理水平得到大幅提高，妇幼健康服务体系不断健全，服务水平不断提升，为营造生育友好型社会提供保障。

6. 持续推进高原特色体育强省建设

出台《云南省人民政府办公厅关于加快建设体育强省的意见》，系统谋划云南体育强省建设。"七彩云南全民健身工程"全面推进，建成健身步道 6200 公里、社会足球场地 1800 多块，各地室外健身器材配置达 7 万余件。3188 块公共体育场地、182 个公共体育场馆、61 个全民健身中心、118 个体育公园投入使用，推进州（市）、县（市、区）、乡镇（街道）、村（社区）四级公共体育基础设施建设，行政村和社区体育基础设施覆盖率达 95.4% 以上，25 个边境县（市）和民族地区有条件的自然村实现体育设施全覆盖。人均体育场地面积从 1.23 平方米提升到 2.31 平方米。① 全民健身公共服务体系更加完善，全省经常性参加体育锻炼人数比例从 31.5% 上升到 39.2%，每周参加 1 次以上体育锻炼人数超 2200 万人，国民体质测定合格率由 89.1% 提升到 90.8%。② 冰雪运动实现跨越式发展，首次组团参加第十四届全国冬运会，获得 4 金 3 银 2 铜，完成首次参赛、夺牌、夺金的突破。落户云南的国际体育赛事不断增多，举办"一带一路·七彩云南"国际汽车拉力赛、中国昭通大山包"国际翼装飞行世界杯"等一系列国际体育赛事。高原训练服务日趋完善，把高原训练基地群打造成为云南对外交流的一张"金字招牌"。打造"高原训练胜地、户外运动天堂、四季赛事乐园"三大品牌，持续推进高原特色体育强省建设。

7. 持续推进"互联网＋医疗健康"服务

出台《云南省人民政府办公厅关于促进"互联网＋医疗健康"发展的实施意见》等文件，建立省级互联网医疗服务监管平台，规范云南互联网医院健康有序发展。到 2022 年，全省有 45 家互联网医院，覆盖 16 个州（市），互联网医院发展取得较大进步。探索建立"互联

---

① 《"云南这十年"系列新闻发布会·教育体育专场发布会》，云南省人民政府网站，2022 年 9 月 15 日。

② 《"云南这十年"系列新闻发布会·教育体育专场发布会》，云南省人民政府网站，2022 年 9 月 15 日。

网＋护理服务"，截至 2023 年 11 月，有 11 家"互联网＋护理服务"试点医疗机构提供 123 项"互联网＋护理服务"项目。大力推进智慧医院建设，组织开展电子病历系统应用水平分级评价工作，在 2022 年度参评机构中，有 511 家医疗机构通过国家五级评审。持续推进家庭医生签约和基本公共卫生服务等信息管理系统建设，实现省市县乡村互联互通。逐步通过区域全民健康信息平台或县域医共体平台对接家庭医生签约服务系统，共享基本公共服务和诊疗数据，推进医疗服务高质量发展。

（五）巩固拓展脱贫攻坚成果

脱贫摘帽不是终点，而是新生活、新奋斗的起点。迈入巩固拓展脱贫攻坚成果同乡村振兴有效衔接的历史新阶段，云南坚决守住不发生规模性返贫底线，把巩固拓展脱贫攻坚成果作为压倒性政治任务，严格落实"四个不摘"要求，出台实施《云南省脱贫人口持续增收三年行动方案（2022—2024 年)》，提出"六个一批"重点任务，推动脱贫人口和监测对象帮扶全覆盖，促进脱贫人口收入持续增长，让脱贫基础更稳固，脱贫成效更可持续，脱贫群众生活更上一层楼。

1. 健全防返贫动态监测帮扶机制

建立线上网络化和线下网格化"两网"双向协同防返贫监测体系。创造性建成涵盖教育、民政、人社、住建、水利、卫健、医保等 7 个部门 15 个救助服务事项的全省统一"政府救助平台"，引导群众通过全国防返贫监测信息系统手机 App 与全国防止返贫监测和乡村振兴咨询服务平台（12317）等渠道进行自主申报，让困难群众"找政府"无障碍。强化干部定期入户排查、行业部门常态化监测筛查，建立基层干部定期入户排查与行业部门筛查比对常态化预警体系，以村民小组为单位形成近 19 万个监测网格，确保常态化排查无死角，实现"政府找"无死角。2022 年，确定的防返贫监测线为 7000 元，1.63 万支工作队、22.04 万名干部开展防止返贫监测帮扶集中大排查，入户核查 484.86 万户。①

制定精准帮扶措施，按照"一户一方案、一定三年、逐年推动落实"机制，推动县乡村和定点帮扶单位沉到村户，摸清脱贫户和监测对象家底，制定了 198 万户、796.7 万人的三年增收措施，对 70 万户年人均纯收入在 1 万元以下有劳动力的脱贫户，组建了"一对一"帮扶专班。②建立全省脱贫人口收入监测体系，对脱贫人口和监测对象收入变化、增收措施落实、增收目标实现情况等进行"按月分析、按季监测、适时调度"，有针对性制定促进脱贫人口和监测对象抗疫增收措施，2022 年脱贫人口人均纯收入增势较好。③

2. 全面提升乡村振兴重点帮扶基础设施、基本公共服务

把 27 个国家乡村振兴重点帮扶县和 30 个省级重点帮扶县作为巩固拓展脱贫攻坚成果的主战场，在全面落实中央对重点帮扶县支持政策的基础上，整合各方帮扶资源，量身定制帮扶政策，实行"四个倾斜"。省委力量倾斜方面，加大对迪庆州、怒江州及"直过民族"、人口较少

---

① 《非凡十年　云南答卷·村容美产业旺　乡村振兴入画来》，《云南日报》2022 年 10 月 19 日。

② 《"云南这十年"系列新闻发布会·巩固脱贫攻坚成果和乡村振兴专场发布会》，云南省人民政府网站，2022 年 9 月 5 日。

③ 《"云南这十年"系列新闻发布会·巩固脱贫攻坚成果和乡村振兴专场发布会》，云南省人民政府网站，2022 年 9 月 5 日。

民族聚居区、边境县（市）的支持力度，省委、省政府主要领导分别挂联巩固拓展脱贫攻坚成果难度最大、任务最重的会泽县、镇雄县及原"三区三州"中的怒江州、迪庆州，省委常委、副省长分别挂联 2 个重点帮扶县，39 位省级领导全部挂联重点帮扶县。① 资源配置倾斜方面，从产业就业、金融、土地、人才、易地搬迁后续扶持、基础设施建设、沪滇协作、公共服务保障等 15 个方面给予倾斜支持，把 12 个重点帮扶县纳入"30+20"个"一县一业"示范县和特色县创建，遴选 10 个重点帮扶县支持"一县一业"示范创建，每县每年支持 3000 万元。② 帮扶力量倾斜方面，每个县由不少于 3 家省级和中央驻滇单位定点帮扶，优先选派科技特派团，省级以上驻村工作队员主要派往重点帮扶县。帮扶资金倾斜方面，2022 年，安排 27 个国家级重点县衔接资金 114.56 亿元、30 个省级重点县 44.57 亿元，集中实施一批补短板、促发展项目，提升农村基础设施和基本公共服务水平。③

3. 做好易地扶贫搬迁和移民搬迁安居富民工作

制定后续扶持若干政策措施、"以奖代补"工作方案等系列配套文件，20 个省级部门开展帮扶就业专项行动、后续产业稳固行动等。2022 年以来，安排专项资金 9500 万元，对各项工作完成情况较好的 79 个安置区进行示范奖励，支持"补短板、促发展"项目 28 个；下达省级补贴资金 3546 万元，对安置区水电费物管费进行减免补贴，惠及全省 55 个进

---

① 《"云南这十年"系列新闻发布会·巩固脱贫攻坚成果和乡村振兴专场发布会》，云南省人民政府网站，2022 年 9 月 5 日。

② 《为了脱贫群众生活更上一层楼——云南全力巩固脱贫攻坚成果奋力开创乡村振兴新局》，《云南日报》2022 年 3 月 27 日。

③ 《"云南这十年"系列新闻发布会·巩固脱贫攻坚成果和乡村振兴专场发布会》，云南省人民政府网站，2022 年 9 月 5 日。

城安置区搬迁群众约 40 万人。①2023 年，全省易地扶贫搬迁安置区配建或共享幼儿园、小学、初中共 9830 所，卫生室（院）3417 个，室内外活动场地 8000 余个，农贸市场 2298 个，养老服务中心等设施 1566 个。②构建以基层党组织为核心的安置社区组织体系，引导搬迁群众参与安置区治理，通过网格化管理、智能化管理、人性化服务等探索实践，安置区治理水平不断提升。集中安置区有新型经营主体 6283 家，带动搬迁群众 20.46 万户 79.76 万人增收，覆盖安置区的产业园区 152 个，吸纳搬迁群众就业 6.74 万人。2022 年以来，共实施以工代赈项目 291 个，吸纳搬迁群众参与务工 1.71 万人，发放劳务报酬 1.97 亿元，带动更多搬迁群众就地就近就业增收。③ 在安居富民工作中，妇女充分展现巾帼力量作用，主动参与项目建设，通过参加技能培训、"女致富带头人 + 贫困户"模式、学习和传承传统手工艺技能等方式，不断提升自身发展动力。

◎ 昭通鲁甸卯家湾易地扶贫搬迁安置区（柴峻峰 / 摄）

---

① 《云南省扎实推进易地扶贫搬迁后续扶持》，《云南日报》2023 年 11 月 14 日。
② 《云南省扎实推进易地扶贫搬迁后续扶持》，《云南日报》2023 年 11 月 14 日。
③ 《云南省扎实推进易地扶贫搬迁后续扶持》，《云南日报》2023 年 11 月 14 日。

4.持续深化沪滇协作新篇章

五年过渡期以来，"山海情"不断升温，塑造出沪滇协作发展新格局。召开上海云南对口协作第二十六次联席会议，持续深化"四个+"协作模式和"1+16+N"园区共建体系。上海市级财政援助资金到位38.18亿元，实施项目509个，已使用资金16.15亿元；举办劳务协作培训班455期，培训农村劳动力20477人次，帮助19.03万农村劳动力转移就业；新增引导落地投产企业190家、到位资金61.05亿元；采购和帮助销售云南农副产品35.5亿元。①

---

④ 《我省持续推进巩固拓展脱贫攻坚成果同乡村振兴有效衔接——筑梦乡村绘新景》,《云南日报》2023年10月17日。

九、落实新时代党的建设总要求，
全面从严治党焕发新气象

　　一个饱经沧桑而初心不改的党，才能基业常青；一个铸就辉煌仍勇于自我革命的党，才能无坚不摧。党的二十届三中全会着眼党所处的历史方位和肩负的使命任务，对当前和今后一个时期深化党的建设制度改革作出战略部署。习近平总书记考察云南时强调，要始终坚持党的领

◎ 围绕学习贯彻习近平新时代中国特色社会主义思想主题教育，各级党组织党员在昆明市警示教育基地接受廉政教育（杨峥／摄）

导，完善党的领导制度，纵向要到底，横向要到边；并强调各级党组织要在从严治党上进一步做起来、实起来。云南各级党组织始终坚持把党的政治建设摆在首位，全面贯彻落实习近平总书记关于党的建设的重要思想和习近平总书记关于党的自我革命的重要思想，全面贯彻落实新时代党的建设总要求和新时代党的组织路线，以自我革命精神推动全面从严治党向纵深发展，不断增强党的建设的系统性、协同性、创造性、实效性。全省党的建设成效明显，党的全面领导更加坚强有力，党的创新理论武装不断走深走实，党在边疆的执政基础更加坚实，选人用人更加精准科学，高质量发展的人才支撑不断增强，党员干部作风效能明显提升，政治生态持续出清向好，为高质量跨越式发展提供了坚强政治保证和组织保证。

（一）坚持和加强党的全面领导

中国特色社会主义最本质的特征是中国共产党领导，中国特色社会主义制度的最大优势是中国共产党领导，中国共产党是最高政治领导力量，坚持党中央集中统一领导是最高政治原则。云南系统完善党的领导的政策体系、制度体系，建立贯彻落实习近平总书记重要讲话、重要指示批示精神和党中央决策部署长效机制，广泛开展"党的光辉照边疆、边疆人民心向党"等主题实践，增强了党员干部坚定拥护"两个确立"、坚决做到"两个维护"的政治自觉、思想自觉和行动自觉，党的领导在边疆民族地区得到全面加强。

1. 坚决维护党中央权威和集中统一领导

各级党组织和广大党员干部把做到"两个维护"作为明确的政治准则、

根本的政治要求，深刻领悟"两个确立"的决定性意义，增强"四个意识"、坚定"四个自信"、做到"两个维护"，坚定不移维护以习近平同志为核心的党中央权威和集中统一领导，坚定不移忠诚核心、拥戴核心、维护核心、捍卫核心，做到在思想上高度认同、政治上坚决拥护、组织上自觉服从、行动上紧紧跟随。出台一系列实施意见、规划及文件，把习近平总书记考察云南重要讲话和重要指示批示精神与党中央决策部署及时贯彻到云南经济社会发展和党的建设各领域各方面。党的二十大闭幕后，及时修订出台《中共云南省委常委会关于坚定维护以习近平同志为核心的党中央集中统一领导的若干具体规定》，进一步严明政治纪律和政治规矩，以实际行动坚决维护以习近平同志为核心的党中央权威和集中统一领导。抓实抓牢理想信念教育、政治忠诚教育，教育引导广大党员干部永葆忠诚本色。严格执行重大事项请示报告制度，把执行情况作为检验党组织是否尽责、党员干部是否合格的重要标准。严格组织生活制度，坚决贯彻民主集中制，严格落实"三重一大"议事决策制度，用好批评和自我批评武器，使党内政治生活真正严起来、实起来。

2. 完善坚持党的领导的体制机制

坚持和加强党对涉及全局的重大工作的统一领导，强化组织协调能力，加强和优化党对全面深化改革、依法治省、经济、农业农村、纪检监察、组织、宣传思想文化、统战、政法、民族宗教、教育、科技、网信、外事、审计等工作的领导。优化党委议事协调机构，调整组建省委全面深化改革委员会、全面依法治省委员会、国家安全委员会、网络安全和信息化委员会、财经委员会、外事工作委员会、机构编制委员会、审计委员会、金融委员会、科技委员会和教育工作领导小组等议事协调机构。优化规范设置党的派出机关，加强对相关领域、行业、系统工作的领导。按照精干高效原则设置各级党委直属事业单位。强化党的组织在同级组织中的领导地位，在国家机关、事业单位、群团组织、社会组织、企业和其他组织中设立的党组织，接受批准其成立的党委统一领导，定期汇报工作，确保党的方针政策和决策部署在同级组织中得到贯彻落实。健全跟踪问效、督查督办、考核问责等制度机制，把贯彻落实党中央决策部署作为监督检查的首要内容，纳入全省各级党政领导班子及成员的述职评议范围，每年对贯彻落实习近平总书记考察云南重要讲话和重要指示批示精神情况进行"回头看"，确保件件落实、事事见效。

3.强化党的领导作用

强化党的领导作用，全面加强对重要部署、重要改革、重要举措、重要工作的领导，不断提高把方向、管大局、作决策、保落实的能力和定力，真正做到习近平总书记有号令、党中央有部署、云南见行动。按照《中共中央关于加强党的政治建设的意见》，以党章为根本依据，不断完善保障"两个维护"的制度机制，严格执行《关于新形势下党内政治生活的若干准则》、《中国共产党重大事项请示报告条例》、《中共中央政治局关于加强和维护党中央集中统一领导的若干规定》等党内法规，有效贯彻执行党的路线方针政策，坚决落实党中央重大决策部署、习近平总书记重要指示批示和省委工作要求，结合边疆的地方实际，加强和改进党的工作，提高党的执政能力和领导水平，重点解决全局性、战略性、前瞻性的重大问题。

（二）建设敢于担当、干事创业、攻坚克难的干部队伍

全面建设社会主义现代化国家，必须有一支政治过硬、适应新时代

要求、具备领导现代化建设能力的干部队伍。云南认真贯彻习近平总书记对云南提出的"要坚持好干部标准，树立鲜明用人导向"的重要要求，健全精准科学选人用人机制，分领域建立省直机关、高校、国企、市县干部队伍建设的政策体系，常态化开展一线蹲点调研，实施优秀年轻干部培养锻炼"双百计划"，推动干部能上能下，干部敢为敢闯、干事创业的动力更大、底气更足。2022 年，中央组织部反馈云南选人用人工作总体评价"好"的比例占 96.4%，比 2015 年上升 20 个百分点。①

1. 牢固树立重一线、重实干、重实绩、重公认的用人导向

注重在一线识别和检验干部，畅通干部到一线磨炼成长的渠道，大力选拔任用经受一线摔打历练的干部，推动广大干部在高质量发展中敢于负责、勇于担当、善于作为。聚焦"3815"战略发展目标和系列三年行动，制定《关于建设忠诚干净担当高素质干部队伍的意见》、《关于建设敢于担当干事创业具备领导现代化建设能力干部队伍的意见》等文件，注重在脱贫攻坚、乡村振兴、强边固防等一线考察识别、选拔任用干部，使选出来的干部让组织放心、群众满意、干部服气。认真落实"四用四不用"选任要求，严把政治关、能力关、廉洁关，对特别能干的及时"给位子"，对真干实干的撑腰"壮胆子"，对想干愿干的主动"铺路子"，对乱干不干的坚决"摘帽子"。制定并落实《一线考察识别干部办法》，建立立体透视的全方位一线考察识别机制，聚焦重大战略、重大项目、重点任务，分领域全覆盖开展干部一线蹲点调研，动态掌握"六个一批"优秀干部 1500 余名，2022 年以来提拔的省管干部中，70% 来

---

① 《为云南高质量发展提供坚强组织保证——党的十八大以来云南组织工作综述》,《云南日报》2023 年 7 月 27 日。

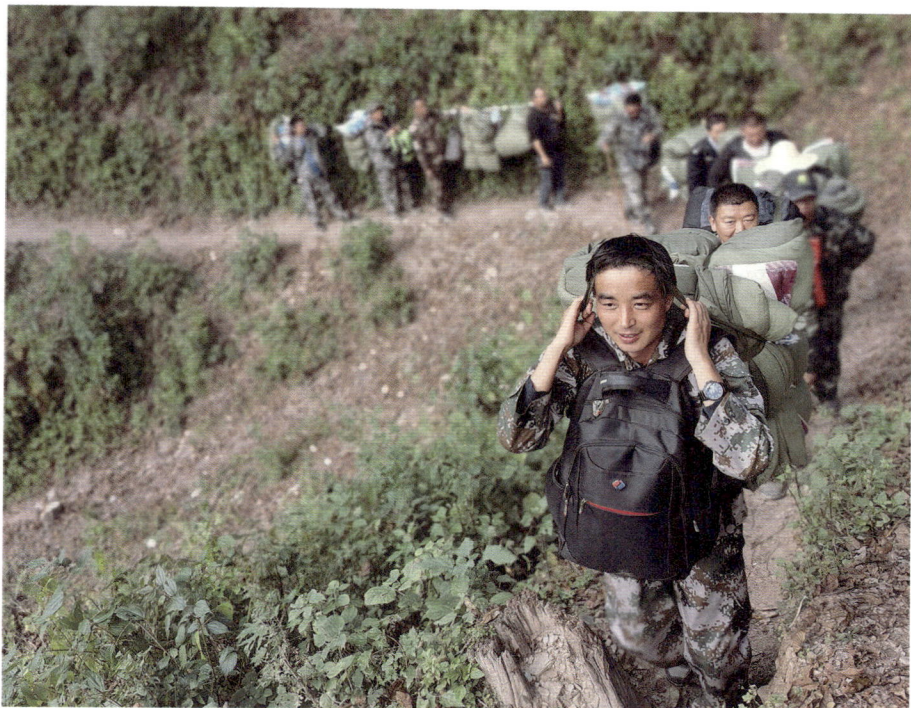

◎　怒江帮扶背包工作队在免峨乡吾马普村翻山越岭进村寨（和平辉/摄）

自蹲点调研发现的优秀干部，社会反映良好。[1]

2. 健全完善适应新时代要求的干部考核评价体系

突出学习贯彻习近平新时代中国特色社会主义思想和习近平总书记考察云南重要讲话和重要指示批示精神，把经济、政治、文化、社会、生态文明建设和党的建设等情况作为考核评价的重要内容，依据不同考核对象，科学调整完善考核评价指标以及民主测评、民意调查等评价要

---

[1]　《"开好局、强信心、促发展——贯彻落实党的二十大精神"系列新闻发布会·锻造高素质队伍专场发布会》，云南省人民政府网站，2023年8月30日。

点。同时把抓基层党建工作情况、落实意识形态工作责任情况作为考核州（市）委书记、省直部门党组织负责人、县（市、区）委书记的重要内容。注重分层分类考核，将考核对象分为州（市）、省直党政部门、高等学校、省属国有企业、县（市、区）委书记等 5 类，分类制定考核办法，依据岗位不同和发展情况细化考核办法。坚持定量和定性相结合，全方位、多角度分析、比较、印证，进一步强化实绩导向、基层导向和民意导向。强化结果运用，坚持考用结合，发挥干部考核评价的激励鞭策作用，把领导班子和领导干部考核结果作为干部选拔任用、评先奖优、绩效考核兑现、治庸治懒、问责追责、能上能下的重要依据。完善考核结果反馈机制，对敢于担当、实绩突出，考核确定为优秀等次的干部，及时给予奖励；对考核确定为基本称职及以下等次的干部，及时采取批评教育、诫勉谈话、组织处理等措施进行惩戒。

3. 深入实施"一把手"政治能力提升、专业干部源头储备和干部专业化能力提升计划

坚持把提高政治能力贯穿干部成长全周期，深入实施"一把手"政治能力提升计划，加强政治忠诚教育和政治纪律、政治规矩教育，实施年轻干部理想信念强化计划，使干部的政治素养、政治能力与担负的领导职责相匹配。抓好后继有人这个根本大计，推进公务员考录主渠道增量提质，涵养干部队伍"源头活水"，加大面向清华、北大等全国知名高校定向招录选调生力度。强化干部思想淬炼、政治历练、专业训练、实践锻炼，着力增强干部的政治能力、战略眼光、专业水平。党的十八大以来，省级层面举办各类干部教育培训主体班 1450 期次、培训各级干部 33.8 万人次。深入实施干部专业化能力提升计划，2022 年以来，省级举办产业发展、营商环境、乡村振兴等专题培训班 149 期、培训

1.6 万人次，全覆盖开展州（市）、县（市、区）党政正职出省培训，创新性开展"培训＋招商＋引才＋推介"模式；实施优秀年轻干部培养锻炼"双百计划"，有组织有计划地选派优秀干部到一线提升本领、增长才干。2022 年以来，选派 102 名干部出省挂职锻炼，组织 169 名优秀干部跨地区跨条块跨领域交流任职，订单式选派 66 名干部驻企驻园服务，干部服务经济社会发展本领进一步提升。① 抓实村（社区）干部队伍建设，推动班子成员学历、能力、年龄"两升一降"，"一肩挑"比例达到 99.01%；开展村（社区）干部学历能力双提升行动，累计组织 4.5 万名村（社区）干部参加本科、大专学历教育。

4. 加强干部交流任职挂职锻炼

每年从省内选派 65 名干部到中央国家机关和上海市挂职锻炼，每两年从省直单位选派 60 名左右处级干部到县（市、区）挂职；每年从中直单位引进一批副司局级领导干部到云南挂职，从中直单位和"985"高校引进一批具有副高级以上专业技术职称的专家到云南挂职，从发达地区引进一批优秀党政领导干部担任县委书记，从中直单位和外省选派到云南的挂职干部中择优留任一批干部，通过省内外干部朝夕相处、互融互学互助，进一步激发了干部队伍干事创业活力。

5. 严格管理监督干部

加大日常管理监督，把干部置于党组织有效管理中。深入抓好选人用人监督和专项整治，出台《关于防止干部"带病提拔"的实施意见》

---

① 《"开好局、强信心、促发展——贯彻落实党的二十大精神"系列新闻发布会·锻造高素质队伍专场发布会》，云南省人民政府网站，2023 年 8 月 30 日。

等文件，严格执行"凡提四必"等制度规定；开展"干事创业精气神不够、患得患失、不担当不作为问题"专项整治，引导干部树立实干导向，敢于挑最重的担子，敢于啃"最硬的骨头"。完善管思想、管工作、管纪律的长效管理机制，促进干部严格自我要求、强化自我约束。严格落实领导干部个人有关事项报告规定，健全选人用人问题整改监督机制，严格执行领导干部配偶、子女及其配偶经商办企业管理规定。修订出台《云南省推进领导干部能上能下实施细则》，系统性开展"躺平式"干部专项整治。制定并落实激励干部担当作为的实施意见、容错纠错办法，出台关心关爱脱贫攻坚一线干部、疫情防控一线党员干部、一线医护人员等措施；健全完善公务员平时考核、年度考核体系，把考核与评先评优和绩效奖励等结合起来，落实乡镇工作补贴政策；稳步推进公务员职务与职级并行制度实施，深化公务员分类改革，制定出台《云南省职级公务员管理办法（试行）》等系列政策文件，持续激励广大公务员在基层一线和急难险重任务中创先争优、担当作为。落实"三个区分开来"要求，建立受处分干部关爱教育和评估任用机制，出台关心关爱干部身心健康、高海拔艰苦地区干部等若干措施，通报表扬在作风革命效能革命中表现突出的 10 名县委书记，干部担当作为的底气更足、动力更强。①

6. 落实培养选拔优秀年轻干部常态化工作机制

实施优秀年轻干部培养锻炼"双百计划"（每年选派 100 名优秀年轻干部出省挂职、选派 100 名优秀年轻干部省内交流任职挂职），促进

---

① 《"开好局、强信心、促发展——贯彻落实党的二十大精神"系列新闻发布会·锻造高素质队伍专场发布会》，云南省人民政府网站，2023 年 8 月 30 日。

优秀处级年轻干部跨地区跨条块跨领域双向交流任职，不断优化年轻干部成才路径，推动年轻干部多元化培养、多岗位历练、一层层考验。着眼于党的事业后继有人、薪火相传，制定出台《云南省培养选拔优秀年轻干部常态化工作机制》、《云南省百名选调生墩苗历练计划》，要求在选拔使用时打破隐形台阶，对优秀年轻干部不简单看任职时间长短、资历深浅以及经历是否丰富等，可破除岗位上、排序上和单位之间、地域之间等隐形台阶，缩短在同一职务层次任职时间。创新提出建立健全年轻干部配备定期预警提醒机制，每半年对省委、省政府工作部门领导班子和州（市）、县（市、区）党政领导班子年轻干部配备情况进行"红、黄、蓝"三色预警提醒，根据预警情况及时调整补充，动态实现配备目标，进一步推动年轻干部培养选拔常态化、长效化。把选调生墩苗历练作为发现储备优秀年轻干部、改善干部队伍结构、优化干部成长路径、推动干部队伍长远发展的战略举措，从 2022 年开始，省委组织部每年择优选派 100 名以上想干事、能干事、有潜力的选调生到重大任务、重大斗争一线墩苗历练。①

7. 加强年轻干部、女干部、少数民族干部和党外干部的培养使用

认真贯彻落实党的民族政策和干部政策，统筹做好培养选拔年轻干部、女干部、少数民族干部和党外干部工作，形成培养锻炼、适时使用、定期调整、有进有出的工作机制。优化领导班子配备和干部队伍结构，按照综合素质好、发展潜力大的要求，开展年轻干部、女干部、少数民族干部和党外干部队伍建设专题调研，发现一批优秀"四类干部"，

---

① 《我省出台一揽子政策破解干部队伍建设重点难点问题——全链条优化机制全方位激励担当》，《云南日报》2022 年 9 月 3 日。

有针对性地加强培养，不断加强对年轻干部、女干部、少数民族干部和党外干部培养储备和实践锻炼，努力建设来源广泛、数量充足、结构合理、素质优良的年轻干部、女干部、少数民族干部和党外干部队伍。

（三）扎实推进人才强省战略

人才是赢得竞争主动的战略资源，是经济社会发展的第一资源。云南坚持培养和引进相结合，补上创新人才缺乏的短板，大力实施新时代人才强省战略，真心爱才、悉心育才、倾心引才、精心用才，始终把人才工作作为推动高质量发展的关键牵引和重要支撑，高位谋划、深化改革、优化环境，统筹推进各类人才队伍建设，走出了一条具有云南特色的人才工作创新发展之路。截至 2022 年底，云南人才资源总量 670 多万人，较 2012 年增加近 90%，人才贡献率从 2012 年的 16.9%增长到 30.6%。①

1. 深化人才发展体制机制改革

健全党管人才领导体制，将省委人才工作领导小组调整为省委书记、省长任"双组长"，领导小组成员单位由 16 家增加至 29 家，16 个州（市）、129 个县（市、区）均跟进调整。深化用人自主权改革，出台《关于扩大部分在昆高等学校、科研院所和医疗卫生机构相关自主权试点工作的意见》，扩大用人主体编制管理、人事管理、收入分配、科研经费管理等方面的自主权限，开展领军企业自主认定高层次人才试点工作，着力激发用人主体和各类人才创新创业创造活力。完善人才分类

---

① 《"开好局、强信心、促发展——贯彻落实党的二十大精神"系列新闻发布会·锻造高素质队伍专场发布会》，云南省人民政府网站，2023 年 8 月 30 日。

评价机制，健全以创新能力、质量、实效、贡献为导向的人才评价体系，建立职业资格制度与职称制度衔接机制，鼓励引导人才向艰苦边远地区和基层一线流动。创新人才培养方式，完善人才培养引进供需对接模式和产学研用协同育人模式。建立科研成果转化激励机制，探索利润分享型、成果转化型、股权授予型等分配方式。

2. 健全人才政策体系

全面贯彻习近平总书记关于人才工作的重要论述与考察云南重要讲话和重要指示批示精神，聚焦建设我国面向南亚东南亚人才新高地和区域性人才中心，编制《云南省"十四五"期间人才发展规划》；聚焦人才支撑不足等短板弱项，以深化人才发展体制机制改革为动力，以服务产业发展为着力点，出台《关于加强和改进新时代云南人才工作的实施意见》、《云南省"兴滇英才支持计划"实施办法》、《关于人才服务现代产业发展的十条措施》；聚焦政策落地见效，制定《云南省"兴滇惠才卡"实施细则（试行）》、《云南省支持柔性引进人才实施细则（试行）》、《云南省人才工作督查督办实施细则（试行）》等系列配套政策，形成以《规划》为引领，以《意见》、《办法》和《措施》为支撑，以系列实施细则为补充的"1+3+N"人才政策体系，人才政策创新力度不断加大、含金量持续提升、竞争力显著增强。

3. 大力引进和培育人才

探索创新人才培养引进途径，以实施重大人才工程为抓手，以项目推动、高端引领、整体开发为思路，编制云南省急需紧缺人才需求目录，制定高精尖人才认定标准和岗位目录，加快建设中国昆明人力资源服务产业园，推进招商引资和招才引智同频共振，构建"平台＋人才＋

项目＋产业"发展模式。在省级事业编制总量内设置高层次人才专项编制，"一事一议"支持急需紧缺高层次人才。深化与京津冀、长三角、粤港澳大湾区、成渝等地区合作，建立毗邻地区协同开放发展机制，探索建立深层次常态化的人才培养等合作机制，常态化开展"院士专家云南行"活动，实施云南籍在外人才暖心回流工程；对外聚焦区域全面经济伙伴关系协定（RCEP）落地，稳步推进国际人才通道建设，实施面向南亚东南亚辐射中心人才支撑工程，人才吸引力、竞争力、支撑力明显增强。整合"兴滇英才支持计划"，每年遴选支持 1000 名左右高层次人才，统筹实施"博士招引三年行动"，每年引进 1000 名博士及以上高层次人才，健全完善柔性引才聚才机制，加强人才合作交流，实施"智汇云南"、"留学云南"计划，建成 5 个柔性引进高层次人才基地，人才数量和质量得到显著提升，在滇"两院"院士数量达到 16 人，居西部省（自治区、直辖市）前列。打造"彩云英才荟"、"云南人才服务月"等人才服务品牌。实施"万名人才兴万村"行动，引导人才在艰苦边远地区和基层一线待得住、用得上、干得好。

4. 积极搭建人才发展平台

深化"大院大所大校大企"合作，积极搭建校企合作平台、园区孵化平台和企业研发平台，优化提升重点实验室、技术创新中心、工程研究中心，实施基础学科提升、新学科培育、特色学科建设"三项计划"，建成西南联合研究生院，遴选一批院士、杰青和长江学者担任"双导师"。拓展人才交流合作平台，成功举办多届云南国际人才交流会、腾冲科学家论坛，邀请 100 余名"两院"院士和 30 多个国家的知名专家学者开展交流，促成人才智力合作项目 1000 余项。充分尊重人才、放手使用人才、积极搭建平台，形成以平台吸引人才、以人才带动项目、

◎ 2022 年 11 月 12 日，以"智汇彩云南　共谋新发展"为主题的第六届云南国际人才交流会在昆明开幕（陈飞／摄）

以项目发展产业的良性循环发展模式。近年来，国家植物博物馆、景东 120 米脉冲星射电望远镜等重大科学研究平台相继落地云南，建成国家级重点实验室、工程研究中心、企业技术中心等国家级科技创新平台 38 个，省重点实验室 138 个、省工程研究中心 151 个、省企业技术中心 460 个、院士专家工作站 887 个，为人才创新创业和科技成果转化提供了坚实支撑。实施"人才扶贫"、"技能扶贫"行动计划和"万名人才兴万村"行动、怒江迪庆人才扶贫专项行动，5 万余名各类人才投身一线服务脱贫攻坚和乡村振兴，涌现出朱有勇、张桂梅等一大批先进典型，其中，张桂梅事迹载入《中华人民共和国简史》。

5. 实施优势产业人才集聚行动

坚持以产聚才、紧扣产业领域引育人才。在省级人才计划及项目中，同等条件下优先支持高原特色现代农业、生物医药、绿色能源、硅光伏等省重点产业领域人才，制定人才强省重点企业清单和紧需急缺人才目录，赋予重点产业"链主"企业高层次人才自主认定权，打造特色产业人才"磁场效应"。突出以才兴产、紧贴产业需求创新政策，聚焦问题短板，出台人才服务现代产业发展十条措施，引导广大人才服务和支撑云南现代化产业体系建设；实施专家人才服务在建重大产业项目和重点产业龙头企业三年行动，每年组建20个专家人才产业服务团服务20个（家）重大产业项目和企业；开展科技副总和产业导师选聘，选聘首批110名省科技副总和58名省产业导师，促进产学研用深度融合；完善产业人才荣誉，在省科学技术进步奖中增设"产业创新贡献奖"奖项。推动产才融合，紧跟产业创新打造平台，积极促进与产业链创新链资金链深度融合；采取"职业（技工）院校＋重点产业链企业"方式，联合建设职业教育基地、产学研实训基地和高技能人才培训基地，成功组建曲靖市现代产业人才培训学院，平台引才、平台聚才、平台用才成效逐步凸显。

6. 营造人才发展的最优生态

培育宜业宜居的优质人才生态，加大人力资本财政投入，优化人才环境、提升服务人才质效，集聚优秀人才在云岭大地建功立业。实施"人才安居三年行动"，全省各地共建成人才公寓10.8万套。推行"兴滇惠才卡"，"一卡"集成子女就学、医疗保障、交通出行、税务服务等12个方面26项服务事项，拓展高层次人才待遇；实施高层次人才休假疗养制度，建成丽江院士科学家康养基地、云南省高层次人才休假基地，定期组织院士专家休假疗养；完善省委联系专家制度，发放高层次人才特殊生活补贴，定期组织院士专家体检；建设"云南省高层次人才创新创业园"，实施"园区人才支持计划"，统筹推进云南大学、昆明理工大学"双一流"建设行动计划，激励广大人才扎根云岭大地创新创造、建功立业；推出"知本贷"、"科技易贷"等人才创新创业金融产品等，尊重劳动、尊重知识、尊重人才、尊重创造的良好氛围愈加浓厚，创新创业生态圈加速形成。坚持物质激励和精神激励两手抓，深入落实高层次人才薪酬激励和科研机构职务科技成果转化现金奖励政策，开展云南科学技术奖、社会科学奖、教学成果奖、高技能人才表彰等评选表彰，试点设立表彰奖励荣誉墙。

（四）切实加强基层党组织和党员队伍建设

基层党组织建设是党的建设的基础工程，只有基层党组织坚强有力，党的根基才能牢固，党才能有战斗力。2021 年 8 月 19 日，习近平总书记给云南省沧源县边境村老支书们回信，充分体现了习近平总书记对边疆基层党组织建设的关心重视。云南树立大抓基础的鲜明导向，突出基层党组织的政治功能和组织功能，深化边疆党建长廊建设，开展党支部规范化建设达标创建，不断提升各领域党组织建设质量和水平，基层党组织的战斗堡垒作用在脱贫攻坚、乡村振兴、疫情防控、强边固防等重点工作中充分彰显。

1. 认真落实基层党建工作责任

全面贯彻落实中央压实党建责任相关要求，制定《关于健全完善基层党建工作责任落实体系的意见》、《云南省党委（党组）书记抓基层党建工作述职评议考核实施办法（试行）》等，围绕"明责"、"考责"、"问责"，建立主体明确、职责清晰，上下衔接、环环相扣的基层党建责任落实体系，压实党委的主体责任、书记的第一责任、班子成员的共管责任、党务工作者的具体责任。连续 7 年以责任清单、项目清单、考评清单方式，开列州（市）、省直机关、高校等5类书记抓基层党建"责任清单"、"项目清单"、"考评清单"，使党建任务可操作、能落地，党建考核可比较、能评估，逐步构建起了各类责任主体年初照单落实、年中推进销号、年底考核验收的党建责任链条。每年开展各级党委（党组）书记抓基层党建工作述职评议考核，约谈提醒年度述职评议综合评价为"一般"的州（市）党委书记、推进工作不力的州（市）党委组织部分管领导、县（市、区）党委组织部部长和省直部门机关党组织负责人，通报批评相关县（市、区）党委书记，亮牌提醒城市基层党建推进不理想的示范市，形成了党委抓、书记抓，一级抓一级、层层抓落实的党建工作合力。

2.积极推进基层党组织建设

按照"统筹谋划、分类实施、无的要有、有的要强、强的要优"的总体思路，连续组织实施基层党建推进年、提升年、巩固年、创新提质年，通过"项目化推进、清单化管理、多元化创新、制度化巩固、典型化示范"等一系列措施，打出了推动基层党建的"组合拳"，集聚了狠抓工作落实的"正能量"，推动全面从严治党向基层延伸、向纵深发展，努力实现云南基层党建全面进步、全面过硬，为脱贫攻坚取得全面胜利、全面建成小康社会、实现高质量跨越式发展提供了坚强有力的组织保证，夯实了党在边疆执政的组织基础。出台12类党支部规范化建设标准和达标创建办法，常态化排查整顿软弱涣散村党组织，按照"一年典型引领作示范、两年全面规范强基础、三年巩固深化见成效"的目标，通过专题部署、对标创建、分级培训、实地指导、专项述职、严格考核、达标销号、命名授牌等措施，扎实推进党支部建设。全面增强基层党组织的政治功能和组织功能，实施党支部"扩先、提中、治软"行动和组织生活会提质行动，推动党的一切工作到支部。组织实施"互联网＋党建"行动计划，形成集"党务＋政务＋服务"于一体的"云岭先锋"综合服务平台，推动基层党建向"智慧党建"迈进。

印发《云南省基层党建高质量发展五年行动计划（2021—2025年)》，启动实施基层党建高质量发展五年行动，打造边疆党建长廊示范带、城市基层党建引领区、抓党建促乡村振兴提升区、抓党建促民族团结进步示范区、两新党建样板区，形成"一带四区"党建新版图。围绕现代产业发展、新型城镇化、城乡基层治理等领域，通过组织实施党的创新理论凝心铸魂、组织体系织密建强、基层党员干部队伍素质能力提升、抓党建促乡村振兴、城市基层党建全域提升、强化边疆党建长廊建设、党建引领城乡基层治理、领域党建整体提升、"云岭先锋"示范引领、"智慧党建"提质增效等"十大行动"，夯实党建基础"固底板"，提升治理效能"补短板"，聚焦乡村振兴"创样板"，围绕特色亮点"锻长板"，使基层党建工作与云南经济社会目标同向、与边疆治理需要衔接、与群众关心期待合拍，巩固党在边疆民族地区的执政基础。

3. 全力以赴抓党建促脱贫攻坚、促乡村振兴

出台《关于巩固抓党建促脱贫攻坚成果接续推进抓党建促乡村振兴促乡村治理工作的通知》，推动脱贫攻坚与乡村振兴有效衔接。建立农村基层党建"整县提升、整乡推进、百村示范、千组晋位"四级联创机制，压实县级党委抓农村基层党建主体责任、乡镇党委直接责任、行政村党组织具体责任和村民小组党支部基本责任。提升党建引领"组织化"程度，持续提高产业发展、转移就业、易地扶贫搬迁后续帮扶、思想引领和文明生活五个组织化。探索实施农村"领头雁"培养工程、乡村人才"归雁"回引工程和选优配强村（社区）党组织书记专项行动，深入推进"村（社区）干部能力素质和学历水平提升行动计划"，开展"干

部规划家乡行动"，推动优秀党员干部人才向脱贫攻坚、乡村振兴一线集聚。党的十八大以来，云南 5.81 万名第一书记、24.44 万名工作队员驻村帮扶，3.08 万个机关企事业单位挂包帮扶 8502 个贫困村，75 万名干部职工与贫困户结成"亲戚"，用真情谱写了一曲曲决战决胜脱贫攻坚的凯歌。实行"五级段长制"和领导干部包保责任制，向 1995 个抵边一线村（居）民小组，选派 2004 名第一书记和驻村组干部，在边境线设立 4455 名段长；累计投入 15.45 亿元，实施 309 个村强边固防建设项目，不断巩固提升边民富、边关美、边疆稳、边防固的良好局面。①

4. 稳步提升党建引领基层治理水平

把党的建设贯穿基层社会治理的全过程和各方面，实施"党建引领基层治理"三年行动，推动基层党建与基层治理齐抓共管、联动融合，形成党组织引领、各类组织协同、广大群众参与的基层治理新格局，实现了基层党建和基层治理共建共治共享。在农村，认真贯彻落实《中国共产党农村基层组织工作条例》，全面推行村级组织"大岗位制"，实施村级事务"阳光工程"，健全落实村级重大事项"四议两公开"议事决策机制，建立健全村务监督委员会运行机制，推行村组干部"小微权力清单"制度，推动制定村规民约，推广运用"群众积分评议"、"积分超市"、"红黑榜"等做法，引导群众自我管理、自我服务、自我教育、自我监督。做实网格化治理，构建"乡镇党委—村级党组织—村（居）民小组党支部—党员中心户"联防联控网格体系，建强以党员为主体的应急管理队伍，推行"党员中心户 + 十户联防"邻里守望模式，形成联

---

① 《"云南这十年"系列新闻发布会·云南组织工作专场发布会》，云南省人民政府网站，2022 年 6 月 8 日。

防联控共同体。在城市，部署城市基层党建全域提升行动，以街道、社区党组织为轴心推动辖区内各类党组织共驻共建，实施"城市基层党建新力量"行动、"书记领办"项目，着力构建"街道党工委—社区党组织—网格党支部—楼栋党小组—党员中心户"党组织体系，打造"红色物业"，画出了基层治理的同心圆。推动机关企事业单位党组织和在职党员到社区开展"双报到双服务双报告"工作，贴心为民服务。

5. 深化边疆党建长廊建设

认真贯彻习近平总书记关于"三边三好"的重要指示精神，立足边疆、民族省情，持续推动边疆党建长廊建设，实施以"组织强边、开放活边、守土固边、富民兴边、和谐稳边"为主要内容的"五边行动"，部署实施铸魂、堡垒、头雁、先锋、稳边"五个工程"，持续增强基层

◎ 临沧市沧源县勐董镇永和国门村实施"国门党建"工程（黄兴能／摄）

党组织的引领力、组织力、统筹力、服务力。压实"五级书记抓边防"工作责任，健全"全周期"治理机制，深化"国门党建"、"军警地"共建、"红旗飘飘"工程等载体，广泛开展"云岭先锋强边固防示范村"创建，推动所有沿边村寨党的组织全覆盖，高质量建成 374 个现代化边境幸福村。出台深化边疆党建长廊建设的系列政策措施，举办新时代边疆党建论坛，推动边疆党建长廊示范带建设，进一步强化基层党组织在强边固防、乡村振兴、社会治理、民族团结等方面的引领作用。通过边疆党建长廊建设，全面加强了基层党组织的思想、组织、作风和制度建设，深化和拓展了"云岭先锋"工程，基层党组织战斗堡垒作用明显增强，党员队伍先锋模范作用更加突出，边疆民族地区各项工作得到促进，为实现巩固祖国边防、推进边疆发展、促进边疆和谐提供了坚强的政治保证和组织保证。

6. 加强和改进党员教育管理

坚持把政治标准放在首位，严肃政治审查，严格落实发展党员 5 个阶段 25 个步骤要求，注重从青年、产业工人、农民、知识分子中发展党员，把各方面先进分子吸收到党内来。开展三轮"万名党员进党校"培训，深入开展"党的光辉照边疆、边疆人民心向党"等学习实践，引导广大党员坚定不移感党恩、听党话、跟党走。实施组织生活提质行动，增强党员意识和组织观念，确保每名党员都纳入组织管理；加强流动党员日常教育管理，按照组织关系一方隶属，参加双重组织生活的方式，组织流动党员就近就便参加组织生活；用心用情做好困难党员、老党员关心关爱服务。在边境地区，组织开展"请党放心、强边有我"等主题实践，引导广大党员以实际行动践行习近平总书记"三好"嘱托；在农村，实施"头雁"培养和"归雁"回引"双雁"工程，开展"干部规划家乡"行动和乡村党组织书记"擂台比武"，选树"百名好支书"，引导广大党员在乡村振兴中建功立业；在城市，完善以党员为主要力量的网格管理体系，引导广大党员深度参与基层治理；在经济社会发展主战场，广泛开展"在职党员承诺践诺、无职党员设岗定责"活动，完善党员先锋岗、责任区、志愿服务等机制；在重大任务一线，组织广大党员在疫情防控、防汛救灾、应对突发事件中挺身而出、冲锋在前，做到关键时刻站得出来、危难关头豁得出来。

（五）大力推进作风革命、效能革命

好作风、高效能是生产力、战斗力、凝聚力，是干部能力和素质的综合体现，是持续深化过硬队伍建设的必然要求。推进云南现代化建设，首先要从干部的作风、能力抓起。① 云南把加强作风建设作为一项严肃的政治任务、一项重大的民心工程抓紧抓好、抓出实效，贯彻落实党中央相关部署，深入开展作风革命、效能革命，牢固树立"今天再晚也是早、明天再早也是晚"的效率意识，倡导项目工作法、一线工作法、典型引路法，实行任务项目化、项目清单化、清单具体化，着力整治干部身上"十种典型问题"，倡导和树立"十种鲜明导向"，推动云南上下工作作风持续改进、工作效能不断提升、干事创业氛围更加浓厚。

1. 严格执行中央八项规定及其实施细则精神和省委实施办法

通过强化思想教育，聚焦突出问题，健全完善制度，让中央八项规

---

① 《全省深化作风革命效能革命工作会议强调　倡导树立"十种鲜明导向"　唱响实干兴滇主旋律》，《云南日报》2023 年 7 月 1 日。

◎ 云南省总工会在滇中引水工程劳动和技能竞赛启动仪式上向党员突击队、工人先锋号、青年突击队授旗（郝亚鑫/摄）

定及其实施细则精神真正落地生根，持续加固中央八项规定堤坝，持续巩固拓展落实中央八项规定精神成果。认真查找执行中央八项规定精神方面存在的突出问题和具体表现，实施以"小"见严纠"四风"专项行动，紧盯不同地区、领域、行业存在的突出问题及其新动向新表现，找准"靶子"、查清"病灶"，坚决纠治形式主义、官僚主义，坚决破除特权思想和特权行为，深挖彻查作风问题背后的腐败行为和腐败案件中的作风问题。出台《省级领导改进工作作风密切联系群众的实施办法》，从改进调查研究、解决民生难题、精简会议文件、简化接待工作、改进新闻报道、坚持廉洁从政等方面，对省级领导改进工作作风、密切联系群众作出 10 项规定。出台《推动建立贯彻落实中央八项规定精神正面、负面清单实施方案》、《云南省推进作风革命加强机关效能建设的若干规定（试行）》等文件，对作风之弊、行为之垢进行大排查、大检修、大扫除，刹住了一些曾被认为不可能刹住的歪风邪气，攻克了一些司空见惯的官场陋习和作风难题，有力推动了作风建设向纵深发展。

2. 牢固树立"今天再晚也是早、明天再早也是晚"的效率意识

各地区各部门牢固树立"今天再晚也是早、明天再早也是晚"的效率意识，做到任务一布置，马上抓落实；工作一部署，马上去推动；工作一完成，马上就反馈。坚持"一把手"抓、抓"一把手"，有力发挥"一把手"当"施工队长"的带头示范作用，不等、不停、不看，迅速行动起来，迅速抓好落实。各级领导干部把肩上的责任扛起来，主动想事、谋事、干事，对重大项目、重点工作、重要任务，亲自推动、亲自协调、亲自督促检查，全程紧盯不放。各地区各部门、广大党员干部参与其中，一级做给一级看，一级带着一级干，提高便民为民服务效率，简化办事流程，压缩办理时间，形成比学赶超、奋勇争先的浓厚氛围，干事创业的新风正气正在成为七彩云南高质量跨越式发展的强大引擎。对作风不严、工作不实、落实不力的党组织和领导干部严肃问责，确保政令畅通、政策落地、步调一致。

3. 大力推行项目工作法、一线工作法、典型引路法

用好项目工作法。立足云南后发展和欠发达实际，抓住主要矛盾和中心任务，按照项目工作法要求，加速推进系列"三年行动"，力争一年初见成效，三年大见成效。践行一线工作法。严格落实"各地区各部门主要负责同志要定期带领中层干部走出办公室"的要求，进一步推动各级机关干部特别是中层干部沉到一线，聚焦产业发展、聚焦营商环境、聚焦招商引资，主动服务群众、服务基层、服务企业，为群众为基

层为企业做好服务保障，在一线转作风、在一线解难题、在一线促发展。抓好典型引路示范。坚持目标导向、问题导向和结果导向，挖掘各地区各部门转作风、提效能、抓落实，推动经济社会发展的典型事例。从群众、基层和企业的有感度验证推进作风革命、加强效能建设的实际成效，选树一批在加快发展、改善民生、疫情防控、强边固防、保护生态、管党治党等方面立得住、过得硬的先进典型进行宣传推广，为全省提供经验和借鉴典型。通过发现培育典型、总结宣传典型、大力推广典型，形成示范引领、比学赶超的良好氛围，示范引领全省作风革命、效能建设走深走实。

4. 大力倡导和树立"十种鲜明导向"

倡导和树立要对党忠诚老实、要把为民造福作为最大政绩、要静下心来学习思考、要当好"施工队长"、要扑下身子抓落实、要经常下基层、要坚持眼睛向外、要敢啃硬骨头、要敢为天下先、要干事更要干净"十种鲜明导向"。各地区各部门认真贯彻落实省委、省政府的部署要求，锚定"3815"战略发展目标，推进问题导向与目标导向相衔接、反向整改与正向激励相促进，以"十种鲜明导向"为标尺，以"躺平式"干部专项整治为抓手，深入纠治"庸、懒、散、拖、乱"等突出问题，持续推动作风革命、效能革命走心走深走实，推动广大党员干部增强干事创业、推动发展的使命感，提振锐意进取、踔厉奋发的精气神。完善领导干部考核办法，结合重一线、重实干、重实绩、重公认，把"十种鲜明导向"作为检验干部实绩的主要依据，作为领导班子总体评价和领导干部业绩评定、职务调整、奖励惩处的重要依据。"十种鲜明导向"成为全省广大干部的工作理念、工作习惯、工作文化，成为云南干部的鲜明特质。

5. 持续推进整治形式主义为基层减负专项工作

出台《关于解决形式主义突出问题为基层减负的通知》、《关于深化拓展基层减负工作持续解决形式主义突出问题的通知》等文件，建立省级层面整治形式主义为基层减负专项工作机制，在省委集中统一领导下，由省委办公厅牵头，省纪委监委等八个省级部门参加，自上而下对困扰基层的形式主义问题进行大排查。各级纪检监察机关持续发力，加大监督力度，强化责任追究，严肃整治形式主义"顽疾"。针对"视频会议层层套开"、"扎堆调研"等基层反映突出的问题，建立监控管理机制，统筹规范"调研报备"，开展督查检查考核精简整合、成效评价。严格落实"三短"要求，严控以省委、省政府名义召开的全省性会议，精简各类简报，统筹规范督查检查考核，抓好借调人员、减轻中小学教师负担、"某长制"等专项治理。2023 年，省级层面"督检考"计划事项进一步减少为 38 项，让基层干部有了更多时间和精力来抓工作落实。①

（六）毫不放松推进党风廉政建设和反腐败斗争

腐败是危害党的生命力和战斗力的最大毒瘤，反腐败是最彻底的自我革命。党的十八大以来，以习近平同志为核心的党中央坚持以党的自我革命引领社会革命，时刻保持解决大党独有难题的清醒和坚定，深入推进全面从严治党，使党在革命性锻造中更加坚强，为新时代党和国家

---

① 《"开好局、强信心、促发展——贯彻落实党的二十大精神"系列新闻发布会·作风革命、效能革命专场发布会》，云南省人民政府网站，2023 年 7 月 20 日。

事业取得历史性成就、发生历史性变革提供坚强政治保证，积累了解决大党独有难题的宝贵经验。云南是习近平总书记关于党的自我革命的重要思想的坚定信仰者、忠诚实践者、巨大受益者，始终坚持把习近平总书记关于党的自我革命的重要思想和全面从严治党战略方针贯穿到党的建设全过程各方面，以刮骨疗毒、猛药去疴的勇气和决心，压实管党治党政治责任，保持惩治腐败高压态势，全面推进"清廉云南"建设，全省管党治党宽松软状况得到根本扭转，政治生态逐步由"乱"而"治"、由"浊"转"清"，形成了发展、反腐、惠民互促共进的"云南现象"。

1. 推进政治监督具体化、精准化、常态化

始终聚焦"国之大者"，把"两个维护"作为政治监督根本任务，坚持党中央重大决策部署到哪里，政治监督就跟进到哪里，创新监督理念和举措，既"以事看人"，又"以人看事"，把习近平总书记重要讲话和重要指示批示精神作为"第一政治要件"来落实，坚持从政治纪律查起，专项整治宣威市海岱镇饮水工程造假、滇池沿岸违规违建等贯彻落实习近平总书记重要指示批示精神不力等突出问题，及时校准政治偏差。围绕中央常规巡视、巡视"回头看"、脱贫攻坚专项巡视、中央生态环境保护督察等反馈意见落实情况精准监督，交出了质量高、成色足的整改答卷。聚焦"三新一高"等重大战略，严查统计造假、挖田造湖挖湖造景、新增隐性债务、化债不实、违规占用耕地的问题，推进粮食购销领域腐败问题专项整治、医药领域腐败问题和不正之风集中整治。紧盯党中央因时因势作出的重大决策部署、省委"3815"战略发展目标，围绕打赢脱贫攻坚战等寓服务于监督之中，督战协同抓实乡村振兴专项监督，确保党的路线方针政策和决策部署在长期有效执行中不偏向、不偏航。

2. 纵深推进清廉云南建设

以习近平总书记关于党的自我革命的重要思想为引领，把清廉云南建设作为健全云南全面从严治党体系的实践载体，拓展清廉建设内涵，不断丰富自我革命引领社会革命的省域实践。研究制定清廉云南建设行动方案，开列"十张清单"，开展"十大行动"，高质高效推进实施政治监督护航行动、"一把手"和领导班子监督引领行动、干部担当作为激励行动、以"小"见严纠"四风"固堤行动、"小切口"整治民生领域突出问题惠民行动、优化营商环境暖心行动、正风肃纪反腐雷霆行动、财政资金监管清源行动、重大项目审批监管阳光行动、新时代廉洁文化强基行动，形成了一套正风肃纪反腐的"组合拳"，推进清廉机关、清廉企业、清廉村居、清廉学校、清廉医院等重点"清廉单元"建设，推动清廉云南由"愿景"变为"实景"。一体推进警示教育和清廉建设，坚持每年召开清廉云南建设暨全省正风肃纪警示大会，编写《党的六项纪律知与行》、《监察法知与行》、《云南少数民族廉洁文化知与践》、《典型案例知与警》等系列通俗化、大众化"'清廉云南'建设学习教育丛书"，营造崇廉尚廉的浓厚氛围。

3. 持续发力、纵深推进反腐败斗争

时刻绷紧惩治腐败这根弦，坚持把一体推进"三不腐"理念融入查办案件全过程，积极实践边疆民族地区深入推进党风廉政建设和反腐败斗争的路子，综合运用政治、纪律、法治方式治理腐败，切实做到系统治理、综合治理、源头治理，为谱写中国式现代化云南新篇章营造良好的政治生态和发展环境。配合中央纪委国家监委严肃查处白恩培、秦光荣、黄毅、崔茂虎等严重违纪违法案件，督促各级党组织从政治、思

想、组织、作风、纪律等方面坚决肃清流毒余毒和恶劣影响。保持反腐败高压态势，对不收敛不收手不知止、胆大妄为的，发现一起查处一起。针对资源富集、资金密集、权力集中等重点领域以及"塌方式"腐败严重的重点地区，一个行业一个行业地深挖，一个领域一个领域地清理，重拳惩治"一把手"严重违纪违法问题，深挖国企、金融腐败毒瘤，打掉粮食购销领域的"硕鼠"，清除象牙塔里的"污斑"，铲除烟草等特色资源领域"蛀虫"，查处群众身边的"蝇贪蚁腐"，纠正一些年轻领导干部对党规党纪不上心、不掌握、不执行等问题，实现查办对象级别、类别、领域全覆盖。"通篇文章"治本作用有效发挥，系统化"盾构式"推进查办案件、健全制度、教育警示等全链条工作，以一案之改促进一域之治之建和以一域之治之建深化一案之查并举，推动烟茶玉能矿等特色资源领域、水利系统、农信社系统等通堵补漏、强化监管。把案件资源作为警示教育"富矿"，结合案件查处同步推出《东河之问》、《问"剑"破局》等系列问政节目以及《政治掮客苏洪波》、《围猎：行贿者说》、《"官油子"现形记》等一批代入感强、穿透力深的警示片，引发社会强烈反响，增强标本兼治的叠加效应、综合效能。

4. 守正创新做好监督执纪执法

坚持把监督作为对党员干部的政治关爱、政治福利，强化"常态化、近距离、可视化、规范化"的精准监督，监督防线不断从事后向事中、事前前移。开展"政治关爱式"谈话，推进"蹲点式"调研，探索"体验式"监督，实施交叉式、推磨式、"飞行点穴式"监督检查，完善面询的内涵和方式。对公益性、涉众型问题开展"明厨亮灶式"监督。深化运用先曝光、后核查、再处理机制，持续在春节等节假日期间查处党员干部、公职人员酒驾等涉嫌违反社会治安管理秩序问题，"节日病"

得到有效整治。派驻监督效能不断增强，各级派驻机构充分发挥"派"的权威和"驻"的优势，处置问题线索数、立案数、处分人数均创新高。深入落实"三个区分开来"，统筹运用"四种形态"，把严的效果既体现在管住不作为、乱作为的行为上，也体现在放开担当作为、干事创业的手脚上，大力开展澄清正名工作，让监督执纪执法既有硬度，又有温度。

5. 集中集成集束涵养新风正气

一体推进作风革命效能革命和纠"四风"树新风，推动纠治"十种典型问题"，引导树立"十种鲜明导向"。坚持以滚石上山的劲头和韧劲，常态化开展明察暗访、执纪问责，对群众反映强烈的歪风邪气露头就打，聚焦一些党员干部身上司空见惯、不以为然的"小事"，扭住"小饭局"、"小福利"、"小特权"等风腐同源、风腐一体问题"以小见严"，运用集中集成集束的方式，定期确定主题精准发力，通报在线、曝光在线，推动问题整改公开化。毫不妥协纠治形式主义、官僚主义，严查不担当不作为，整治"低级红"、"高级黑"。提级办理少数领导干部参加培训期间违反中央八项规定精神聚餐饮酒、接受吃请问题，深度解剖吃喝之中的"干部之困"、"思想之惑"、"行为之危"，疾风厉势整治"味道不正"的"酒局"、"饭局"，小恶大戒、直击病灶，形成了强大的纠治效应。注重以"小切口"解决民生大问题，围绕烂尾楼、惠民惠农财政补贴资金"一卡通"、不动产登记等群众关切的"关键小事"开展专项整治，引发了广大群众对正风肃纪的强烈共鸣。

6. 发挥政治巡视利剑作用

全面贯彻落实中央巡视工作方针，科学制定作战图、施工图，在组织开展常规巡视全覆盖的同时，还专门组织开展专项巡视巡察和机动巡视巡察，深化实践"交叉巡"、"统合巡"、"助攻巡"、"提级巡"等方式，特别是对村（社区）党组织探索开展了"背包巡"、"码上巡"等特色做法，强化了系统的运用，深挖了数据的资源，为巡视巡察监督插上了"科技的翅膀"。先后组织脱贫攻坚专项巡视，开展高原湖泊保护治理机动巡视和巡视"回头看"、生态环境保护专项巡视，开展脱贫攻坚、减税降费、人防系统、生态环保、涉粮问题等上下联动巡视巡察，顺利完成巡视全覆盖任务。深化"巡审联动"，探索"巡统同步"，"联合会审"问题线索，全面建立巡视巡察与纪检监察、组织、宣传、政法、审计、财政、信访、统计等部门的协作制度，完善情况通报、巡视巡察期间沟通、问题线索移交、成果运用、整改监督等工作机制，实现从"单兵作战"向"协同会战"转变。统筹运用常规巡视和"回头看"，做好巡视"后半篇文章"，以巡促改、以巡促建、以巡促治，压实整改主体责任，健全巡视后约谈机制，巡视震慑力和穿透力不断增强。

沧海横流显砥柱，万山磅礴看主峰。云南全面建设社会主义现代化，关键在全面加强党的领导，关键在全面从严治党。在谱写中国式现代化云南篇章的新征程上，云南各级党组织和广大党员干部将深入学习贯彻习近平总书记关于党的建设的重要思想和习近平总书记关于党的自我革命的重要思想，牢记忠诚为党护党、全力兴党强党的根本使命，不断夯实党在边疆民族地区的执政根基，打牢基层基础，深化拓展抓党建促乡村振兴、促强边固防、促基层治理、促现代产业发展，不断增强基层党组织的统筹力、组织力、服务力，以高质量党建引领保障云南各项事业高质量发展。深入学习贯彻习近平总书记关于人才工作的重要论述精神，树立选人用人鲜明导向，深入实施"兴滇英才支持计划"，锻造敢为敢闯、干事创业、堪当重任的高素质干部队伍。深入学习贯彻习近平总书记关于党的自我革命的重要思想，深入推进清廉云南建设，一体推进"三不腐"，坚决打赢反腐败斗争攻坚战持久战。深化作风革命、效能革命，倡导树立"十种鲜明导向"，把准干的方向、振奋干的精神、提高干的能力、改进干的作风、形成干的合力、突出干的成效，以干部之干带领全省各族人民拼搏奋斗。

结语：乘势而上　接续奋斗　奋力谱写中国式现代化云南新篇章

　　一切伟大的事业，总是在承前启后、继往开来中不断推向前进。党的十八大以来，云南把习近平总书记的深情厚望、殷殷嘱托转化为感恩奋进、再创辉煌的强大动力，云岭大地迎来了整体性、重塑性的精彩蝶变，为奋进全面建设社会主义现代化国家新征程奠定了坚实基础。党的二十大为全面建设社会主义现代化国家、以中国式现代化全面推进中华民族伟大复兴绘就了宏伟蓝图、吹响了前进号角。云南作为后发展和欠发达地区，发展不平衡不充分问题十分突出，支撑高质量跨越式发展的基础还不牢固。我们要以习近平新时代中国特色社会主义思想为指引，全面学习贯彻党的二十大和二十届二中、三中精神，深入贯彻落实习近平总书记考察云南重要讲话和重要指示批示精神，主动在中国式现代化宏大场景中谋划推进各项工作，在全面建设社会主义现代化国家新征程上谱写云南发展新篇章，一步一个脚印把习近平总书记为云南擘画的美好蓝图变为现实画卷。

　　以学思想悟伟力笃定奋进方向。党的十八大以来，正是因为确立了习近平总书记党中央的核心、全党的核心地位，确立了习近平新时代中国特色社会主义思想的指导地位，党的面貌、国家的面貌、人民的面貌、中华民族的面貌才发生了前所未有的变化。习近平总书记无愧为党中央和全党的核心、人民的领袖、时代的领路人,习近平新时代中国特色社会主义思想无愧为全党全国人民的思想旗帜、精神旗帜。我们要更加自觉用习近平新时代中国特色社会主义思想与习近平总书记考察云南重要讲话和重要指示批示精神之"矢"去射云南发展之"的",学深悟透这一科学思想的世界观和方法论,坚持好、运用好贯穿其中的立场观点方法,让党的创新理论在谱写中国式现代化云南新篇章中充分彰显强大的真理力量和实践伟力,把学习成果转化为指导实践、推动工作的行动自觉,以实际行动坚定拥护"两个确立"、坚决做到"两个维护"。

以求突破谋赶超开创事业新局。发展是解决云南一切问题的总钥匙,实现高质量跨越式发展是云南最鲜明的主题、最大的任务。中国特色社会主义进入新时代,面对错综复杂的外部形势、艰巨繁重的改革发展稳定任务,云南坚持在构建新发展格局中塑造新优势,在推动高质量发展上展现新作为,闯出了一条具有中国特色、时代特征、云南特点的边疆民族地区跨越式发展之路,从雪域高原到热带雨林,从独龙江畔到乌蒙山巅,从边境村寨到滇中城市,一个生机盎然、欣欣向荣的彩云之南呈现在世人面前。云南牢牢把握中国式现代化的中国特色、本质要求和重大原则,立足实际,确定"3815"战略发展目标谋划,为谱写中国式现代化的云南篇章谋定了总体思路、制定了奋斗目标。在谱写中国式现代化云南新篇章的伟大实践中,要抢抓新时代新征程新的战略机遇,增强忧患意识、坚定发展信心,主动服务和融入国家发展战略,奋力赶超,后来居上,三年上台阶、八年大发展、十五年大跨越,在补短板强弱项扬优势上取得新突破,在惠民生保安全促团结强党建上取得新成效,在增强边疆民族地区治理能力上取得新提升,努力在建设我国民族团结进步示范区、生态文明建设排头兵、面向南亚东南亚辐射中心上不断取得新进展,奋力开创新时代云南社会主义现代化建设新局面。

以转作风提效能增强能力本领。伟大梦想不是等得来、喊得来的，而是拼出来、干出来的。历史只会眷顾坚定者、奋进者、搏击者，而不会等待犹豫者、懈怠者、畏难者。没有好的作风，就跑不好新时代的接力赛，跑不出发展的加速度，就闯不出高质量跨越式发展的新路子。以自我革命精神推进作风革命效能革命，是贯彻落实习近平总书记考察云南重要讲话和重要指示批示精神与党中央决策部署的具体体现，是推动云南高质量跨越式发展的现实需要。面对高质量跨越式发展的迫切任务和使命，云南要持续深化作风革命、效能革命，深入践行"四下基层"优良传统，大力弘扬"马上就办、真抓实干"的作风，牢固树立"今天再晚也是早、明天再早也是晚"的效率意识，大力推动项目工作法、一线工作法、典型引路法，实行任务项目化、项目清单化、清单具体化，增强推动高质量发展的能力本领、服务群众的能力本领、防范化解风险的能力本领，切实把"十种鲜明导向"落实到工作中、体现在行动上，坚决做到"总书记有号令、党中央有部署、云南见行动"，让"踏石留印、抓铁有痕"成为云南广大党员干部的鲜明特质，让干事创业的新风正气成为七彩云南高质量跨越式发展的最强引擎。

以促团结聚合力积蓄磅礴力量。团结就是力量，团结才能胜利。习近平总书记指出："中国式现代化是全体人民的共同事业，也是一项充满风险挑战、需要付出艰辛努力的宏伟事业，必须坚持全体人民共同参与、共同建设、共同享有，紧紧依靠全体人民和衷共济、共襄大业。"回首过往，在以习近平同志为核心的党中央坚强领导下，云南各族干部群众团结一心、众志成城，共同推动经济社会发展取得了巨大成就。远眺未来，新征程是充满光荣和梦想的远征，必须准备经受风高浪急甚至惊涛骇浪的重大考验，只有汇聚携手奔赴现代化的磅礴伟力，形成同心共圆中国梦的强大合力，才能接好历史的接力棒，推动云南社会主义现代化建设行稳致远。云南要团结一切可以团结的力量、调动一切可以调动的积极因素，最大限度把各阶层各方面的智慧和力量凝聚起来，最大限度把各族群众的积极性、主动性、创造性发挥出来，使得各族儿女在党的旗帜下团结成"一块坚硬的钢铁"，心往一处想、劲往一处使，撸起袖子加油干，风雨无阻向前行，在新的赶考之路上交出新的优异答卷、创造新的时代辉煌。

蓝图鼓舞人心，号角催人奋进。置身于推进云南社会主义现代化建设的时代洪流之中，感受着人民领袖的超凡魅力和边疆情怀，我们觉得无比光荣、无比自豪、无比振奋。新的赶考之路上，我们将更加紧密地团结在以习近平同志为核心的党中央周围，坚定拥护"两个确立"、坚决做到"两个维护"，坚定不移沿着习近平总书记指引的方向阔步前进，切实增强责任感使命感，一年接着一年做、一届接着一届干，以钉钉子精神把各项任务要求落准落实落细，奋力谱写中国式现代化云南新篇章。

后　记

本书由中共云南省委宣传部牵头组织，云南省社会科学院、中国（昆明）南亚东南亚研究院具体负责实施。

本书编写工作由中共云南省委常委、省委宣传部部长曾艳主持，马志刚、庄志强、赖勇、杨正权、黄小军、文辽、刘婷等同志具体负责。参加本书写作的有：吴莹、张戈、胡庆忠、林延明、黄颖琼、代丽、梁晓芬、杨晶、王国爱、张严予、李雪、徐丽华、李吉星、郭娜、曹津永、和红梅、王俊、张德兵、刘雪璟等同志。

参与策划和修改的有：马志刚、庄志强、杨正权、黄小军、文辽、刘婷、何必磊、尤功胜、马云、付丙峰、张铭、梅学惠、訾深、张丽、陆建锋等同志。提供图片的有：黄兴能、周灿、雷桐苏、陈飞、杨时平、张文峰、范南丹、柴俊峰、周明佳、李秋明、杨峥、吕文、冯俊凯、胡好雅、段苏杭、适志宏、龙舟、和平辉等同志。

在本书编写过程中，得到了云南省各相关部门的大力支持。参加的部门有：省委办公厅、省纪委省监委、省委组织部、省委统战部、省委政法委、省委政策研究室、省委依法治省办、省委国安办、省人大办公厅、省政府办公厅、省发展改革委、省工业和信息化厅、省科技厅、省公安厅、省司法厅、省财政厅、省生态环境厅、省住房城乡建设厅、省交通运输厅、省水利厅、省文化和旅游厅、省农业农村厅、省自然资源厅、省人力资源社会保障厅、省教育厅、省商务厅、省民族宗教事务委员会、省卫生健康委、省外办、省政府研究室、省能源局、省体育局、省统计局、省乡村振兴局、省林业和草原局、省滇中引水建管局、省政协办公厅、省总工会、省妇联、团省委等，在此一并表示感谢。

策划编辑：张双子

责任编辑：张双子

装帧设计：石笑梦

责任校对：东　昌

图书在版编目（CIP）数据

奋力谱写中国式现代化云南新篇章 ／ 中共云南省委宣传部，云南省社会科学院编著 . -- 北京 ： 人民出版社，2024. 10. -- ISBN 978－7－01－026878－1

Ⅰ . D677.4

中国国家版本馆 CIP 数据核字第 2024R7R634 号

奋力谱写中国式现代化云南新篇章

FENLI PUXIE ZHONGGUOSHI XIANDAIHUA YUNNAN XIN PIANZHANG

中共云南省委宣传部　云南省社会科学院　编著

人民出版社 出版发行

（100706　北京市东城区隆福寺街 99 号）

北京新华印刷有限公司印刷　新华书店经销

2024 年 10 月第 1 版　2024 年 10 月北京第 1 次印刷

开本：710 毫米 ×1000 毫米 1/16　印张：19.75

字数：242 千字

ISBN 978－7－01－026878－1　定价：79.00 元

邮购地址 100706　北京市东城区隆福寺街 99 号

人民东方图书销售中心　电话（010）65250042　65289539